中国社会科学院创新工程学术出版资助项目

中国社会科学院国情调研丛书
CASS Series of National Conditions Investigation & Research

本书为中国社会科学院国情调研
重大项目的最终成果

"一带一路"建设中的宁夏发展战略研究

Research on the Development Strategy of
Ningxia in the Construction of
"The Belt and Road"

主编 方 勇

社会科学文献出版社
SOCIAL SCIENCES ACADEMIC PRESS (CHINA)

中国社会科学院国情调研丛书
编选委员会

主　任　李培林

副主任　马　援

成　员（按姓氏笔画排序）

　　　　马　援　　王　岚　　王子豪　　王延中　　邓纯东　　李　平
　　　　李培林　　陆建德　　陈　甦　　陈光金　　张　平　　张车伟
　　　　张宇燕　　高培勇　　黄群慧　　潘家华　　魏后凯

目　录

总报告 …………………………………………………………… 1
前　言 ………………………………………………………… 1
第一部分　历史遗产 ………………………………………… 9
第二部分　现实基础 ………………………………………… 35
第三部分　宁夏发展 ………………………………………… 73
第四部分　宁夏使命 ………………………………………… 92
第五部分　支点建设 ………………………………………… 102

专题研究报告 …………………………………………………… 124
专题报告一　强化基层治理，为"一带一路"建设保驾护航 ……… 124
专题报告二　充分发挥宁夏人文优势，推进中阿务实合作 ………… 128
专题报告三　"一带一路"与宁夏经济社会发展战略布局研究 …… 131
专题报告四　宁夏"丝绸之路经济带"建设保障条件研究 ………… 143
专题报告五　宁夏在"一带一路"建设中的定位、战略选择及
　　　　　　　合作 ……………………………………………… 158
专题报告六　宁夏在"一带一路"建设中的观念转变 ……………… 190
专题报告七　以内陆开放视角看"一带一路"建设 ………………… 194
专题报告八　中阿丝绸之路的机遇与挑战 …………………………… 202
专题报告九　中国西北地区"一带一路"建设中的战略分析 ……… 206

· 1 ·

专题报告十　干部群体对"一带一路"倡议相关问题认知调查 …… 213
专题报告十一　构建与发展：固原市"一带一路"建设思路观察 … 218
专题报告十二　加快完善六盘山区域生态补偿机制的建议……… 228
专题报告十三　宁夏在"一带一路"建设中人文优势研究……… 231
专题报告十四　宗教和顺支撑宁夏"一带一路"建设…………… 250

附　录……………………………………………………………… 259
　一　课题调研问卷………………………………………………… 259
　二　会议综述……………………………………………………… 262

总报告*

前　言

　　2000多年前的"丝绸之路"是一条起于长安（今陕西西安），达于罗马帝国，横贯欧亚大陆的古代贸易之路、文化交流之路、人口迁移之路。在经济全球化发展步伐加快的当今世界，世界市场相互依存度的提升，以及交通、交流的便利化，各国人民联系日益紧密，古代"丝绸之路"沿线人民的历史联系及当代中国和中东、中亚等沿线各国发展现实需求逐步被唤醒。2013年9月6日习近平主席在哈萨克斯坦发表《弘扬人民友谊，共创美好未来》，提出"丝绸之路经济带"的构想，以点带面、从线到片、逐步形成区域大合作成为最重要的目标追求，政策沟通、设施联通、贸易畅通、资金融通、民心相通是跨区域大合作的基本路径和条件。建设"一带一路"构想，引发国内外高度关注，国内战略研究专家视之为中国未来30年对外开放的重要战略目标和平台。跨国区域经济合作的新模式初步构建，"一带一路"将横跨欧亚大陆，东牵最具活力的亚太经济圈，西引最发达的欧洲经济圈，是"世界上最长、最具发展潜力的经济大走廊"。①

---

* 撰稿人：方勇，中国社会科学院民族学与人类学研究所，党委书记、教授；薛正昌，宁夏社会科学院，研究员；周竞红，中国社会科学院民族学与人类学研究所，研究员。

① 李承明：《丝绸之路新战略》，《西部大开发》2014年第3期。

一　课题的提出及执行过程

经济带的形成和发展需要有特定的交通运输线路、互利互补并具活力的经济体的保障。在经济带的打造过程中不仅需要道路相通，更需要一系列发挥经济集聚和辐射功能，联结带动周围不同等级规模城市的经济发展，形成点状密集、面状辐射、线状延伸的生产、贸易、流通一体化的带状经济区域。"一带一路"属于跨国经济带，远景目标是构建区域合作新模式。这一新模式与传统的区域合作模式有所区别，传统的区域合作是通过建立互惠的贸易和投资安排，确立统一的关税政策，然后建立超国家的机构实现深入的合作。"一带一路"没有设立高端目标，近期主要是贸易、交通、投资领域的合作，未来不会设定关税同盟。"经济带"不是"紧密型一体化合作组织"，不会打破现有的区域制度安排，更多的是一种务实灵活的经济合作安排。[①]

"一带一路"构想的提出得到了中亚、西亚、中东欧、西欧等国家不同程度的积极响应和配合。[②] 从国家战略视角来审视，在西部大开发中日益加快发展步伐的西北五省区将在"一带一路"构想实践中发挥其无可替代的作用，并承担重要角色。西北五省区将逐步走在中国对外开放的前沿，其中，宁夏回族自治区以其特定的区位、经济发展态势和特殊资源环境、民族人口构成和社会文化底蕴，成为国家向西开放独具特色的重要节点，特别是其在中国与阿拉伯国家文明对话和交流中将担当大任，这是历史的选择，也是宁夏回族自治区现实的担当。中阿博览会机制为宁夏角色发挥提供路径，这一机制为中国与阿拉伯国家的经济贸易与文化深远交流提供了全新的平台。宁夏如何配合国家战略顺畅实政，同时获得自身快速发展，解决本区域发展中面临的难题，同时支撑国家发展战略，无论在民族研究领域，还是在国家发展战略研究领域都是重要选题。

---

① 《全面解读丝绸之路经济带》，http://www.rmlt.com.cn/eco/caijingzhuanti/special/sichouzhilu。
② 何茂春、张冀兵：《新丝绸之路经济带的国家战略分析》，《人民论坛》2013年第23期。

总报告

宁夏作为中国回族唯一的省级自治区域，在改善民族关系、推进民族团结方面有着广泛影响，同时，在民族区域自治制度保障和政策空间方面有着较大优势。改革开放以来，特别是西部大开发战略实施以来，宁夏在经济社会发展方面所获得的成果，为宁夏承担国家西向开放大战略、建设"一带一路"的支点角色创造了基础条件。宁夏面临着如何在全面深化改革、谋求本区域经济社会繁荣发展的同时，为稳步推进和加深中阿合作，抓住重大历史机遇，加快西向开放进程，在改革开放中拓展发展机会，建设各民族共同发展繁荣的和谐宁夏，为推动各民族共同团结奋斗共同繁荣发展大局提供借鉴，也可为中国特色民族理论进一步丰富和发展提供科学依据。

本课题牵头人曾在宁夏基层任职，对当地社会基本状况有着较深入的了解，因此，以宁夏回族自治区为视点，调查和研究在建设"一带一路"的国家构想中，地方政府、民间社会等如何充分认识自身条件，并恰当定位自身，积极承担角色，从而在推动构想实施中谋求开放、富裕、和谐社会建设，确保民族团结和民族地区稳定发展。

本次调研的组织过程十分顺利，本课题牵头人方勇积极与宁夏回族自治区政府领导、宁夏社会科学院多次联络，宁夏社会科学院为完成本次调查组织了强大的研究力量配合相关调研活动（其中包括宁夏社会科学院张进海院长、张少明副院长、3位所长，宁夏社会科学院的研究人员学科背景包括区域经济学、政治学和法学、历史学等），同时，组织5位中国社会科学院民族学与人类学研究所研究人员直接参加调研（学科背景包括经济学、历史学、法学、人类学和民族学）。

2014年5月12日至5月底，调研组13人（由课题牵头人领队，宁夏社会科学院院长张进海、副院长张少明和7位研究人员，以及中国社会科学院民族学与人类学研究所4位研究人员参加）组织开展了第一次调研，此次调研在宁夏召开3次座谈会并实地踏访西北地区古代丝绸之路一些重要节点，与陕西、新疆等省区的相关专家进行了良好交流；2014年7月2～12日，课题组组织开展了第二次调研活动，调研组12位研究人员参加（其中，宁夏社会科学院6位研究员、2位副研究员，中国社会科学院民族学与人类学研究所5位研究人员参与调查，其中研究员2人，副研究员1人，助理研究员1人），本次调研重点在石嘴山市、固原市，调研组在两市分别召开了不同类型的座谈会（参加座谈会的有相关市委副书记，以及市发改委、旅游局、工业园区、研究室、党校等方面的领导和专家），访谈30余人次。此外，调研组还曾访问陕西、甘肃和青海三省社会科学院和新疆的口岸，就陕、甘、青、新各省区参与"一带一路"建设的情况进行了交流和调研，为进一步研究宁夏战略定位提供了重要信息。

宁夏社会科学院各位研究者对相关主题的研究有较为深厚的基础和系统的思考，为课题有效开展并形成最终成果提供了充分条件，同时，地方政府相关机构对参与"一带一路"建设有较高的热情，积极配合相关调研并提出其所面临的问题及解决问题思路与国家远景目标实现间的紧张关系等问题，为课题组认知和考虑相关问题提供了良好借鉴。课题调研过程中，也遇到一些极为不利的因素，有些研究还难以深入和在短期内取得成果。比如，改革开放以来，民间社会在"一带一路"沿线的活动日益增多，特别是对宁夏人在阿拉伯等国家的个体经营活动或经济活动状况还难以全面把握，他们是促进民间交往和交流的主要载体，公安局、海关的出国出境数据未能获得，类似问题需要进一步的调查和研究。

本次调研重点关注如下几方面内容：古代"丝绸之路"在宁夏的历史遗产，包括古丝绸之路在宁夏的走向、节点、历史状况和现实的文化遗存；改革开放及宁夏发展，以及在国家改革开放大背景下，宁夏在中国发展与阿拉伯国家关系中的特殊地位，以及宁夏与阿拉伯国家现实经济文化联系对当地经济社会的影响；宁夏发展战略变化和改革开放壮大本区域经济实力进程中增强实力的状况，以及宁夏为深化中阿合作所做出的努力及取得的成果。

历经两次集体调研和研究组成员7人次专题性调研及多人次补充调研，课题组目前的研究成果从现实出发，以问题为导向，充分考虑历史因素的影响，期待对相关研究和工作有一定的借鉴作用。

课题执行期间，课题组还参加了 2014 年 7 月 6 日甘肃兰州举行的首届丝绸之路博览会中国与中亚国家对话会。2014 年 9 月 20 日，由课题组在银川举办"建设丝绸之路经济带战略支点研讨会"，对课题深入开展起到重要推动作用。

二 "丝绸之路经济带"建设及宁夏战略定位

"丝绸之路经济带"呈现出一个合作的面向：以古丝绸之路为历史文化底蕴，以上海合作组织和欧亚经济共同体为最初主要合作平台，以立体综合交通运输网络为纽带，以沿线城市群和中心城市为支点，以跨国贸易投资自由化和生产要素优化配置为动力，以区域发展规划和发展战略为基础，以货币自由兑换和人民友好往来为保障，以实现各国互利共赢和亚欧大陆经济一体化为目标的带状经济合作区。

"丝绸之路经济带"这一概念具有历史性、国际性、综合性三大特征。从历史性特征来看，古丝绸之路为今日亚欧国家开展全方位合作提供了历史纽带和文化象征，"丝绸之路经济带"具有传承历史、观照现在、开启未来的丰富内涵；从国际性特征来看，"丝绸之路经济带"地跨亚欧两大洲，诸多国家和地区可以参与其中，辐射带动功能显著；从综合性特征来看，"丝绸之路经济带"以经济合作为基础，同时在基础设施建设、政治互信、军事交流、文化往来、环境保护等领域亦可开展合作，具有广泛的包容性。"丝绸之路经济带"作为一个长期的全局性战略构想，为亚欧国家提供了一种全新的合作模式。

很多国家曾对"丝绸之路"历史资源在现代国际关系和国际交往中的作用予以关注并曾提出过各种利用计划，如 20 世纪 90 年代末，日本曾制定"欧亚大陆外交行动计划"，并开展积极的"丝绸之路外交"，行动目标是争夺中亚里海地区，同时扩大中国市场。[①] 1998 年吉尔吉斯斯坦时任总统阿卡耶夫以外交为主题提出"丝绸之路"学说，称："在今天，'丝绸之路'不

---

① 孙钱章主编《西部大开发系统工程全书》（中卷），吉林人民出版社，2000，第 976 页。

仅仅是一条交通线路，首先是一种沟通东西方思想理念。东西方成为密不可分的一体并相互补充的理念，能够成为和平解决国际关系中的任何问题的工具"。① 此时，欧盟也提出沿"丝绸之路"的线路铺设特拉谢卡干道的主张。吉尔吉斯斯坦提出铺设通向中国的铁路，以最短的路程将欧洲和东亚连接起来，中亚地区更倾向于复兴"丝绸之路"。② 同期，美国国会也曾讨论过"丝绸之路"法案，2011年7月，希拉里还曾在印度提出，为有效推动阿富汗的重建进程，美国要在中亚和南亚之间建造一条"新丝绸之路"，美国视欧亚大陆为争夺全球首要地位而继续进行斗争的棋盘，重返亚太和"新丝绸之路"战略是美国亚太重大外交战略的两项内容。也就是说，为维护其全球性主导地位，美国视"新丝绸之路"为对外政策的重中之重。美国的"新丝绸之路"战略主要有三点内容：继续加强反恐安全合作，维护地区稳定；加强政治对话，增信释疑；加强区域一体化，侧重经济领域。该战略的合作方式包括：举行国际会议，协调各国立场；提供援助，加强边防设施，打击恐怖主义；推动具体经济项目的实施，特别是能源和交通基础设施项目，包括土库曼斯坦—阿富汗—巴基斯坦—印度天然气管道项目和CASA—1000（中亚电力出口到南亚的跨国电网）以及跨国铁路项目等；技术援助和教育交流。"新丝绸之路"战略是美国为了应对从阿富汗撤军期间和撤军后面临的新形势而做出的维护美国利益的战略部署。其短期目标是重新部署美国在阿富汗军事力量，长期地缘政治目标是继续通过促进中亚与南亚合作将中亚从与俄罗斯和中国的密切联系中剥离出来。③ 由于美国提出此项计划过程中，仅仅以服务于维护本国利益为导向，公开排斥中国和俄罗斯参与相关事务，且以此挑拨中南亚国家和中俄关系，与此同时，在参与国之间推行差别待遇，使沿线各国责任与权力、成本与收益分配不均，最终导致该项计划失败。尽管"新丝绸之路"计划已经曲终人散，

---

① 〔吉尔吉斯斯坦〕阿卡耶夫：《难忘的十年》，武柳等译，世界知识出版社，2002，第239页。
② 〔吉尔吉斯斯坦〕阿卡耶夫：《难忘的十年》，武柳等译，世界知识出版社，2002，第238~239、242页。
③ 孙力主编《中亚国家发展报告》（2012年），社会科学文献出版社，2012，第112页。

然而美国想通过该计划达成的战略意图依然存在,并在一定程度上能够对"一带一路"倡议造成影响。①

中国所构想和推动的"一带一路"本着互利共赢的态度,以打造"利益和命运共同体"为核心,为各方提供开放的交流平台,不具有排他性。2015年3月,国务院授权三部委发布的《推动共建丝绸之路经济带和21世纪海上丝绸之路的愿景与行动》,指出2000年来人类拓展丝绸之路过程中形成的"和平合作、开放包容、互学互鉴、互利共赢"的精神,以"和平、发展、合作、共赢"为时代主题的21世纪,沿线各国经济繁荣与区域经济合作和不同文明交流互鉴,在促进经济要素有序自由流动、资源高效配置和市场深度融合,推动沿线各国经济政策协调,进行更大范围、更高水平、更深层次的区域合作中,共建开放、包容、均衡、普惠的区域经济合作架构,从而实践互利共赢,造福世界各国人民。由此,陆上丝绸之路经济带以畅通中国经中亚、俄罗斯至欧洲(波罗的海)和中国经中亚、西亚至波斯湾、地中海为重点,宁夏则是面向中亚、南亚、西亚国家的通道、商贸物流枢纽、重要产业和人文交流基地的重要组成部分。② 总之,"一带一路"的提出根植于历史,面向未来,思虑的是各国如何应对长期累积的全球发展深层次矛盾、全球经济增长基础不够牢固、贸易和投资低迷、经济全球化遇到波折、发展不平衡加剧,以及战乱和冲突、恐怖主义、难民移民大规模流动等问题。正如习近平主席指出的:"面对挑战,各国都在探讨应对之策,也提出很多很好的发展战略和合作倡议。但是,在各国彼此依存、全球性挑战此起彼伏的今天,仅凭单个国家的力量难以独善其身,也无法解决世界面临的问题。只有对接各国彼此政策,在全球更大范围内整合经济要素和发展资源,才能形成合力,促进世界和平安宁和共同发展。"③ 在

---

① 叶海林:《美国"新丝绸之路计划"失败的启示》,http://column.cankaoxiaoxi.com/2017/0508/1969331.shtml。
② 国家发展改革委、外交部、商务部:《推动共建丝绸之路经济带和21世纪海上丝绸之路的愿景与行动》,http://www.mofcom.gov.cn/article/resume/n/201504/20150400929655.shtml。
③ 习近平:《开辟合作新起点 谋求发展新动力——在"一带一路"国际合作高峰论坛圆桌峰会上的开幕辞》,http://www.beltandroadforum.orp/n100/2017/0515/c24-415.html。

建设进程中，各国间合作执行的是"共商、共建、共享"原则，借助优势互补、互利共赢、开创发展的新机遇、新动力，并推进人类命运共同体构建。中国的倡议得到国际社会积极响应和广泛支持。参与丝绸之路建设的国家和国际组织达到100多个，一大批合作项目陆续启动，有的已经落地生根。基础设施联通网络初步成型，沿线产业合作形成势头，各国政策协调不断加强，民众已经开始从合作中得到实惠，彼此距离进一步拉近。①

三 宁夏丝绸之路战略支点

宁夏处于西北地区的中间地带，是连接西北和内地的纽带和重要节点之一，是东中部联系新疆、甘肃乃至中亚、西亚必经孔道和桥梁，更是东中部借欧亚大陆桥西向开放的战略通道。此外，宁夏在国家生态建设中也有着重要地位，是"美丽中国"建设中西北地区乃至国家北部的重要生态安全屏障之一。

在改革开放的大背景下，随着宁夏经济社会发展实力的增加，在西部大开发战略实施中，宁夏正在成为承接中东部产业转移的重要基地、国家能源基地和未来能源中转基地、特色农产品生产加工基地、清真产业集聚基地、面向阿拉伯国家和伊斯兰地区的旅游目的地。

改革开放以来，宁夏以沿黄经济带发展为战略推进基础，在中央政府政策支持和全区干部群众的共同努力下，已经取得诸多重要发展成果，具有与全国同步实现小康社会的基本条件。宁夏在保障国家生态安全、促进民族团结和边疆稳定等方面，具有不可替代的战略地位。

宁夏政界和学界对"丝绸之路"的关注和探讨早有先期工作和成果，在改革开放初期，自治区内学界和有关部门就开展过一定范围的研究，一些学者已形成重建宁夏与阿拉伯社会的初步联系并借此推动区域

---

① 习近平:《开辟合作新起点　谋求发展新动力——在"一带一路"国际合作高峰论坛圆桌峰会上的开幕辞》, http://www.beltandroadforum.org/n100/2017/0515/c24-415.html。

开放度的构想,但是由于政策、时机及本区域经济社会结构所限,未能在中阿关系发展的进程中获得先机。如今在国家"丝绸之路经济带"战略进程中,要深化中阿合作和文明对话,为双方强化经济社会联系拓展渠道,宁夏成为搭建平台的一个理想区域,正是这一新机遇,使宁夏进入变区位劣势为优势、继续大发展的时代。中央政府对宁夏承担国家向西开放战略的使命寄予厚望,国家在宁夏内陆经济开放试验区四大定位中,与中阿关系直接相关的定位则包括"国家向西开放的战略高地""重要的清真食品穆斯林用品产业集聚区",推动四大定位实现需要有平台,即以沿黄经济为平台推进区域经济合作、以银川综合保税区为平台引领外向型经济发展、以中阿博览会为平台拓展对外交流合作。在此基础上,宁夏根据自身发展状况、实力、区位和业态,在"丝绸之路"国家战略中,选择成为"一带一路"倡议的支点,并为充分发挥支点功能开展了各方面工作。

第一部分　历史遗产

迁移和交往是人类社会满足自身生存和发展需求的基本状态,高山、大海、沙漠均未真正构成阻挡人类迁移、交往和相互满足生存需求的障碍。从一定意义上可以说,没有迁移和交往,人类文明的发展和传播便失去了最基本的动力和能量。2000多年前,正是出于人类社会最基本的需求,在漫长的社会发展进程中,一代又一代人克服了重重自然环境障碍,拓展出一条古代中国穿过中东、中亚远达欧洲社会的经济贸易大动脉,在这条大动脉中形成人员相互迁移、经济上互通有无、文化上相互对话和影响的历史联系。这一通道在不同区域、区段和文化中有着不同的称谓,并无统一且固定的名称。被德国奉为"指向远东的臂膀和手杖"的地理学家费迪南·冯·李希霍芬1868~1872年考察了中国18省中的13个,调查了地质、矿藏、黄土、海岸性质与构造线分布等,以及自然资源分布,尤其关注山东煤矿和胶州湾港口,著有《中国》及《中国地图集》,他在为德国占领胶州湾以图远东之势提供学术支持①，同时，他还提出把"自公元前114年至公元127年间连接中国与河中以及印度的丝绸贸易的西域道路"称为Seidenstrassen，英译为Silk Road。德国东洋史家赫尔曼所著《中国与叙利亚间的古代丝绸之路》则将李希霍芬的丝绸之路延伸至叙利亚，自19世纪至20世纪初，众多中亚探险家多次使用丝绸之路或丝绸贸易路的名称。② 事实上，正是英、法、德、日、俄等国具各种背景的团队和个人在我国西北地区进行所谓的"探险""考古"等活动，使"丝绸之路"才译介进入中国。③ 由此，古代社会东西方之间的交往历史不断得到揭示，历史上东西交通的大通道渐渐有了一个颇为形象和浪漫的专称，这一专称在东西方社会中不断得到确认并传播。20世纪30~40年代，为配合日本侵华而推动的日本中国研究，也推动了日本人对丝绸之路的研究进而影响到中国在东西交通中研究丝绸之路。在冷战结束及东欧剧变后，中亚、西亚、中东等区域在国际关系中的战略地位日益重要，利用"丝绸之路"再度成为很多国家发展战略和国际关系调整中不能回避的要素。

一 古代陆路丝绸之路——层累叠加，断续延伸

在资本主义体系一统全球之前，东西方之间的交往交流尽管规模、深度、广度无法与当代相比较，但是人们之间迁徙与交往所跨地域之广大，覆盖了欧亚大陆最为重要的居民区域，形成了广泛的影响。古代陆路丝绸之路自东亚经叙利亚连接欧洲及北非的广大而异常复杂的区域，这里曾充当过世界发展的中心，成为东西方经济文化交流的重要通道，历史影响深远，"有无数的民族与这条道路发生了关系。其规模之宏大，要说整个人类的历史与之有关也毫不过分"。④

中西交通即古代中国历代王朝与西向欧亚大陆之间各文明间的交往和

---

① 于建勇：《李希霍芬与〈中国〉》，《人民铁道》2014年2月17日。
② 〔日〕长泽和俊：《丝绸之路研究》，钟美珠译，天津古籍出版社，1990，第2页。
③ 侯丕勋、刘再聪主编《西北边疆历史地理概论》，甘肃人民出版社，2008，第111页。
④ 〔日〕长泽和俊：《丝绸之路研究》，钟美珠译，天津古籍出版社，1990，第3页。

交流关系，"中西交通"学术研究的兴起是伴随着王朝中国存续危机兴起的，是王朝中国处于国家政治转型的存亡绝续之际重新定位自身和外部社会重新认知中国的社会反响，"清代中叶以后，震于西力之东渐，几有谈'西'色变之势"①，"西"也从以中原王朝为视点西望的欧亚大陆广泛地区，缩小为仅指欧美一端，这一过程是王朝中国变迁的过程，也是王朝中国在资本主义国家体系中，再次定位本国与外部世界关系的过程，更是以农牧业生产方式为主的东方社会被工业化西方浪潮席卷，走向现代化的进程。

从世界交通史的视角而言，丝绸之路的最早开辟并非居于中原不以迁移为常态的农耕者，而是那些有着天然迁移优势的游牧者，正是游牧社会的流动性为丝绸之路的开辟提供了物质基础。据相关研究，公元前8世纪，塞人部落从中亚西北迁到黑海西北，公元前6世纪至公元前5世纪，他们与希腊在黑海所属城邦间展开了频繁贸易，由此，他们开辟了由天山北麓通往中亚细亚和南俄罗斯的道路。考古成果从多方面证明，早在春秋战国时期，就有由河西走廊、天山北麓越过阿尔泰山，再经阿姆河和伊朗高原，穿过美索不达米亚平原，最终抵达地中海的贸易通道。② 也就是说生息于欧亚草原地带的游牧人最早承担起中西交通传导者的角色。古代起于中原地区，向西经西域诸绿洲的中西陆路交往路线运行几个世纪，成为东西方古老经济文化文明交往的重要通道，不同区域、不同时代的人们在此区域交往交流成果的层累叠加、断续延伸成就了历史上东西方社会之间直接和间接的联系，推动了这一区域古老文明的发展，也为后世间的交往奠定了坚实的历史基础。

后人的研究由于所关注时代或角度选择的不同，对丝绸之路的起点有着多种认知或不同意见，有称古代长安、洛阳，有称山东半岛西部或山西大同。有作者将定位丝绸之路起点依据总结为四个："一是位居中原、集聚丝织物最多的大城市；二是向西域输出丝织物最多的大城市；三是西域商

---

① 方豪：《中西交通史》（上），岳麓书社，1987，第2页。
② 王介南：《中外文化交流史》，书海出版社，2004，第42页。

人居住与出入最多的大城市；四是丝路干道首起之地。"依此，有研究者指出西汉时期丝绸之路起于古代长安，东汉、隋、唐时期则起于洛阳，而山东半岛西部是桑蚕、丝织品产地。古代丝绸之路西进后途经葱岭与伊犁河谷向西延伸，主要呈三个不同的方向，即西北达南欧、西南达北非、东南达印度与斯里兰卡。从运输方式而言，古代中国所产丝织品是由中外商人接力式、分段依次运出，而非一次性全程运出。① 从史籍所记信息来看，丝绸之路上的交易物不限于丝绸，还有漆器、瓷器、玉石、茶叶、火药，以及外传的技术，包括造纸、印刷、冶铁等，总归是与人们日常生活所需或具有装饰、收藏、欣赏等功用的相关手工业产品或农产品。物的灭失是人类社会所难以克服的必然，思想和文化互动成果则常常不朽。因而，丝绸之路的历史影响并非仅仅限于易物，而是随着人们各种各样的物物交易，附着于物之上的文化和思想等成为穿越时空限制产生持续和深远影响的人类社会现象。

历史上，从现有的汉文史籍来看，"丝绸之路"活跃度或影响范围大小常常与大一统的中央王朝政治经济实力密切相关，大一统中央王朝实力强，经济文化繁荣，"丝绸之路"的影响范围便大，影响力持续时间便长，历史影响也会更有深度；王朝中央权力衰弱，其在"丝绸之路"方面的影响范围便小，影响时间便短，影响力便难以持续，特别是中央王朝偏居内地时，其影响则常常难以触及"丝绸之路"区域。因此，在不同的王朝，丝绸之路延伸和影响有很大的变化，层累叠加、断续延伸是其重要的历史特征。

1. 中亚：古代丝绸之路先行者

探询史籍和前人研究，后人可见汉王朝治下的农耕社会与匈奴游牧社会间关系演变，促成汉王朝将目光投向匈奴游牧社会的对手——月氏、乌孙等游牧民族，汉王朝中央试图通过联合其他游牧社会力量以抗衡匈奴，汉王朝向西"凿空之举"的根本动机似乎源于对抗。显然，只有对抗之力

---

① 侯丕勋、刘再聪主编《西北边疆历史地理概论》，甘肃人民出版社，2008，第120、121页。

无法支撑东西间的交流,如果说对抗是推动王朝中央向西发展的原初动力,那么为着生存而形成的不同社会群体间的互动与互补才是东西交往的持续动力。

公元前126年,汉武帝开始反击匈奴,取得河西走廊之地后,在河西走廊设置武威、张掖、酒泉、敦煌四郡,将中原统治向西部延伸。之后修筑烽燧、亭障,安排屯田,以保证丝绸之路畅通。将四郡之地用长城作为防御工程并形成带状加以连接,其目标明确为彻底"断匈奴右臂"。一般认为此通道的建设是出于军事目的,但从一个长时段来看,这一通道最终还是有利于商贸交流和由此类交流带来的社会交往。汉王朝每年派出多个贸易使团,中亚、西亚、罗马和印度的商旅使节也相继来到中国,往往在一年之中多至数千人。这一时期虽然中原有战乱,但未能影响同这些地区的贸易往来。

经济贸易的往来,必然伴随着文化技术的交流。据相关研究,第一个到达罗马的中国人应该是甘英。公元97年,甘英受西域督护班超的派遣,从塔里木盆地经帕提亚西行。《后汉书》载:"九年,班超遣甘英穷临海而还。皆前世所不至,《山海经》所未详,莫不备其风土,传其珍怪焉。于是远国'蒙奇兜勒'① 皆来归服,遣使贡献。"② 据现有研究,甘英是当时向西走得最远的中国人,而随其进入中原的"蒙奇兜勒"是第一批由陆路到达中国的罗马人③,时间大约在汉桓帝延熹九年(166)。

魏晋南北朝300多年,中原中央"大一统"政治实力衰微,只有西晋实现了短暂的统一。在此期间,中央王朝分崩离析后形成的各种政治和政权力量间的战争对丝绸之路的畅通有一定影响。唐代安史之乱后,吐蕃人先后据河西、陇右地区,由此也阻断了丝绸之路的往来,唐王朝与西域各国的来往一度改道北面的回鹘汗国,史称"回鹘道",亦即史上所称"参天

---

① 据研究为"马其顿"之译文。参见杨共乐《早期丝绸之路探微》,北京师范大学出版社,2011,第67页。
② 《后汉书·西域传》。
③ 杨共乐:《早期丝绸之路探微》,北京师范大学出版社,2011,第67页。

可汗道",此道大约开通于唐太宗贞观年间。宋与西夏对峙时期,丝路畅通也受到影响,由于宋王朝政治中心南移,以及所引发的社会经济重心南移,促使海上丝绸之路逐渐兴起。13世纪蒙古兴起之后,丝绸之路再度复兴。明代以后,海上丝绸之路进一步兴盛,陆上丝绸之路逐渐式微,但仍是重要丝绸之路通道。

2. 阿拉伯半岛:丝绸之路的延伸

伊斯兰文明的发源地是世界上最大的半岛之一——阿拉伯半岛。这里地处欧、亚、非三洲的交通要冲,地理面积广阔,自然环境独特,在现代国际关系中举足轻重。

阿拉伯半岛,是一个地理概念,有其特定的地域文明特征。自古以来阿拉伯半岛就是东西方文化交流和商业贸易的要道,古代丝绸之路上的商队和使团(者)曾经的活动,不仅促进了东西方的商业贸易,也传播着东西方文化和宗教。中国的造纸术、指南针、火药,印度的数字、十进位法,都是通过阿拉伯人传播到世界各地的。巴格达的手工业品在当时闻名世界,巴格达作为一个文化中心,在中世纪世界文化发展中起过重要作用。东西方文化交流也曾对于阿拉伯人产生过深刻的影响。

文化交流的途径与形式,许多时候是通过商业往来推进的。阿拉伯半岛承载着沟通东西方文化,促进各种不同文明、文化之间交流的重要桥梁作用,由于其特殊的区位而发挥了特殊作用。古代丝绸之路商贸为中亚、西亚各国的不同社会物质需求带来了更多的企盼,同时,其本身社会生产的精神和物质产品也需要交流和交换。正是在人们的商贸交流过程中,差异性的文化、技术、风俗、习惯、思想智慧相遇、相通,使商业贸易的过程加注了丰富的文化和社会交流,增进了不同区位人们之间的融通与理解。商贸活动除了促成文明的传播和各文明之间的碰撞,也强化了不同文明之间的联系。在古代社会生产力条件下,游牧民的迁移对东西交流有着重要的作用,如中国北方游牧民族的不断西迁,为中西文化交流提供了另一种交流形式的可能。月氏人从伊犁河西迁阿姆河流域,还建立了贵霜王朝,即是一个典型。

丝绸之路上交易的诸多物品中,对于汉朝来说,中亚的马匹相对于其他物品显得尤其重要,汉王朝得到马匹(天马与普通马),包括各种龙纹马、鱼眼马,以及大象、狮子等,四邻则获得的是铁制工具、布匹、粮食和中原生产的奢侈品,如丝绸、漆器和玉帛制品。随着交易范围的扩大,食品成为中国经由丝绸之路进口的重要品类,芝麻、豌豆、洋葱、芫荽、黄瓜、苜蓿、葡萄等源源不断进入中原,珍奇宝物如夜明珠、花纹贝壳、犀牛角、翠鸟羽毛等进入王朝中央,波斯萨珊王朝的银器和玻璃器皿、叙利亚和巴比伦的念珠、波罗的海诸国的琥珀制品、地中海的珊瑚工艺品等对中国工艺技术产生过巨大影响。

考古和相关研究证明,丝绸之路这个名称诞生前的约7000年,商品贸易就已经在中原王朝与中亚沙漠绿洲城市之间展开,在这个交易中新疆和田的玉石沿丝绸之路进入中原,因此,"丝绸之路"此前还有"玉石之路"之称。中国古代传说中的丝绸发明者,是公元前2698~前2598年的黄帝之妻、西陵氏之女嫘祖,考古资料曾揭示出公元前3600年前的薄纱已在浙江河姆渡新石器时代遗址中发现,公元2世纪已随丝绸之路进入地中海。

古代史籍对"丝绸之路"历史上的状况有相应的记载,如北魏时期"自葱岭已西,至于大秦,百国千城,莫不款附,商胡贩客,日奔塞下,所谓尽天地之区已。乐中国土风因而宅者,不可胜数。是以附化之民,万有余家"①。隋炀帝时,西域诸藩多至张掖与中原中央王朝交市,裴矩掌其事,有中原王朝、突厥可汗庭至拜占庭道,即"北道从伊吾,经蒲类海铁勒部突厥可汗庭,度北流河水,至拂菻国,达于西海",此外,还有中、南两道,即"其中道从高昌,焉耆,龟兹,疏勒,度葱岭,又经钹汗、苏对沙那国、康国、曹国、何国、大小安国、穆国,至波斯,达于西海"。"其南

---

① 杨衒之:《洛阳伽蓝记·城南》,转引自杨共乐《早期丝绸之路探微》,北京师范大学出版社,2011,第68页。

道从鄯善、于阗、朱俱波、喝槃陀，度葱岭，又经护密、吐火罗、挹怛、忛延、漕国，至北婆罗门，达于西海。"①

唐王朝时期，是丝绸之路发展大盛时期，这一时期丝绸之路起于长安，沿用了汉代的干道，同时开辟了若干支道。唐朝丝绸之路被分为东、中、西三段。

其中，长安至敦煌为丝绸之路干道的东段，此段以凉州为界分为两小段，即陇右南道、陇右北道，北道过六盘山西行至汉萧关故地，至原州治所平高县（今固原县），敦煌至帕米尔高原与巴尔喀什湖以东干道及支道等。唐朝时期，正是由于丝绸之路的繁盛，在长安城里形成了规模壮观的东西市，市内分九区，每区四面临街店铺是长安手工业和商业的集中区域，交易有固定时间，"日中击鼓三百以会众，日入前七刻击钲三百而散"。东市经营门类220行，西市大体与此相仿。据考古人员推算，当时西市每天客流量可达15万人，这些人中有西域人、波斯人、阿拉伯人、高丽人以及日本人。②

今天所称的"丝绸之路"，古代也被称为大丝道。从地理区位看，大丝道东起长安，西至东罗马帝国首都君士坦丁堡，横跨欧亚大陆。近百年来，中外的科学家、考古学家、探险家、文学家、艺术家、政治家，都被"丝绸之路"这一颇具传奇历史和神秘色彩的道路所吸引。在数千年积淀而成的这条中西文化通道上，曾发生过许多影响古代中国的重大历史事件，演绎了许多中西文化交流与融通的故事。称这一通道为"丝绸之路"基于对交易物的直接判断，但在这条通道上发生和经历过的历史事件和文化交流过程中产生的久远影响，却非一条普通商贸之"路"的概念所能承载和容纳。实际上，"丝绸之路"的畅通除了经贸功能，还如同一艘巨大的文化之舟，往返输送和承载演绎了诸多神奇精妙故事，为铸就、壮大和丰富中华文明做出了重要贡献。

---

① 《隋书·裴矩传》。
② 张燕：《古都西安——长安与丝绸之路》，西安出版社，2010，第148页。

二 古代丝绸之路与宁夏——驿站节点，人文交汇

宁夏是丝绸之路必经之地，曾是丝绸之路上的重要驿站，这里曾经为许多商人、僧侣、使节等在东西交通中往返的落脚点，也成为输送东西文化的交汇点，成为差异文化的辐射带和集散地。古丝绸之路在宁夏南经固原，北过灵武，纵贯宁夏全境。

按照20世纪末丝绸之路研究的新归类，依地域和走向将"丝绸之路"分为：绿洲丝绸之路、草原丝绸之路、海上丝绸之路、西南丝绸之路。草原丝绸之路，是横跨欧亚大陆的北方草原地带的陆路；绿洲丝绸之路，是穿越中亚沙漠与绿洲相伴地带的陆路；海上丝绸之路，是经过东南亚到达波斯湾、红海的海路；西南丝绸之路，是穿越四川、贵州、云南、西藏到达印度、东南亚的陆路。在这四条丝绸之路中，穿越宁夏境内的有两条：即绿洲丝绸之路、草原丝绸之路，但主要是绿洲丝绸之路。丝绸之路自南往北，贯穿宁夏全境，当时的文化交汇遗存也散布于此。

1. 长安—凉州道及其演变

历史上穿越宁夏的绿洲古丝绸之路由汉唐长安（今西安）出发进入宁夏，穿越河西走廊出玉门关或阳关，翻越葱岭（帕米尔高原）进入中亚木鹿（今土库曼斯坦马里），再取道波斯到达伊拉克、叙利亚。这条大通道以欧亚板块为核心划分为三段。

东段：起自长安，止于玉门关；

中段：今新疆地区（帕米尔高原以东）；

西段：帕米尔高原以西中亚至欧洲或印度，穿过中亚木鹿，取道波斯（伊朗），到达伊拉克、叙利亚，西至东罗马帝国首都君士坦丁堡，横跨欧亚大陆。

绿洲丝绸之路在中国境内也划分为三段。

东段：长安—凉州；

中段：凉州—敦煌、玉门关、阳关；

西段：葱岭以东。

宁夏地处古丝绸之路东段，此段又分为南、中、北三道。固原则处在东段北道的交通要冲。

古丝绸之路东段走向为陇山道（南道）—六盘山道（中道）—北道（经固原），在宁夏境内古丝绸之路分布主要是东段北道，也叫长安—凉州道。

东段北道的走向从长安临皋（今西安市西北）经咸阳县驿站出发西北行，再经醴泉、奉天（今乾县东），到邠州治所新平县（今彬县），沿泾水河谷北进，过长武、泾川、平凉，入固原南境弹筝峡（三关口），过瓦亭关，北上原州（固原）；沿清水河谷，再向北经石门关（须弥山沟谷）折向西北经海原，抵黄河东岸的靖远，渡黄河即乌兰关（景泰县东）。由景泰直抵河西武威（凉州）。这是丝绸之路东段南、中、北三道中，由长安抵河西凉州（武威）最便捷的丝路干道。据统计，丝路北道与丝路南道相比，北道较南道近200里地。东汉时刘秀亲征高平（固原），河西太守窦融与五郡太守车驾会高平，浩浩荡荡的大军与战车走的就是这条道。从区域讲，这实质上走的是萧关古道。

以北道为主线，亦分两途：一条是由长安西行陇州后，不再攀越大震关，而是沿陇山东麓过甘肃境内华亭县，至固原市泾源县，穿越制胜关（秦汉时的鸡头道）过六盘山，即可抵达陇西郡。过鸡头道向西北行，也可沿祖厉河而下，在甘肃靖远北石门川黄河东岸或鹯阴口渡河，进入河西。或者沿泾河至平凉，由崆峒山东峡进入泾原，走鸡头道。公元前110年冬10月，汉武帝巡狩西北，"西临祖厉河而还"，也是走这条道。另一条是由咸阳至北地郡治所宁州（今甘肃宁县），沿茹河进入固原。汉代班彪前往安定（固原）走此道。

古丝绸之路东段逾越陇山的南中北三途，在固原境内主要有两线。除北道外，中道也在固原境内，但随着历史的发展也发生变迁。泾源附近的鸡头道，可抵陇西郡，是早期的中道。大约至元代，这条线路向北稍移，由六盘山进，大体是今天西兰公路的走向。清代著名文化人祁韵士嘉庆九年（1804）被贬谪伊犁，在其《万里行程记》里记载平凉府—安国镇—瓦亭驿—六盘山—隆德县—神林铺—静宁州……亦属此道。

东段南线，是从长安出发沿渭河，翻越陇山（六盘山南）西行，在永靖炳灵寺附近过黄河，至张掖。或者从长安出发越陇山至临洮后，向北经阿干河谷至兰州，再沿庄浪河谷至武威（凉州）。

古丝绸之路东段数条线路归途都在河西张掖、武威；途经固原的古丝绸之路中、北两条线，渡过黄河后，都在河西重镇武威收拢，再沿河西走廊进入敦煌。

古丝绸之路不同于其他商路，它是一条带有"中转性"的大文化背景、长距离贸易与货物集散的沙漠与绿洲相伴的文化之路。固原地域虽小，古丝绸之路负载的商业贸易与文化交流依旧在固原显示了它的宏阔与远大。就是在这条穿越固原境内的古丝绸之路上，中西文化在这里荟萃；有不少中原汉族与北方少数民族在这里先后交融，汉、戎、匈奴、月氏、羌、氐、鲜卑、吐蕃、铁勒、柔然、高车、突厥、回鹘、昭武九姓、党项、蒙古、回等在这里生息繁衍，迁徙汇融，并曾建立影响规模不等的地域性政权组织，生成各种文化艺术、民族风俗、宗教信仰。数千年间，历史的风风雨雨，构成了源远流长、交融汇聚的固原历史文化多元一体的格局。

唐代是王朝中国大一统政治发展强大、经济文化空前繁荣的时代，更是丝绸之路繁荣兴盛的时期。途经固原的古丝绸之路东段北道，也显示了它自秦汉以来尤其是北朝以来的繁荣景象。唐代是途经固原的古丝绸之路繁荣的高峰期。古丝绸之路的文化繁荣与大唐的政权兴衰息息相关。公元755年，安禄山起兵范阳，直逼长安；河西、陇右两镇驻军东调抗击安禄山叛军，吐蕃乘机内侵，六盘山以西的十多个州、县相继陷没。公元763年，吐蕃大举入侵，固原陷入吐蕃势力范围，直到大中三年（849），唐朝再收复原州。

公元849年2月，在战乱中度过了80余年的原州归属大唐。由于原州特殊的地理位置，唐朝中央政府试图加强对这一地区的进一步控制，不仅将战乱时侨迁的原州政权再迁回原州，而且于大中五年（851）提升萧关县为武州，之所以提升为武州地位，其中一个重要原因就是试图恢复被隔阻的丝绸之路。伴随着吐蕃势力败退，唐朝对原州的治理得以加强，阻断了数十年的丝绸之路东段北道重新畅通。对此，唐代典籍《张淮深变文》已有记载，他对丝绸之路旧道的恢复大加赞赏："河西沦落百余年，路阻萧关雁音稀。赖得将军开旧路，一振雄名天下知。"说明经过唐萧关的丝绸之路已经畅通，但好景不长。唐末天下再乱，藩镇割据林立，尤其是黄巢大起义使唐政局危机四伏。唐中和四年（884），由萧关县迁升的武州再次受控吐蕃势力，原州政权建制侨治潘原（固原东南）。途经固原的长安—凉州北道打通 20 余年之后，再次被阻绝。

2. 长安—灵州道及其演变

历史上的丝绸之路是伴随着地理环境的变化、中原王朝与番邦属国间的战和交往、经济文化互动及竞争态势的演化而变迁。受到政治势力角逐或失衡变化的影响，一条"丝绸之路"被开通或繁荣，也会引发相邻或原有贸易路线的废弃或衰落，如果原有通道受阻定然会开辟出新的通道。古丝绸之路长安—凉州道的衰落，就是因为安史之乱后吐蕃与中原的战争。唐代原州（固原）陷于吐蕃后，对当时丝绸之路最致命的打击是中断其东段北道，即都城长安通往西域的长安—凉州北道，由此使其失去了昔日中西商贾、使节、僧徒熙攘往来的繁荣景象，经济文化的交流处于停滞状态。交往所需也使得迂回运动成为特殊背景下的一种交往形式。因此，长安—凉州北道受阻，必然要由新的道路取代，由此，途经宁夏北部灵州的长安—灵州道得以开辟。

灵州是宋初以前宁夏北部的政治、经济、文化中心，地处黄河东岸，是关中之地北出塞外的重镇。灵州西通河西凉州，南向原州（宁夏固原）是通往长安的大道，北通漠北草原丝绸之路，东连太原一线，地理位置非常重要，对中央王朝来说更是军事要地，因而，此地集交通枢纽和军事重镇于一身。据称，战国时齐桓公西征大夏，可能走的就是经过灵州的这条道路，即由山西北境西行，经陕西北部至宁夏渡黄河，过"卑耳山"（今贺兰山），经"流沙"，即今贺兰山西北的腾格里沙漠。若此说不谬，便说明这里早在战国时期就是一条为人们所充分利用的通道。

通常意义上的灵州道，即指晚唐五代宋初这一历史时段以灵州为中心，连接西域与中原朝贡、贸易往来的主要通道。灵州西通河西凉州，南下原州（固原），是通往长安的大道；北通漠北草原丝绸之路（蒙恬率大军开发宁夏平原，实际上打通了这里与草原丝绸之路的联系），开辟东连太原之线路，显示出其交通枢纽的作用和军事重镇的位置。

灵州道的走向主要有两条线。一是灵州—凉州道，是凉州道畅通时的捷径。五代、宋初，中原使节、商旅及僧侣往返皆走此道。二是灵州—甘州道。它的走向是长安—灵州—甘州—居延海（内蒙古额济纳旗），而后连接草原丝绸之路。唐代大中年间吐蕃势力占据凉州时，使者、商人等皆绕道漠北，循回鹘旧路或由甘州北趋居延海，然后南下灵州而至长安。当凉州被吐蕃占据，往来于丝绸之路的各色人只能由长安至灵州，再穿越沙碛至额济纳旗，绕道甘州。

唐末五代至北宋初，因陇右地区为吐蕃、党项等所据，由长安至河西走廊的长安—凉州道不畅通，故改经邠州（今陕西彬县），北上到宁州（甘肃宁县），沿马岭水（今环江）而上，至方渠（今甘肃环县南杨旗镇）再北上至青铜峡或土桥子（在今甘肃与宁夏交界处），经瀚海（戈壁）进入灵州（今宁夏灵武西南）。再由灵州过黄河，出贺兰山口（今三关口）入今阿拉善境内的腾格里沙漠，抵今甘肃民勤县，沿白亭河谷至凉州（武威），与河西走廊的"丝路"会合。五代时期，李茂贞盘踞陕西凤翔，阻断长安至秦州（天水）的交通线。中原通往西域都需取道由灵武西去的路线。经过晚唐、五代的发展，宋初时的灵州已是货运中转与集散中心，再加上其交通枢纽地位，颇有国际交通都市之势。

晚唐、五代至宋初，中原与西域、天竺之间的商贸十分频繁。虽然此时海上丝路也在运行，但交易大宗主要还是在陆路。灵州是陆路通道的必经之地，因为长安—凉州道受阻后，长安—灵州道有其地域上的联系和绝对优势。自西域和天竺东行的各色人进入河西凉州后，接着沿白亭河流域北行直达甘肃民勤县附近，然后东行至灵州，再由此南折达北宋内地北端的环州（今甘肃环县）入长安。灵州道的走向是自然地理条件所决定，其兴衰则是社会政治条件所决定。五代时期的后晋，曾遣供奉官张匡邺、鄜武军节度判官高居诲等一行赴于阗，册封其王李圣天为大宝于阗国王，他们于公元938年12月自灵州出发，走的就是这条道。

灵州道上的文化交流和经济交易主要有：来自北方、西域、天竺、河西等方面的朝贡使及其随从；天竺僧人和其他西域僧人东来宋朝以及宋朝西去求佛经者；回鹘人经灵州往宋朝内地进行的商贸活动，包括回鹘人在灵州的商贸活动；灵州周边"蕃部"在灵州进行的马匹交易，宋朝商人从灵州马市购马运回内地，其中，西凉府"六谷蕃部"在灵州的马市最为繁忙。

灵州—凉州道，是凉州畅通时的捷径，其走向古人已有所记载。高居诲在其《使于阗记》中称："自灵州过黄河行三十里，始涉入党项界，曰细腰沙、神点沙。至三公沙宿月氏都督帐。自此沙行四百里……渡白亭河至凉州，自凉州西行五百里至甘州。"陈守忠先生对此线路实地考察后认为：自灵州渡过黄河，出贺兰山西北行，经阿拉善左旗折向西南行百余里，即抵达白亭海至白亭河（今石洋河）；渡白亭河可达凉州。从地图上看似乎向北绕了一个弯，实际上这是出贺兰山越腾格里沙漠最好走的一条路。五代、宋初，中原使节、商旅及僧侣往返皆走此道。灵州—凉州道可直通长安，"安史之乱"前此道则为灵州—原州—凉州—长安。

灵州—甘州道的走向。甘州—居延海（内蒙古额济纳旗）—灵州—长安，大致走向则为草原丝绸之路。唐代大中年间吐蕃据凉州时，使者、商人等皆绕道漠北，循回鹘旧路或由甘州北趋居延海，然后南下灵州而至长安。当凉州被吐蕃占据后，往来于丝绸之路只能由长安至灵州，再穿越沙碛至今额济纳旗境，再绕至甘州。当凉州收复后，灵州—凉州道恢复畅通。

无论是灵州—凉州道，还是灵州—甘州道，都是不同历史阶段的产物，总体上均可称为灵州道。自晚唐灵州道开通，历五代、宋初，灵州道承担着丝绸之路贸易和中西文化交流的陆上主要任务，是北方南下至长安的重要通道，是中西交通的主要干线，扮演着极为重要的角色，灵州当时也属于重要的贸易城市。对晚唐、五代与宋初的历史产生过深远影响，留下了重要的文化遗产。据敦煌文书：曹氏归义军时期，灵州道空前活跃，朔方节度使（灵武节度使）担负着朝贡使节的人身和财产安全，以及确保灵州丝绸之路畅通无阻的神圣职责。无论是晚唐张氏归义军时期，还是曹氏归义军时期，灵州道都扮演着极为重要的角色，这期间使节、商旅络绎往来，民族之迁徙、文化之流变，特定的历史背景绘就了一幅幅瀚海与草原并举的丝绸之路的历史画卷，对晚唐、五代与宋初的历史产生过深远影响。

灵州道自开通就是一条朝贡之路、贸易之路、文化之路，特殊时期承担着特殊使命。丝绸之路灵州道近300年的畅通过程，经历了不少重大历史事件，积淀了不少中西文化交融的故事。

公元1020年，夏王李德明迁都兴州。这一年为中原王朝宋真宗天禧四年。宋朝在这一年正式诏告西凉府回鹘，此后向宋朝的贡奉改由秦州路（今甘肃天水），兴盛了数百年的灵州道完成了它的历史使命。

唐代的灵州，是北魏薄骨律镇、隋代灵武郡的延伸。唐代初年的灵州，已置有总管府，公元624年改都督府，属关内道，除管有数州县之外，还设有管理突厥、回纥等的若干个羁縻州，其管理幅度整体上覆盖宁夏中北部地区。天宝元年（742）改称灵州都督府。"安史之乱"后，唐玄宗仓皇离开长安逃往西川，太子李亨北上，途经原州至灵州。公元756年7月12日，李亨在灵州即皇帝位，在灵州城南楼诏告天下，并升灵武郡为灵州大都督府。李亨即位灵州，这是宁夏历史上的大事件。特殊的历史，赋予灵州特殊的使命。灵州大都督府兼朔方节度使驻地，是当时黄河中部军政建置最高、管辖范围最大的都督府。灵州大都督府存在的时间虽然不长，但对灵州政治地位的提升，丝绸之路灵州道的开通与奠定都起了一定的作用。

李亨即位灵州，使灵州在当时特定历史时期成了全国的政治中枢。这种大都督府的地位，在客观上有助于凝聚力量，抗击安禄山叛乱，更有助于丝绸之路灵州道的形成。当时吐蕃尚未掌控灵州，使灵州—长安可畅行无阻；再加上李亨灵州即位，升灵州为大都督府，又从政治、经济、文化方面保证了灵州道的畅通。

晚唐、五代、宋初时期，灵州依然是西北游牧地带与北方游牧地带联结的枢纽。安史之乱后，特定的社会环境和区位决定了灵州成为古代丝路贸易的中段，大量的军马购进都在这里集散并完成。以至于中唐、五代以及宋朝初年，灵州成为陆路贸易的最大中继站。

宗教文化交流和传播是灵州道上的重要文化现象之一。唐朝，这个万邦来朝的开放的王朝，政治、经济、文化全方位发展和繁荣，促成中西多元文化往来之路——"丝绸之路"的形成。丝路畅通而商人行，商人行而佛教文化相伴而来。双方相依为命，休戚与共。因此，灵州道的开通，有利于宁夏宗教文化的传播，不仅在当时，就是对后来的西夏佛教文化的发展也有着深刻的影响。

晚唐、五代、宋初的灵州道，在佛教文化传播方面地位尤其突出。无论是去西域的中原僧人，还是东来长安、五台山的西域僧侣，作为佛教文化的传播者，络绎不绝地行进在灵州道上；灵州道成为承载佛教文化传播通道上的重要节点。敦煌文书《定州开元寺僧归文启》，记载了后唐同光二年（924），定州开元寺僧人归文奉旨"西天取经"的故事。归文到达灵州后，"兼将缘身衣物，买得驼两头，准备西登碛路"①，表明当时僧人西去必经灵州道横穿大漠。

宋代著名文学家范成大在他的《吴船录》里记载：北宋乾德二年（964），宋太祖赵匡胤诏沙门继业等人往天竺求取舍利和贝多叶经，组成了一个庞大的僧团。《吴船录》所记为300人；《佛祖统纪》《宋史》均记为157人。无论是300人还是157人，在当时而言均属规模庞大的僧侣团队。这一使团就是由灵州前往凉州，走灵州道。北宋乾德四年（966），僧人行勤等157人往西域求经；同年，又有回鹘200人、汉僧60余人组成的佛教大团队前往天竺取经，起程之地则在灵州。可见，五代宋初佛教文化的传播地域已超出通常意义上的西域范畴，灵州—凉州道在沟通和传播中西佛教文化方面起到了重要作用。五代、宋初年间，长安—灵州道有一段时间

---

① 王书庆编《敦煌佛学·佛事篇》，甘肃民族出版社，1995，第267页。

非常活跃，各类宗教通过灵州道的迎来送往，成为灵州丝路上最具文化影响的事件之一。

"安史之乱"后，唐朝原有的统治秩序被打乱，一些长期受到压抑的宗教派别乘机而起。尤其是唐肃宗灵州即位后，需要整合各方面的力量助力收复长安、洛阳。在这样的特殊时期，客观上为各种宗教的传播提供了条件，于是不仅佛教迅速传播，景教一时也得以兴盛。

据《大秦景教流行中国碑》记载，"安史之乱"后，"肃宗文明皇帝于灵武等五郡重立景寺"，景教得以从京城发展到灵州等地。其原因，大概与景教僧伊斯在郭子仪军中的作用有关。唐代佛教非常盛行，在宁夏境内表现十分突出。南部须弥山石窟唐代窟群最具代表性，北部主要是在贺兰山。《历代法宝记》载有无住和尚的行踪事迹："……天宝十载，从西京却至北灵州，居贺兰山二年……遂乃出贺兰山，至灵州出行文，往剑南礼金和上。"这段史料记载，无住和尚原是关中凤翔人，曾随父在朔方军中效力，后舍俗入道。于天宝十载（751）入灵州贺兰山，两年后前往剑南访金和尚无相。通过无住和尚，我们同样可以看到唐代贺兰山的道场，可看到宗教在贺兰山周边的兴盛程度。同时，我们还可看到迎立唐肃宗李亨灵州即位的重臣杜鸿渐，早与和尚无住多有来往，是佛教的积极支持者。"安史之乱"对灵州尤其是贺兰山佛教是一次打击。

在宋建隆、乾德年间有回鹘人、天竺僧人和汉僧往来于宋朝、天竺、河西之间，无论从哪儿来，都要经过灵州道。由灵州到达宋朝内地的西域交通，在乾德年间非常活跃，进入开宝年以后，自天竺方面来宋朝的人更多。宋咸平五年（1002）三月，李继迁攻陷灵州城，这不仅是西夏史上的大事，也是关系到长安—灵州道畅通与否的大事。西夏控制灵州后，随着河西历史的变化，约于大中祥符年间，西凉府中断了对宋朝的朝贡，西域于阗中断了对宋朝的朝贡，经由沙州的大食中断了朝贡，甘州也中断了朝贡，整个河西走廊以至西域都先后因道路不畅而中断了与宋朝的关系。由此，作为"宋与西域媒介据点"，在晚唐、五代至宋在东西交通史上曾经起过重要作用的灵州这时终于萧条下来，昔日僧侣、商人穿梭的繁盛景象逐渐成了历史。

公元755年，安禄山起兵范阳，直逼长安；河西、陇右两镇驻军东调以抗击安禄山叛军，吐蕃势力乘机扩张，陇右十余州县相继为其所控制。756年，唐朝向阿拉伯帝国阿拔斯王朝哈里发曼苏尔（754～775）求援。曼苏尔派出由4000人组成的阿拉伯军队，协助唐朝军队收复长安和洛阳。叛乱平息后，一部分人带着犒赏回国，一部分人则留居中国，成为伊斯兰教与阿拉伯文化在地化的重要群体。公元763年，吐蕃大举入侵，宁夏大部分地方被纳入吐蕃势力范围，直到大中三年（849）。80余年的战乱阻隔了丝绸之路的畅通，昔日中西商贾、使节、僧徒熙攘往来的繁荣景象不存在了，经济文化的交流处于中断状态，尤其是西夏建国以后。

晚唐五代宋初的灵州道，向西可通达西域；向东是通往长安、洛阳与开封的通道。大致走向：由长安北上至邠州（陕西彬县），循马岭河而上经庆州（甘肃庆阳）至朔方节度使治所灵州。自灵州渡过黄河，出贺兰山口（三关口）西行，穿腾格里沙漠，抵今甘肃民勤县，沿白亭河谷南行，渡白亭河至凉州，与河西走廊古"丝绸之路"汇合。自西夏建立并将河西走廊"收入囊中"后，北宋与西域的交通随即断绝。子午岭（陕西与甘肃的界山）到西边宁夏六盘山一线，成了宋夏鏖兵的战场。为争夺灵州，宋夏两朝之军在这里的攻防战持续了近百年。

汉唐以来，宁夏境内南部固原往北灵州的中西交通之通道——萧关道是古代丝绸之路的重要孔道。史载，早在战国时秦惠文王就沿此道至黄河边上观河。昭武九姓胡自北魏以来居于宁夏南北境，成为古代丝绸之路重要的历史遗存。六胡州之置设于唐贞观四年（630），是唐王朝平息东突厥之乱后的一种善后安置，六胡州对地方文化的影响，实是丝绸之路历史文化遗存的结果。

3. 宗教文化交流及"回回"人

"丝绸之路"连接着古代东西方文明，宁夏正处在这个文明的重要通道节点上，古丝绸之路的历史文化遗存奠定了宁夏多样性历史文化景观和深厚底蕴。

宗教的发展与演变，与社会历史发展变化息息相关，并受社会制度和经济生活的制约。古代丝绸之路宁夏段受到各种宗教文化交互影响，其中有印度文化类型的佛教（包括藏传佛教），有波斯文化类型的祆教和摩尼教，有阿拉伯文化类型的伊斯兰教，有罗马文化类型的基督教，包括天主教、东正教和基督教异端聂斯托利派（景教）；还有中国本土的儒道影响。这些基于不同经济、文化、社会结构基础生成的宗教文化，反映着不同社会的历史关系、文化背景、经济结构和社会制度。这些宗教文化现象在不同的历史时期占据不同的社会地位并产生不同的影响，从较长的历史时段来看，仍然是佛教和伊斯兰影响最为强大。

宁夏的宗教文化历史遗存中，属于唐王朝时期的十分丰富。其中包括：早已融合于本土的佛教文化，如南部的须弥山石窟、北部的石空寺石窟等。景教唐代汉文献有载，属基督教的一支——聂斯托利派。唐太宗时，景教在全国得以传播，大都市都建有寺院。明朝熹宗天启三年（1623）至五年（1625），在西安周至县发现的唐代著名的《大秦景教流行中国碑》，碑文为景教教士景净撰文。此碑立于唐德宗建中二年（781），碑文简略地介绍了景教的基本信仰，叙述了景教自贞观九年（635）从波斯传入中国长安至建碑时150多年的历史。碑文称："肃宗（756~761）文明皇帝于灵武等五郡重立景寺。元善资而福祚开，大庆临而皇业建。"

景教在传播的过程中，与已经本土化和势力大张的佛教、道教发生过激烈的冲突，致使不少景教寺院被关闭。"安史之乱"后，尤其是唐肃宗李亨即位灵州，灵州再度成为景教向内地传播的重要之地。景教传入长安后，即向四方扩散。西安《大秦景教流行中国碑》有"法流十道，寺满百城"的记载。灵州景教寺院的扩建，就是这一文化背景的折射。唐肃宗在灵州约一年半时间，其间在调集兵马平叛安禄山的过程中，有不少大食、回鹘的军队开往中原前线助战。此时，唐肃宗再开禁令，要"灵武等五郡重立景教寺"。

关于"灵武等五郡重立景教寺"，向达先生的研究认为："灵武等五郡重立景教寺"之语，其"等"字应作"类于"或"同于"解，即在灵州地方亦仿五郡之规制重立景寺。"五郡"在哪里？日本学者佐伯好郎在其《大秦所在地考》一文中认为：现在的陕西周至县，是历史上著名的大秦寺所在地。宋代著名大诗人苏东坡兄弟的诗中都有"五郡诗"。因此，当时的景寺，可以推知只有长安、洛阳、灵武、五郡四处，是以有"每岁集四寺僧徒"之语。向达先生以为："佐氏从而推论以为景净驻长安，伊斯本应驻锡灵武，当时因安史之乱后朔方节度使屯于长安附近，故亦来其地。……又与一景通同名者则驻灵武。"① 可见，来灵州传教者都是当时的高僧。

《大秦景教流行中国碑》碑文中还记载了肃宗时郭子仪在朔方对景教教团的照顾及其宁夏基督教的生活。显然，唐肃宗恢复景教寺，目的是要借助和利用大食、回鹘军队的力量，以荡平安禄山的反叛，属于非常时期的特殊措施；但它在客观上却为景教的生存和发展提供了合法的空间。在这个过程中，景教僧侣伊斯也来到灵州，供职于朔方节度使郭子仪帐下。一时间，灵州景教寺院的修建，布道活动的开展呈现出非常兴盛的势头。由于灵州当时所处的特殊地位，景教活动一旦开展起来，就极具号召力，大有一呼百应之势。当时朔方的景教寺院至少有四个，正是由于伊斯凭借其在郭子仪帐下承担世俗官员的势力，才能以世俗僧侣的身份为朔方的景教社会提供强有力的扶持。朔方的景教社会也以伊斯为中心而兴旺发达起来。但毕竟与唐肃宗即位灵州的特殊时期有关，待时过境迁还是伴随着唐朝的衰落而走到尽头，会昌五年（845）景教被朝廷禁止，由唐太宗始至此期间200余年，作为一种宗教文化，其持续的时间也不算短。因而，景教的传播、兴盛与衰落构成了丝绸之路灵州道上宗教文化兴衰不可忽视的一段历史。

元代"回回"主要指东来的信奉伊斯兰教的中亚突厥人、波斯人和阿拉伯人。他们的迁徙流动或随蒙古军而动，或因经商之举，或是被俘虏等。大批东来的"回回"人，政治地位优越（仅次于蒙古人），对蒙元时期的经济社会有极为重要影响。蒙元时期中亚"回回"人东来，肇始于成吉思汗

---

① 向达：《唐代长安与西域文明》，三联书店，1987，第94页。

及其子孙西征中亚。随着蒙古西征的胜利,大批中亚、西亚信奉伊斯兰教的"回回"人迁徙到中国,人数多达200余万。① 蒙元时期,王朝中央吸引和役使中亚、西亚服务于其政权稳固与发展,有其特定利益目标,有外国学者称"蒙古人将数以百万计的'回回'穆斯林移入中国定居"。② 实际上,凡有一技之长的工匠都被强行迁徙中国本土从事技术劳动,仅撒马尔罕一地就调遣兵丁和工匠达6万人以上。③ 13世纪,随蒙元征伐而入的"回回"人,并非原生意义上的同一个民族,而是分属于很多差异性族类共同体的穆斯林。他们入居中原后,在伊斯兰教的深刻影响和整合作用下,逐渐形成更具文化认同性的人们共同体。从而为今天回族的形成奠定了基础,也成为古代丝绸之路最为重要的历史文化遗产。

"元时回回遍天下"④,宁夏是"回回"人入居中原必经之道,当时在宁夏分布或定居的"回回"已有一定规模,他们的来源主要有:一是西夏时期通过"丝绸之路"与中亚、西亚的商贸与文化往来,为"回回"人定居宁夏创造了时空背景;二是宁夏黄河灌溉农业为"回回"人定居提供了优越的条件;三是安西王阿难答对伊斯兰文化的大力推崇。

在蒙元帝国掌控"大一统"王朝中央政权过程中,"回回"人参与其中并多有襄助,他们中有些人被吸收到蒙古统治者政权机构中,成为王朝政治得力助手;有的手艺人则效力于官营手工业作坊;有的随蒙古大军出征,成为军功卓著者。元王朝建立后,一部分"回回"人改为"编民",从事农业生产活动;或者一面屯田,一面戍卫,过着"屯住牧养"的生活。宁夏是"回回"人从事屯垦的重要地区,是西域进入中原地区的交通要道,落籍这一带的"回回"人越来越多。忽必烈就曾下令签发过河西、宁夏一带的"回回军"。

---

① 《中华文明史》第七卷,河北教育出版社,1994,第502页。
② 〔伊朗〕列扎·穆拉扎德撰《伊朗、中国伊斯兰世界都需要重新认识赛典赤·瞻思丁》,白志所译,《首届赛典赤研究国际会议论文集》,云南大学出版社,2004,第27页。
③ 罗贤佑:《中国历代民族史·元代民族史》,社会科学文献出版社,2007,第102页。
④ 《明史·西域传》。

蒙元帝国时期"回回"人最初大都被编入"回回军""西域亲军"等，他们有的参加过灭金和统一南宋的战争。在这个过程中，安西王府属下就是一个"回回军"集团。统一南宋的战争结束后，他们或过着兵农合一的生活，或随地入社，取得与当地农民同样的资格，从事农业生产。六盘山地区是"回回"军屯驻耕作的重要区域，早就有"回回"人开始定居固原。由于元朝政府的倡导和特定的自然资源环境，生活在固原的"回回"人，大多数都从事畜牧业。这与六盘山地区地理环境有关，尤其是适宜于畜牧的草场。今天宁夏永宁纳家户族源探寻，便追及元代政治家赛典赤·瞻思丁长子纳速剌丁之子孙。

蒙元时期数次西征，史称被俘获的有绝技的手艺人会给予优待，并遣发东来，或分赐诸王，或集中于一处，让他们继续从事官营手工业生产。据初步统计，蒙古帝国从中亚签发东来的"回回"人等各类工匠，不下十数万人。蒙元王朝很多著名建筑均有"回回"人参与设计与修建，比如，元大都便是"回回"建筑师也黑迭儿和他的助手主持修建的。①

安西王阿难答为忽必烈孙，从小由"回回"人抚养长大，熟知《古兰经》，懂阿拉伯文，逐渐产生了对伊斯兰教的信仰并皈依伊斯兰教，成为信仰伊斯兰教的宗王。他在至元十七年（1280）继承安西王位后，使其所部15万蒙古军队中的大多数人改信伊斯兰教。② 安西王府和延厘寺的修建，就是由汉族工匠和"回回"工匠共同完成的。实际上，"安史之乱"平息之后，一部分参与大唐平叛的大食国军队并没有回国，而是落籍宁夏。因此，除了唐朝时期，元代后也有一定数量的"回回"人落籍宁夏。

4. 历史的足迹

历史车轮碾过之地，总会留下其深深的印痕，古代丝绸之路经过之处，其遗存则引人遐想，令人深思。宁夏作为古代陆路丝绸之路西行必经之地，历史遗存也十分可观。

---

① 《剑桥中国辽西夏金元史》，中国社会科学出版社，2007，第464页。
② 《中华文明史》第七卷，河北教育出版社，1994，第601页。

(1)"昭武九姓"中的"史姓"

1982~1987年，考古工作者在固原市原州区南郊乡开展发掘工作，相继发掘9座隋唐时期墓葬，其中6座属于源自中亚"史姓"家族墓，即徙居固原的"昭武九姓"中的史国人氏。据相关资料，"昭武九姓"，即来自中亚的粟特人，经商逐利是粟特商人的传统，以至史籍有载，如《旧唐书·西域传》称粟特人"善商贾，争分铢之利"。当时，粟特人沿着古"丝绸之路"的商业贸易通道徙居固原。他们远离锡尔河、阿姆河流域，其故国在汉代以康国相称，隋唐以后便称为"昭武九姓"。昭武九姓所指的"九国"，史书记载不一。通常指康国、安国、曹国、石国、米国、何国、火寻、戊国、史国，曾徙居并生活在固原的是九国中的"史国"人氏，地望为现在的乌兹别克斯坦南部沙赫里·沙勃兹。

史姓家族墓葬，分布相对较为集中，依次为史索岩墓、史铁棒墓、史诃耽墓、史道洛墓、史射勿墓、史道德墓。研究表明：这6座墓葬分别属于两个家族。史射勿为史诃耽之父；史诃耽为史铁棒之父。史索岩、史宁为另一家族。史姓家族之间或者为子孙关系，或者为叔侄关系。这两个粟特家族主要成员早在北魏时已迁居固原，北周时已步入仕途，所以不是以粟特商团东迁而形成聚落的方式落籍固原的。其实，就粟特人善于经商且沿丝绸之路东进的势头看，即使进入仕途的粟特人，恐怕也不会完全放弃经商。他们不仅在中原王朝为官、经商，而且经历长期居留生存，已融入中国传统文化之中。据《墓志》载：史射勿自称这个家族就是平凉平高县（固原）人；史诃耽从隋开皇年间就入仕中原王朝，供职京师长安，在中书省任翻译。其妻康氏死后，再娶汉人张氏女为妻。从文化融合的意义说，史射勿、史诃耽的个人经历，其实也是族际融合的重要个案。依据墓地的石床和石门等高规格的丧葬遗物和出土的文物判断，史姓家族均属当时的贵族阶层或社会上层无疑。

史姓家族墓出土了不少珍贵的壁画，艺术价值极高；同时，还有不少珍贵的器物，其中最为引人注目的是罗马金币、萨珊银币、陶俑、瓷器、金覆面、玻璃器、鎏金铜制装饰、蓝宝石印章等中西文化的遗物，影响最大的是金币和陶俑。陶俑分为武士俑和镇墓兽两大类；镇墓兽造型又分为人面与兽面，造型奇特，颇具生气，周身施有精美的色彩，覆有金箔和银箔，显得非常华丽。史姓家族的墓葬，同样显示了中西文化在固原驻足与交流融汇的程度。

（2）李贤夫妇的合葬墓

李贤的祖上为陇西成纪人，其祖父镇守高平后，举家徙居原州（固原）。北魏时胡琛、万俟丑奴在高平起义后，北魏派大军前来围剿。李贤作为地方势力的代表，为北魏宇文泰等提供战马及军事物资；同时，为宇文泰出谋划策。在参与镇压万俟丑奴起义的过程中获得卓著战功，宇文泰大为赏识，先后晋升其为抚军大将军、"封下邦县公"，授左督都、安东将军，镇守高平。平息原州人豆卢狼的"叛军起义"后，授原州刺史。此后，地位越来越显赫：迁骠骑大将军、开府仪同三司，成为北魏的柱国之臣。

就是这样一位土生土长的原州人，死后葬在固原南郊。1400余年后，这座北周古墓被发掘，墓志铭上显赫地写着"北周柱国大将军李贤夫妇"。在这座古墓里，出土了金、银、铜、铁、陶、玉等各种质地的随葬品700多件，仅彩绘的陶俑就有200多件，依类型可分为披甲胄镇墓武士俑、出行仪仗俑等，尤其是鎏金银壶、玻璃碗、漆棺画、陶俑等最为珍贵。经专家鉴定，这些都是从西方传入的手工艺制品；鎏金银壶是反映东西文化交流的极为重要的遗物。鎏金银壶的周身，是由三组人物图像辗转构成的，壶底缘有联珠一周，口部有流，柄部和口缘相接处有一个带有两撇胡须的胡人头像。壶的造型别致，图像精美，是国宝级的精品。李贤墓出土的玻璃碗是当时波斯玻璃器皿进入中国的标志；所出土的大量波斯银币，更是反映了丝绸之路上商贸往来的繁荣。这些出土文物，是在固原历史上中西文化的交流代表，显示着固原作为古丝绸之路商贸走廊所伴有的文化交流特征。

（3）须弥山石窟

须弥山石窟，是丝绸之路文化的重要遗存，坐落在固原市原州区西北，地处丝绸之路必经之地石门关（古称石门水）北侧。从某种意义上说，正是丝绸之路的开辟，孕育了须弥山石窟历史文化成果。

总报告

须弥山石窟初创于十六国时期的后秦和北魏，是我国开凿最早的石窟之一，兴盛于北周和唐代，其艺术成就可与山西云冈、河南龙门大型石窟造像媲美。须弥山石窟的开凿，有其深刻的历史背景。一是途经固原的丝绸之路的畅通以及中西文化的融会；二是源于北魏时期统治阶层的信仰及其崇佛信佛社会环境；三是北周政权奠基人宇文泰对原州（固原）的着意经营；四是唐代原州政治、军事、经济、文化的繁荣和发展。

十六国前秦、北朝时期，是须弥山石窟的开创期，唐代是须弥山石窟的鼎盛期。唐代在大佛前已建有规模宏大的景云寺，唐朝睿宗皇帝有个年号叫景云（710～711），景云寺可能就是景云年间睿宗皇帝敕赐名而来的。宋代须弥山曾有过短暂的繁荣，是在宋徽宗统治的20多年间；宋夏战争中，固原成为两军的前沿，须弥山自然是萧条了。金代虽然统治短暂，却对景云寺有过大规模的修建，而且管理也非常规范。明代正统八年（1443），景云寺僧绰吉汪速在旧寺基上重建佛殿廊庑，之后上奏英宗皇帝，乞望敕赐寺匾。英宗允应，遂题"圆光寺"匾。明代，是须弥山石窟再度兴盛的时期，但主要是寺院建筑的修缮，而不是续开石窟。由于寺院殿阁的修葺，须弥山已随着人们的审美时尚发展成为一处风景名胜。明清时期的文化人，在游览须弥山石窟之后也留下了流传后世的诗文，明、清地方志书里都有记载，如《登临须弥山阁》《须弥松涛》等。清代初年，西北用兵，须弥山殿阁得不到修缮和管理，直到康熙年间，才有过一次较大规模的修复。康熙三十七年（1698）《重修须弥山禅院碑记》记载这次修复过程，仍是寺院建筑，与石窟开凿已无缘。

北周和唐代都在须弥山石窟进行过大规模的凿窟造像活动。唐代这里已是一座规模很大的佛教石窟寺院，建有规模宏大的景云寺。至今保存有历代石窟132个，其中70个洞窟有雕造的佛像，较完整的洞窟20多个。这些石窟分布在山势迂回的八座山峰的崖面上，自南而北依次是大佛楼、子孙宫、圆光寺、相国寺、桃花洞、松树洼、三个窑、黑石沟。远远望去，石窟层层叠架，状如蜂房一般。

须弥山最著名的造像，就是通常称为第5窟的大佛楼大佛造像。这是一尊高20.6米的露天弥勒佛坐像，大佛仪态端庄而安详，为唐代武则天时期开凿；佛像占整座山头的上半部分，光一只耳朵就有两人高，一只眼睛足有一人长。这尊高耸的大佛造像虽是砂崖雕凿，但造型和雕凿的刀法却给人以泥塑一样的温柔。大佛造型比山西云冈第19窟大坐佛还高7米多，比河南龙门奉先寺卢舍那大佛也高，是全国大型石窟造像之一。大佛开凿于唐代。唐代的原州，经济发达，文化繁荣，显示了盛唐的文明程度。唐代的须弥山，地理位置正当关中北出塞外、西出陇右的要道，隋唐以来著名的七关之一的石门关就在这里。它不但是都城长安通往西域的要道，也是西域文化传入中原的必经之地。当唐代佛教与石窟开凿处在最为兴盛的年代，在须弥山开凿如此高大的佛造像，是自在情理之中的事。目前，权威性的学术观点认为：须弥山大佛是武则天时期开凿的，完工于唐玄宗时期。

就其造像的艺术特点看，须弥山大佛造像特征与龙门奉先寺卢舍那大佛极为相似，有着女性温柔的共同特征，这自然与武则天有关，体现了当时造像艺术的背景和审美时尚。唐代禅宗的兴起，将人性与佛性融在了一起。表现在佛教造像特点上，就是体态健康丰满，鼻低脸圆耳大，表情温和。须弥山大佛头部螺髻，双耳垂肩，浓眉大眼，嘴角含笑，神态端庄而慈祥。在造型艺术表现方面，大佛是当时审美时尚的体现。

大佛造像前原有大型楼阁建筑，建有规模宏大的景云寺，后世还修建过三层楼阁，故有大佛楼之称。这里是须弥山石窟的代表。遗憾的是大佛楼阁毁于1920年的海原大地震。

明代是须弥山石窟夕阳返照时期。明英宗赐名"圆光寺"，对须弥山大兴土木，整饬修缮，是与明朝政府在固原设置的政治军事机构和控制西北的军事政权有直接关系。明代须弥山的再度兴盛，已不是前代大规模地开窟造像，而是寺院文化兴盛的再现。

须弥山石窟除造像外，还有唐、宋、西夏、元、明各朝代的题记30余则，壁画近10处，有明代的壁刻3通。这些题记和碑刻，有助于研究者研究丝绸之路文化与石窟文化在固原的表现，也是文化旅游观赏的绝好去处。

中国的石窟造像有雕塑和开凿两种形式和类型。由最初的泥塑彩绘过渡到造像开凿，有一个发展变化的过程，即由塑像到彩塑与雕凿共存，再到纯石刻雕凿，这种艺术表现形式是由西向东逐渐发展的。新疆拜城克孜尔石窟造像为泥塑，敦煌莫高窟为泥塑彩绘，炳灵寺造像大多为彩塑或者石胎泥塑，麦积山石窟仍是以石胎彩绘为主，山西云冈、河南龙门石窟造像均变成石刻雕凿。须弥山石窟造像也是石雕开凿。须弥山正好处在西方泥塑与东方石刻的形成与过渡带上。换句话说，须弥山石窟开凿早，佛造像是采用石刻手法雕凿。可以说石窟造像艺术手法的更替和定型，是在须弥山完成的，它为云冈石窟、龙门石窟造像奠定了基础。

第二部分　现实基础

源起于西方社会的资本主义浪潮席卷世界，促使工业化、市场化改造了欧洲社会本身，从而也改变了全球政治经济格局。在这一浪潮中，主权国家政治重构了古丝绸之路沿线的政治生态，主权国家和其保护下的公民成为新型国家间关系的活动主体，新国家理念下的权益关系成为新型国家关系中最受关注的要素。古丝绸之路跨亚、欧、非三大洲，其沿线当代分布着几十个国家，各相关国家之间不仅有巨大的文化差异，经济结构和环境资源状况也存在较大差异，同时，发展诉求为各国建立交流、合作和共谋发展提供了新的历史机遇。就宁夏而言担当向西开放所面向的主要是中亚和西亚诸国。

一　"古丝绸之路"沿线的当代中亚、阿拉伯诸国及相邻国家

古代陆路"丝绸之路"沿线相关国家主要分布于中亚、西亚、南亚，直通往罗马故地和北非等国家。可以说，当代中亚、阿拉伯诸国是新丝绸之路建构的重要参与者，也是中国向西开放需要面对的重要国家。

1. 中亚五国

从当代中国境内沿古代陆路丝绸之路西行，最先进入中亚。中亚现在有五个国家，与中国直接接壤的有哈萨克斯坦、吉尔吉斯斯坦、塔吉克斯

坦，越过吉尔吉斯斯坦和塔吉克斯坦则是乌兹别克斯坦和土库曼斯坦，乌兹别克斯坦境内有好几个古丝绸之路途经的城市，被称为中亚的核心。哈萨克斯坦南部也有一些古老城市，这些城市沿着古丝绸之路呈链状分布，曾是丝绸之路上的贸易、手工业、艺术的中心。

中亚位于欧亚大陆的接合部，地处交通要道，战略地位相当重要。同时，也是"新丝绸之路"的必经之地。中亚地区，面积400余万平方公里，人口6000余万。这里居住着100多个民族，是多种文化和多种宗教的交汇之地，主体民族大多信仰伊斯兰教。这里自然资源丰富，尤其是石油和天然气，包括各种有色金属资源。

中亚各国地势大体上呈现为东南高、西北低。塔吉克斯坦帕米尔地区和吉尔吉斯斯坦西部天山地区山势陡峭，平均海拔为4000~5000米，其中有两座高峰，即海拔7495米的伊斯梅尔萨马尼峰和7134米的库来·伊斯基克洛尔独立峰。在哈萨克斯坦西部里海附近的卡拉吉耶洼地则低于海平面132米。高低两极之间分布着荒漠、绿洲、丘陵、草原、山地、冰川。这里属典型的大陆性气候，雨水稀少，极其干燥，日光充足，蒸发量大，温度变化剧烈。五国中，哈萨克斯坦有着比较齐全的矿产资源，煤、铁、锰、铜、钾盐、铬铁等矿藏储量丰富。乌兹别克斯坦铜、铅锌、钼、钨储量丰富，费尔干纳的石油以及布哈拉和希瓦的天然气储藏丰富。中亚各国中土库曼斯坦和哈萨克斯坦石油、天然气储量最为丰富，塔吉克斯坦和吉尔吉斯斯坦的水电资源较为丰富。

中亚各国人口密度小，人口在不同国家和不同地理环境间或城乡间的分布极不均衡，中亚各国平均每平方公里仅12人，山区每平方公里只有1~2人，沙漠或荒漠区常常渺无人烟，绿洲和城市则人口密度大，如富庶的费尔干纳盆地每平方公里高达300~400人。人口增长中出生率和自然增长率高，中亚各国出生率普遍在30‰以上，自然增长率在25‰左右，各国绝对人口增加迅速，农村人口的自然增长率大大超过城市人口自然增长率。

中亚各国主体民族哈萨克、乌兹别克、吉尔吉斯、土库曼、塔吉克族信仰伊斯兰教。此外，在中亚的俄罗斯人、斯拉夫语族居民中则有相当数量的东正教教徒，还有部分居民信仰天主教、新教和犹太教，其教徒的数量不多。

20世纪90年代，随着苏联解体，这一区域国际政治格局发生重大演变，中亚各国从苏联国家体制中脱离出来，成为主权独立的民族国家，这些国家与中国的关系也进入一个重要的历史转变期。在转型进程中，中国与俄罗斯、哈萨克斯坦、吉尔吉斯斯坦、塔吉克斯坦五国间确立了边境军事互信关系，逐步解决了中国与哈萨克斯坦、吉尔吉斯斯坦、塔吉克斯坦之间的边界问题。1996年确立了以安全合作为主线的国家关系会晤机制——"上海五国"。随着"上海五国"安全合作的深入发展，经贸、科技、文化等合作规模和深度逐步扩展，"上海五国"逐步发展成为一个开放性的地区多边合作机制，2001年乌兹别克斯坦以平等身份加入上海会晤，中亚各国中只有土库曼斯坦作为永久中立国而未加入这一体系。上海会晤机制于2001年发展成为"上海合作组织"。

哈萨克斯坦，"哈萨克"突厥语意为"漂泊""避难"，转义为"自由"。哈萨克斯坦位于亚洲中部，北邻俄罗斯，南与乌兹别克斯坦、土库曼斯坦、吉尔吉斯斯坦接壤，西濒里海，东接中国，横跨欧亚，是中亚地区的大国，也是世界最大的内陆国，其国土面积272.49万平方公里。哈萨克斯坦领土大多为平原和低地，大部分土地为沙漠、半沙漠所覆盖，哈萨克斯坦农牧业发达，盛产小麦、棉花等，自然资源丰富，有能源和原材料基地之誉，工业也较发达。全国人口1552万，国语为哈萨克语，俄语为官方语言，首都阿斯塔纳，主要大城市是阿拉木图。①

哈萨克斯坦的历史可追溯到汉王朝时期的乌孙国，公元前2世纪前后乌孙人在伊犁河谷和七河地区兴起，与原先生活在这一带的塞种人和月氏人融合，成为哈萨克民族的主要先民，此外，生活在锡尔河流域的康居人也是哈萨克族的重要族源之一。独立后的哈萨克斯坦在发展其国际关系中不断加强与俄罗斯、中国、美国和欧盟的合作，巩固同其他中亚国家和伊斯

---

① 《世界地理地图集》，地质出版社，2011，第58页。

兰国家的传统关系，与此同时，其境内伊斯兰宗教极端主义活动也威胁到哈萨克斯坦的国家稳定、经济发展与社会和谐。哈萨克斯坦将继续与俄罗斯的一体化合作，同时彰显地区大国的影响。①

2014年1~7月，哈中进出口贸易总值104亿美元，2014年上半年，中国是哈萨克斯坦最大贸易伙伴国。这一年，中哈签署联合宣言和一系列合作协议。哈方表示将积极参与丝绸之路经济带范围内经贸、运输、投资、金融和文化项目。萨姆鲁克卡泽纳基金与中信集团签署了相互谅解与合作备忘录，与中国进出口银行签署了哈PK公司项目融资协议。哈开发银行与中国开发银行在上合组织银联体框架内签署了5亿美元的授信总协议用于对哈非资源领域项目投资，哈油气股份公司与中石油签署了建设油气管道厂的框架协议。中国进出口银行将为哈开发银行提供10亿美元上合框架内优惠贷款用于奇姆肯特炼厂改造项目。②

吉尔吉斯斯坦，"吉尔吉斯"意为"草原上的游牧民族"。吉尔吉斯斯坦位于中亚东北部，东邻中国新疆，南望阿富汗，北通俄罗斯，战略地位十分重要，也是天山古道的组成部分，连接着中亚草原和中国西北沙漠地带，是古丝绸之路最为险峻的路段之一。吉尔吉斯斯坦国土面积19.85万平方公里，全境多山，海拔1000米以上的领土占到总面积的90%，其中1/3的地区海拔为3000~4000米。国家经济以农牧业为主，牧场广阔，自然资源丰富，工业以采矿业最为重要。全国人口517万，国语为吉尔吉斯语，官方语言为俄语，首都为比什凯克③，地望为吉尔吉斯山麓下的楚河河谷地，是中亚地区古代的重镇。

早在2000多年前，汉文史籍中已有关于吉尔吉斯人的记载，当时有写为"吉利吉思""布鲁特""纥迄斯"等。今天的吉尔吉斯斯坦，是远古生活在天山地区的部落和居民与大约公元前3世纪生活在蒙古高原、叶尼塞河

---

① 孙力主编《中亚国家发展报告（2012年）》，社会科学文献出版社，2012，第116、121页。
② 中华人民共和国驻哈萨克斯坦共和国大使馆经济商贸参赞处网站，http://kz.mofcom.gov.cn/article/zxhz/sbmy/201405/20140500598519.shtml。
③ 《世界地理地图集》，地质出版社，2011，第58页。

上游、不断迁徙至天山地区的古代吉尔吉斯部落相融合后逐渐形成。诗仙李白的出生地碎叶城就在距离比什凯克郊外60公里处，李白诗作传承千年，影响世界。李白，在吉尔吉斯斯坦也是著名历史人物，他的文学作品成为中国与吉尔吉斯斯坦两国共享的历史文化遗产。①

独立后的吉尔吉斯斯坦，国内政治风险依然未除，内部关于南北力量的消长与角逐深刻地影响着整个国家政治生态。各大政党纵横捭阖、此起彼伏，对外关系处于不断摆动状态。吉尔吉斯斯坦政府与执政联盟中各种势力因自身利益需求不断调整政策，这种政策调整和变化会影响到国家的内外关系与社会政治稳定。②吉尔吉斯斯坦与俄罗斯关系全面加强，俄语在吉尔吉斯斯坦作为通用语地位得到确认。2014年吉尔吉斯斯坦不再与美国续签租借马纳斯军事基地合同，而是将其作为民用机场扩展与周边国家的航空联系。③

中吉关系不断改善和发展。至2013年1~9月，中吉贸易额已达15亿美元，中国成为吉尔吉斯斯坦第一大投资来源国，2014年以来中吉贸易额增速达10%，至2014年在吉尔吉斯斯坦经营的中资企业达440余家，在吉尔吉斯斯坦服务业经营的中资企业达125家，有4500余名吉尔吉斯斯坦员工在中资企业工作。为推动双边贸易的发展，吉方建议进一步改善贸易质量，挖掘边贸潜力，促进地区间合作，发展投资合作等；进一步推动双边农业合作，包括提高吉农产品产量，改进农产品加工质量，并促进其对华出口等；为推动吉中两国地方间合作，吉方建议将两国边境口

---

① 据报道，吉尔吉斯斯坦驻中国大使馆商务参赞朱萨耶夫·古邦曾率领代表团访问湖北安陆，并与安陆市就共同弘扬李白文化以及开展文化、经济方面的交流合作达成一系列初步意向。2008年，到郑州参加第十届亚洲艺术节的吉尔吉斯斯坦文化信息部部长拉耶夫称：中国唐朝最伟大的诗人李白的出生地碎叶城，就是如今吉尔吉斯斯坦境内的托克马克市，他们正与中方协商要为李白塑造一个纪念雕像。2001年11月23日，比什凯克人文大学还曾举办李白诞辰1300周年纪念大会。出席会议的有吉尔吉斯斯坦国总统阿斯卡尔·阿卡耶夫、国务秘书奥斯曼·依布拉依莫夫以及吉尔吉斯斯坦政府有关部门领导、国家科学院院长、各大学校长、大学教授、作家、诗人，中国驻吉尔吉斯斯坦大使宏九印和中央民族大学博士生导师胡振华教授。
② 阿不都热扎克·铁木尔等：《中国新疆周边形势》，《中亚信息》2012年第1~2期。
③ 孙力主编《中亚国家发展报告（2012年）》，社会科学文献出版社，2012，第117页。

岸全天24小时开放，并开通"比什凯克—喀什"和"奥什—喀什"2条新航线，以及"比什凯克—吐尔尕特—乌鲁木齐"和"奥什—伊尔克什坦—乌鲁木齐"客运航线并希望中国提供贷款建设"北—南公路"二期项目。①

塔吉克斯坦，"塔吉克"源于其族名，意为"王冠"。该国位于中亚东南部的内陆地区，地处帕米尔高原，东与中国接壤，南邻阿富汗，西部和北部与乌兹别克斯坦相连。境内90%以上国土为山地，50%的国土海拔超过3000米，有采矿、轻工、食品、化工、电子、机械等多种工业，轧棉业规模较大，农业生产以棉花种植为主，有养蚕、水果种植和畜牧业。塔吉克斯坦国土面积14.31万平方公里，国语为塔吉克语，俄语为族际交流语，全国人口692万，首都杜尚别②，坐落在瓦尔佐布河及卡菲尔尼甘河之间的吉萨尔盆地。吉萨尔古城位于吉萨尔盆地，距离首都杜尚别20余公里，是一处规模很大的古建筑群，曾是东布哈拉总督的宫殿，该城建造于公元8～19世纪，是丝绸之路上重要的古迹文化遗产。早在公元前138年，汉王朝中央政权与塔吉克斯坦地区建立了联系，受汉武帝派遣前往西域的张骞，为了联合中亚其他部落、部族共同抗击匈奴，保证"丝绸之路"畅通，就曾来到这里。张骞返回中原时带回了良马，引进了苜蓿、葡萄、棉花等，中国也促进了这里养蚕和兵器等行业的发展。

塔吉克斯坦地近阿富汗和巴基斯坦，外部安全环境不断恶化。独立建国后，对外政策明显倾向俄罗斯，其议会中伊斯兰势力增强。③ 塔吉克斯坦积极寻求美国的经济和军事援助，被美国视为仅次于乌兹别克斯坦服务于其阿富汗撤军安排的北线运输通道。2011年7月美国开始投资1000万美元在塔吉克斯坦首都杜尚别以西约40公里的卡拉达克建设特种力量训练中心，

---

① 中华人民共和国驻吉尔吉斯斯坦共和国经济商务参赞处网站，http://kg.mofcom.gov.cn/article/zxhz/。
② 《世界地理地图集》，地质出版社，2011，第59页。
③ 阿不都热扎克·铁木尔等：《中国新疆周边形势》，《中亚信息》2012年第1～2期。

该中心包括了医疗站、射击场、训练营等设施,是一个综合训练中心。在此期间,俄塔关系则波折不断,受到各类事件的负面影响。①

中塔两国自1992年1月4日建立外交关系以后,睦邻友好关系不断加强,各个方面的交往更加广泛。双边经贸合作得到持续、稳定、健康发展,呈现广阔空间。据《亚洲快讯》报道,2014年前9个月,中国与塔吉克斯坦外贸总额超过43亿美元,比2013年同期增长12.8%。贸易逆差达27亿美元。当年前9个月塔吉克斯坦出口商品总额达7.76亿美元,比上年同期减少11.8%,进口总额超过35亿美元,比上年同期增加20.2%。当年前9个月中塔贸易额5.92亿美元,中国在塔对外贸易排名列第三位。② 据中国海关统计,2016年1~11月中塔双边贸易总额为16.87亿美元,同比下降27.01%,其中中国对塔出口16.42亿美元,同比下降27.58%;进口4507万美元,同比增长2.44%。1~11月对塔出口主要商品有纺织品、机械设备、鞋类、电机电器、车辆及零部件等;进口主要商品有矿砂矿渣、棉花、生皮及皮革、食用水果及坚果等。③

乌兹别克斯坦,乌兹别克意为"自己统治自己",即"独立"。乌兹别克斯坦位于中亚中部,历史悠久,文化多元,巴克特里亚王国、花剌子模国、安息国等都是在乌兹别克斯坦土地上先后出现的古代王朝国家。在汉文古代典籍里被称为"大宛"的古代王朝国家即公元前3世纪至前2世纪出现的大月氏国、哒哒国、贵霜王国和突厥汗国。乌兹别克斯坦境内名城撒马尔罕,是古丝绸之路枢纽城市,连接着波斯帝国、印度和中国。公元8世纪中叶,阿拉伯哈里发王国统治乌兹别克斯坦,9~10世纪这里还经历了萨曼王朝统治。12世纪末,建立了花剌子模国;13世纪,成吉思汗进军中亚和西亚,消灭了花剌子模国,成为古丝绸之路中亚历史上有影响

---

① 孙力主编《中亚国家发展报告》(2012年),社会科学文献出版社,2012,第116页。
② 中华人民共和国驻塔吉克斯坦经济商务参赞处网站,http://tj.mofcom.gov.cn/article/jmxw/201410/20141000765721.shtml。
③ 中华人民共和国驻塔吉克斯坦大使馆经济商务参赞处网站,http://tj.mofcom.gov.cn/article/catalog/slfw/201601/20160101237968.shtml。

的重大事件。石油、天然气开采和有色冶金业是该国最为发达的工业部门，此外还有燃料、化工、机械、食品加工业。农业以棉花种植、养蚕和畜牧业较为知名，旅游资源丰富，有许多名胜古迹。国土面积44.74万平方公里，全国人口2632万，首都塔什干，乌兹别克语为官方语言，通用俄语。①

在美国看来，乌兹别克斯坦是服务阿富汗战事、可替代巴基斯坦的中亚地区最理想国家，乌兹别克斯坦与美国关系曾不断升温，而乌兹别克斯坦与俄罗斯关系则处于欲热还冷的状态。乌兹别克斯坦继续与西方接近，双方能否在军事合作领域有大的动作值得关注。乌兹别克斯坦在中亚诸国受俄罗斯因素影响相对较少，外交特立独行，根据利益变化在俄罗斯与西方之间摆动。在俄罗斯与哈萨克斯坦合力促进独联体经济一体化以及美国与巴基斯坦关系恶化的背景下，西方对乌兹别克斯坦寄予了更多的希望，取消了安集延事件②后对卡里莫夫政权的制裁措施，也不计较乌方在被质疑人权状况时的强烈反应，相互走动频繁。③

中乌自1992年建交以后，签订的主要经贸文件有：《中乌政府经济贸易协定》(1992)、《中乌铁路运输合作协定和避免双重征税的协定》(1996)、《中乌政府间经济技术合作协定及扩大经济贸易、投资和融资合作备忘录》(2004)等。中乌双边贸易逐年发展，双边贸易、双边经济技术合作、投资等不断取得进展。据中国海关统计，2012年1~3月，中乌贸易额为7.04亿美元，同比增长36.44%。中国对乌出口额为3.7亿美元，同比增长26.26%；中国自乌进口额为3.34亿美元，同比增长49.79%。中方顺差

---

① 《世界地理地图集》，地质出版社，2011，第58页。
② 2005年5月12日在乌兹别克斯坦安集延市发生了社会骚乱事件，一伙不明身份的武装分子袭击安集延的警察岗哨和部分营房，并冲进监狱释放2000多名监狱在押犯，乌政府军向骚乱人群开枪，造成大量人员伤亡。其间发生集会示威，要求总统卡里莫夫辞职和进行民主改革，扩大就业机会。据相关信息此事件是一次有组织、有目的的活动。参见张晶《价值观因素和地缘因素的权衡与选择》，吉林大学出版社，2010，第140~149页。事件也成为乌美外交关系转向的关键事件。
③ 孙力主编《中亚国家发展报告（2012年）》，社会科学文献出版社，2012，第116、122页。

0.36亿美元。中国成为乌兹别克斯坦第二大贸易伙伴。从出口结构看，中国向乌主要出口机械设备和机电产品，金额为1.41亿美元，占出口额的38.13%；钢铁及其制品4445万美元，占12.01%；橡胶及其制品2276万美元，占6.15%。从进口结构看，中国自乌进口主要商品是棉花，进口量11.2万吨，同比增长106.61%，总金额2.85亿美元，同比增长42.29%，占中国自乌进口额的85.21%；其次是矿物燃料、矿物油及其产品，558.9万美元，占比1.67%。至2014年1~8月，中国与乌兹别克斯坦双边贸易额为26.19亿美元，同比下降12.11%。其中，中方出口16.42亿美元，同比增长0.26%；中方进口9.77亿美元，同比下降27.21%。中方贸易顺差6.65亿美元。①

土库曼斯坦，意即"突厥人的地区"。土库曼斯坦位于中亚西南部，北部、东北部与哈萨克斯坦、乌兹别克斯坦接壤，西濒里海与阿塞拜疆、俄罗斯相望，南邻伊朗，东南与阿富汗交界，国土面积49.12万平方公里。土库曼斯坦是世界上最干旱的地区之一，其4/5以上的领土为沙漠，主要绿洲分布在河流沿岸。全国人口675万，官方语言为土库曼语，通用俄语，首都阿什哈巴德。②

库尼亚—乌尔根奇，位于土库曼斯坦西北部阿姆河的南面，毗邻乌兹别克斯坦边境，距离首都阿什哈巴德480公里。这里古称玉龙杰赤，是古代花剌子模王国的首都，也是丝绸之路在中亚重要的交易都市之一。公元前8至前6世纪，阿姆河下游就居住着花剌子模人，成吉思汗西征中亚时，留在这里的故事影响深远。这里的建筑艺术不但影响到伊朗、阿富汗，还影响到16世纪以后印度后期建筑。

土库曼斯坦所处之地早在公元前247年就建立了安息国，是古丝绸之路上著名的古国。境内最大的河流是发源于阿富汗的阿姆河，流经土库曼斯坦1000多公里，灌溉着大片的良田。农业出产棉花、小麦。畜牧业为传统

---

① 中华人民共和国驻乌兹别克斯坦大使馆经济商务参赞处网站，http：//uz.mofcom.gov.cn/article/zxhz/zhxm/201212/20121208496912.shtml。
② 《世界地理地图集》，地质出版社，2011，第58页。

优势产业。土库曼斯坦拥有极为丰富的石油和天然气资源,80%的国土被认为具有石油、天然气远景存量,因此,工业以石油、天然气开采最具实力,另有化工、机械、电力等部门。

土库曼斯坦独立后保持了国家政治稳定与社会发展,积极推进国内的改革与国际交往,努力提升国家的国际地位和影响力[①],一方面就天然气价格和贸易量、双重国籍等问题与俄罗斯继续交涉,同时将中国看作有潜力的天然气出口市场,推行天然气外交。[②]

中国与土库曼斯坦间的交往有一系列协定的保障,如1992年1月7日,中国与土库曼斯坦于阿什哈巴德签署了《中土政府间经济贸易协定》。《关于成立中土政府间合作委员会的协定》于2008年8月29日在阿什哈巴德签订。根据该协定,政府间合作委员会主席级别为副总理级,下设经贸、能源、人文、安全四个分委会。之后,两国陆续签订《中华人民共和国和土库曼斯坦关于土库曼斯坦向中华人民共和国增供天然气的协定》(2011)、《中华人民共和国政府和土库曼斯坦政府在标准、计量和认证认可领域的合作协议》(2011)、《中华人民共和国政府和土库曼斯坦政府经济贸易合作协定》(2011)等。2014年5月,中国与土库曼斯坦签署了双边投资保护协定、避免双重征税协定等,中土战略伙伴关系进一步深化发展。

2. 阿拉伯及其相邻国家

阿拉伯及其相邻国家分布于西起大西洋,东至阿拉伯海,北起非洲中部的广大区域,界于欧亚非三大洲结合部,战略地位重要。阿拉伯国家联盟秘书处2009年统计显示,这一地区总人口为3.29亿,约占全球人口的5%,其中,分布在亚洲的人口约占27%,地区年均人口增长率为2.3%。阿拉伯半岛及附近的海湾中蕴藏着大量的石油和天然气,据称该地区石油总储量6734亿桶,约占全球储量的56%,其中沙特阿拉伯2543亿桶,约

---

① 阿不都热扎克·铁木尔等:《中国新疆周边形势》,《中亚信息》2012年第1~2期。
② 孙力主编《中亚国家发展报告(2012年)》,社会科学文献出版社,2012,第116页。

占全球总量的21.8%，居世界之首，是世界上生产石油最多的国家，石油工业的产值占其国民经济总产值的80%以上，被称为"石油王国"。①阿拉伯国家政治制度不同，有君主制、君主立宪制和共和制（包括联邦共和制）三种政体，阿拉伯国家联盟（简称阿盟）为阿拉伯国家统一的地区合作组织，成立于1945年，在促进阿拉伯国家之间的经济合作和推动阿拉伯国家经济一体化方面做出了重要贡献。1981年，6个海湾国家（阿联酋、阿曼、巴林、卡塔尔、科威特、沙特阿拉伯）成立区域合作组织——阿拉伯海湾合作委员会（简称"海合会"）。在阿拉伯国家中，海湾六国总面积达264万平方公里，人口1600余万，主要产出为石油，约占90%，主要进口为机械运输设备和食品，主要贸易对象是美国、西欧、日本。海湾国家农业不发达，80年代上半期，粮食自给率从50%下降到40%，油料作物从60%下降到39%，糖料从41%下降到38%，豆类从98%下降到78%，畜产品从81%下降到78%。这些国家劳动力的60%为外籍劳工。② 在阿拉伯诸国中，海湾国家经济增长速度更快。据相关专家预测，海湾国家可能会成为宁夏开放发展更易拓展的国际市场。

从经济结构来看，由于特定的自然环境约束，大部分阿拉伯国家粮食不能自给，工业基础薄弱，结构单一，至少有7个国家的贫困人口超过本国总人口的40%。阿拉伯国家是外国资本重要的投资市场，也是世界重要的资本输出国，约有2.4亿美元的海外资产，主要投资于发达的国家证券、股票、房地产等行业。③

阿富汗伊斯兰共和国，"阿富汗"一词为古波斯语，意为"山上人"。阿富汗伊斯兰共和国国土面积64.75万平方公里，山地与高原占全国总面积的4/5，全国人口总计2611万（2010年统计），其境内生活着30多个民族，主要有普什图（阿富汗）、塔吉克、乌兹别克、哈扎拉、土库曼等族，官方

---

① 杨言洪主编《国际商务环境研究》，对外经济贸易大学出版社，2011，第188页。
② 余振贵等：《大西北对外开放的新思路》，宁夏人民出版社，1998，第196~198页。
③ 杨言洪主编《国际商务环境研究》，对外经济贸易大学出版社，2011，第191~192页。

语言为普什图语和达里语（即波斯语）。全国政区划分为 34 个省，省下设县、区、乡村，首都喀布尔，98% 以上的居民信仰伊斯兰教。①农牧业是其国民经济主要支柱，主要出产小麦、玉米、水稻、棉花等农产品和羊、牛、骆驼等畜产品，佛教圣地巴米扬和水果之乡坎大哈。②

阿富汗属内陆国家，大陆性气候，干燥少雨，夏季酷热，冬季严寒。山地和平原之间气候差异明显，冬季山地寒冷，经常有暴风雪。交通运输设施建设不足，全国铁路有 25 公里，公路约 2 万公里，有两个国际机场和两家航空公司。受战争影响，阿富汗教育事业较为落后，文盲人口约占总人口的一半，全国有高等院校 10 余所，喀布尔大学是全国最高学府。全国有 1.5 万多座清真寺，清真寺多附设小学，对儿童进行宗教教育，全国有 10 所专门的宗教学校，政府设置区莱玛（宗教学者）委员会，监督和管理宗教事务。③

中国为阿富汗主要贸易伙伴。2009 年 1~12 月中国与阿富汗进出口总额达到 2.15 亿美元，同比增长 39.0%，其中，中国对阿富汗出口额达 2.13 亿美元，同比增长 40.6%，显示出中国对阿出口的强劲势头。④ 2009 年 3 月，中方向阿捐赠价值 178.75 万美元的清淤设备。6 月，中阿签署矿业合作谅解备忘录。7 月，由中冶—江铜联合体中标的阿富汗埃纳克铜矿正式开工。8 月，中国在阿最大援建项目喀布尔共和国医院竣工并移交阿方。中国向阿提供价值 3000 万元人民币的 8000 多吨小麦无偿援助。2010 年 7 月 1 日起，中方对阿 60% 的输华产品实施零关税待遇。中方还同意为阿开设农业、卫生、教育、经贸、通信和禁毒等 6 类人员培训班。当年 6 月，中阿经贸联委会首次在昆明举行会议。2011 年，中国向阿富汗实施多项文化卫生援建项目并与其签署中石油阿姆达利亚盆地油田项目（此项目 2012 年投产）。中国除了向阿提供文化教育卫生方面的援助和人民币无偿援助外，还向阿

---

① 金涛主编《世界地理全知道》，百花洲文艺出版社，2012，第 94 页。
② 《世界地理地图集》，地质出版社，2011，第 59 页。
③ 金涛主编《世界地理全知道》，百花洲文艺出版社，2012，第 95 页。
④ 清华大学经济外交研究中心编《中国经济外交（2010）》，世界知识出版社，2011，第 117 页。

方提供医护人才培训等，以支持阿富汗建设，中国将在 2015~2019 年为阿富汗培训 3000 名各领域专业人员。①

伊朗伊斯兰共和国，"伊朗"为波斯语，意为"光明"。该国国土面积 163.60 万平方公里，全国人口约 7005 万，人口民族构成为波斯人、阿塞拜疆人、库尔德人，使用波斯语，首都德黑兰。全国政区划分为 30 个省，省下设置有 299 个地区、749 个县、2305 个乡。② 该国位于伊朗高原，高山环绕全境，中部盆地分布着大片沙漠和盐湖。截至 2005 年，已探明石油储量约 1332.5 亿桶，居世界第二位，石油开采和提炼是其经济中最重要的部门，其他规模较大的工业有冶金、汽车、纺织、化工、水泥、卷烟等。

海湾平原是伊朗的主要农业区，但该地区粮食产量有限，伊朗粮食不能自给，每年需要进口 30% 的食品。该国 80% 进出口货物靠水运，因而全国有 11 个贸易港口，1101 个码头，年吞吐量 4800 万吨；铁路主要满足在主干线上的长途运输，总长 9500 多公里；大多数本地乘客和货运交通依赖公路运输但是公路维护很差；全国有 83 个机场，其中德黑兰、大不里士、伊斯法罕、阿巴丹和阿巴斯为国际机场。该国政府重视高等教育，实行中小学免费教育，6 岁以上受教育人口占 82.5%。全国共有高等院校 300 多所，德黑兰大学是伊朗著名高等学府。③

2009 年 1~12 月，中国与伊朗进出口总额为 212.05 亿美元，同比下降 23.3%。其中，中国对伊出口额为 79.19 亿美元，同比下降 1.6%；中国从伊进口额为 132.86 亿美元，同比下降 32.2%。④ 2009 年 5 月，"中国—伊朗经贸洽谈会"举行，为促进双边贸易搭建平台，中伊两国 500 多位企业家出席了洽谈会。中伊合作主要由双边贸易、相互投资和工程承包等形式构成。经贸合作在两国双边合作中占重要地位，2014 年双边贸易额达 520 亿

---

① 中华人民共和国驻阿富汗伊斯兰共和国大使馆经济商务参赞处网站，http://af.mofcom.gov.cn/article/zxhz/201501/20150100879514.shtml。
② 《世界地理地图集》，地质出版社，2011，第 59 页。
③ 金涛主编《世界地理全知道》，百花洲文艺出版社，2012，第 97 页。
④ 清华大学经济外交研究中心编《中国经济外交（2010）》，世界知识出版社，2011，第 118 页。

美元，这显示了双边关系的极高水平。双边文化、科学和学术取得进展，波斯语教育中心和伊朗研究协会将落户中国，而中国语言教育中心将落户伊朗。① 两国间的相互投资不断增长，中资企业在伊工程承包合同额和营业额呈增长态势。

土耳其共和国，位于亚欧两洲相接处，包括亚洲小亚细亚半岛和欧洲巴尔干半岛东南角，濒地中海和黑海，扼守伊斯坦布尔海域。该国地形以高原山地为主，仅沿海有少量平原。全国多数地区属亚热带地中海型气候。国土面积约77.95万平方公里，国名释义为"勇敢人的国家"，总人口7330万，民族人口构成为土耳其、库尔德人（分别为80%、15%）。全国通用土耳其语。首都为安卡拉。② 全国99%的居民信奉伊斯兰教，其中85%为逊尼派，其余为阿拉维派；少数人信仰基督教和犹太教。全国行政区有81个省，省下设置县、乡、村。土国是西亚地区的农业大国，小麦生产在世界排名第7位，也是世界最大玉米、无核葡萄和无花果出口国。其交通运输方式由铁路、公路、水运和空运构成，铁路总长8697公里，国家级和省级公路38.59万公里，乡村公路30.9万公里；水运主要港口有伊斯坦布尔、伊兹密尔等；其国际机场位于伊斯坦布尔、安卡拉和伊兹密尔附近，2005年有120个普通机场，16个直升机专用机场。全国实施小学义务教育，学制5年。初高中学制各3年，中专学制2~3年，大学学制4~6年。安卡拉大学、合杰泰佩大学、中东技术大学、比尔肯特大学等为其著名高等学府。③ 土耳其被视为欧洲经济的"发动机"，具有三大显著优势，一是地缘优势，即地处亚欧非三大洲重要的中转地和交通枢纽；二是拥有丰富的劳动力资源优势；三是具有独特的投资和贸易优势，土耳其与欧洲自由贸易联盟（EFTA）签署了自由贸易协定，与欧盟签有关税同盟协议。2009年入盟谈判启动，并取得实质性进展，土耳其已然成为进入欧洲大陆的桥头堡。土

---

① 中华人民共和国驻伊朗伊斯兰共和国经济商务参赞处网站，http://ir.mofcom.gov.cn/article/zxhz/hzjj/201504/20150400955400.shtml。
② 《世界地理地图集》，地质出版社，2011，第65页。
③ 金涛主编《世界地理全知道》，百花洲文艺出版社，2012，第104页。

耳其与15个国家签署了自由贸易协定，是5个区域合作与贸易优惠安排的成员，为使在土境内生产的产品进入周边市场提供了便利条件。①

2009年1~12月，中国和土耳其进出口贸易总额100.79亿美元，同比减少19.8%。其中，中国对土出口额为83.34亿美元，同比减少21.3%；土对华出口额为17.45亿美元，同比减少11.6%。受全球经济不景气和国内产业压力影响，2009年，土耳其开始展开对中国商品的反倾销调查并持续到2010年。② 2013年中土双边贸易在经历2012年的低谷期后，于上半年呈现明显的反弹势头。据土海关统计，2013年1~6月，中土货物贸易额达138.3亿美元，同比增长18.8%。其中，土耳其对中国出口额同比增长38.9%，达到17.7亿美元，进口额增长16.3%达120.6亿美元，贸易逆差增长13.1%达102.9亿美元。③ 土耳其国家统计局统计，2015年，中国为土耳其第一大进口来源国，全年土自华进口额248.65亿美元，对华出口仅为24.15亿美元，中国成为德国之后土耳其第二大贸易伙伴国和第一大贸易逆差来源国。中国对土非金融类直接投资有所下降，但是，中国对土工程承包合同额有较显著增长，营业额有所下降，当年中国派出各类劳务人员4634人，年末在土耳其劳务人员6740人。中国企业在土耳其投资和工程承包主要集中在电信、金融、交通、能源、采矿、制造、农业等领域。④

塞浦路斯共和国，国名释义为"铜"，被誉为"黄铜之国"，该国是地中海东北部的岛国，地理位置十分重要，属亚热带气候，农业是其经济重要支柱，出产麦类和水果、油橄榄等，有大量农产品出口。加工制造业、纺织、皮革制品、化工制品以及部分轻工业等构成该国工业主要门类。铜开采、加工在国民经济中占有重要地位，旅游业较发达，是其国民经济的

---

① 中华人民共和国驻土耳其共和国大使馆经济商务参赞处网站，http：//tr.mofcom.gov.cn/article/zxhz/hzjj/200210/20021000044978.shtml。
② 清华大学经济外交研究中心编《中国经济外交（2010）》，世界知识出版社，2011，第118页。
③ 中华人民共和国驻土耳其共和国大使馆经济商务参赞处网站，http：//tr.mofcom.gov.cn/article/jmxw/201308/20130800249087.shtml。
④ 中华人民共和国驻土耳其共和国大使馆经济商务参赞处网站，http：//tr.mofcom.gov.cn/article/zxhz/201608/20160801374038.shtml。

重要支柱。国土面积约 0.93 平方公里，使用希腊语、土耳其语，通用英语，全国人口总计 85.43 万人（2006），希腊人、土耳其人分别占全国总人口的 77.8%、10.5%，另有少数亚美尼亚、拉丁和马龙族。全国划分为 6 个行政区，首都尼科西亚，海岸线长 782 公里，为地中海第三大岛。该国运输以水运、空运、公路运输为主。20 世纪 70 年代中，国家经济结构发生较大变化，先是制造业的发展，而后是旅游和金融服务的发展，该国已被世界银行列入发达国家行列。塞浦路斯政府重视教育发展，小学和初中实行义务教育，全国有各类学校 1000 多所，近 50% 高中毕业生可升入本国高等专科学校，其余可以到国外留学，每年在国外的留学生约 1 万人。①

2009 年 1～12 月中国与塞浦路斯进出口总额达到 12.20 亿美元，同比增长 7.6%，增长速度明显放缓，其中，中国对塞浦路斯出口额 12.05 亿美元，同比增长 7.2%，塞浦路斯对中国出口额为 0.15 亿美元，同比增长 48.9%，保持迅猛增长态势。在金融危机对我外贸产生严重影响的背景下，2009 年第一季度中塞贸易仍保持迅猛增长态势。据中国海关统计数据，第一季度中国与塞浦路斯实现双边贸易额 2.97 亿美元，比上年同期增长 65.2%。其中，中国对塞出口 2.95 亿美元，同比增长 65.2%；自塞进口 1210.02 万美元，同比增长 57.5%。而第一季度中国对外贸易总额同比下降 24.9%，其中，出口下降 19.7%，进口减少 30.9%。② 2013 年中塞双边贸易额发展到 10.2 亿美元，其中中国对塞出口 9.6 亿美元，自塞进口 5288.9 万美元。中国是塞浦路斯第九大进口来源国，也是其第九大出口目的国。中国对塞出口的商品主要有：船舶、机电产品（机械设备、家用电器、仪器仪表、金属制品等）、家具寝具、纺织品和服装及鞋帽、橡胶及塑料制品、化学品等。塞对中出口的商品主要有：药品、铜及铜制品、金属废料、蔬菜水果制品、饮料酒醋等。③

---

① 金涛主编《世界地理全知道》，百花洲文艺出版社，2012，第 118 页。
② 清华大学经济外交研究中心编《中国经济外交（2010）》，世界知识出版社，2011，第 118 页。
③ 中华人民共和国驻塞浦路斯共和国大使馆经济商务参赞处网站，http：//cy.mofcom.gov.cn/article/zxhz/hzjj/201407/20140700670561.shtml。

阿拉伯叙利亚共和国，通称叙利亚，位于西亚地区，面临地中海。境内以高原为主，兼具荒原、平原、草原等多种地形。沿海和北部属亚热带地中海气候，南部地区属热带沙漠气候，经济以农业为主，是中东地区少有的粮食出口国之一，石油工业和其他现代工业规模有限，传统手工业享有盛誉，旅游业较发达。国名释义为"高地"，或称"沙姆"，意为"左边"，古称"玫瑰的土地"。国土约18.52万平方公里，全国人口2369万（2010），首都大马士革。[1] 居民中阿拉伯人占80%，此外还有库尔德、土库曼人，国语为阿拉伯语，通用英、法语，居民中的85%信奉伊斯兰教、14%信奉基督教。该国曾是一个中等收入国家，全国划分为13个省和1个市（即首都大马士革）；其陆海空运输基础设施发达，国内交通运输以公路为主，公路总长4万余公里，铁路总长2798公里，有5个港口3313条船，除大马士革国际机场外，还有6个地方机场。普及小学义务教育，学制6年；高中2年级开始分文理科。共有4所综合大学（大马士革、阿勒颇、十月、复兴）[2]。1944年独立，1963年起由阿拉伯复兴社会党（阿萨德家族领导）执政至今。从2011年初开始，叙利亚爆发政府与反对派之间旷日持久的冲突，致使其国内局势动荡不安。

叙利亚出口商品中石油出口一直占据最大份额，预计到2028年其原油将枯竭，2007年其原油出口额为56亿美元，2008年为70亿美元，同比增长41.5%，2008年原油出口额占出口总额的55%。非石油类产品出口主要市场是阿拉伯国家（沙特阿拉伯、伊拉克、约旦和黎巴嫩），主要商品是食品和农副产品（谷物、蔬菜和水果），出口商品大部分是初级产品，进口商品主要是高附加值商品，如机械设备、运输工具、电气设备以及部分石油产品等。[3]

中叙两国于1956年8月1日建交，叙是同中国建交较早的阿拉伯国家之一，友好的政治关系使两国保持了良好的经贸合作。建交前的1955年12

---

[1] 《世界地理地图集》，地质出版社，2011，第68页。
[2] 金涛主编《世界地理全知道》，百花洲文艺出版社，2012，第106页。
[3] 杨言洪主编《国际商务环境研究》，对外经济贸易大学出版社，2011，第200页。

月30日，两国签订了贸易支付协定。1963年签订了两国政府间的贸易协定和经济技术合作协定，1982年签订了中叙长期贸易协定，于1983年6月将记账贸易改为现汇贸易。1996年两国签订鼓励和保护投资协定，2001年两国新签了贸易和经济技术合作协定，以替代1982年的长期贸易协定。中国向叙出口的主要产品有：机电产品、纺织品、家用及消费类电子产品、通信设备、船舶、汽车、摩托车、轻工产品、化工产品、五金矿产等。中国从叙进口主要产品为原油、成品油、钢材等。目前，中国公司在叙投资主要集中在石油领域，并开始触及其他领域，如海尔在叙投资的哈马洗衣机和微波炉生产项目。① 2007年，中国是叙利亚最大的贸易伙伴，中叙双边贸易18.7亿美元，同比增长33%，叙利亚从中国进口商品额达16.56亿美元，居第一位，俄罗斯以13.34亿美元位居第二。2008年，中国为叙利亚第二大进口来源国，列俄罗斯之后。中叙双边贸易总额达22.72亿美元，同比增长21.1%；其中中国出口22.62亿美元，进口1000万美元，分别比上年同期增长21.1%和16.9%。中国对叙主要出口产品是汽车及配件、钢铁制品、化工原料、机电产品及轻工产品，主要进口商品为棉花等。② 直到2010年，中叙双边贸易总额还在增长中，达到24.8亿美元，比上年增长11.9%，其中中国出口24.4亿美元，比上年增长10.5%；中国进口4000万美元，比上年增长302.8%；中国对叙非金融类直接投资存量为1681万美元。截至2010年底，中国企业在叙累计签订承包工程合同额18.2亿美元；累计签订劳务合作合同额482万美元；年末在叙利亚劳务人数1100人。新签大型项目包括湖北宏源电力工程股份有限公司承担的水泥厂自备电站项目等。在叙开展合作业务的主要中资企业有中石油、中石化、中石化十建公司、中纺、中材建设、北方公司、湖北宏源电力、中兴、华为、四川机械设备公司等。③ 2011年以后中叙两国相关合作受到极大影响。

---

① 清华大学经济外交研究中心编《中国经济外交（2010）》，世界知识出版社，2011，第119页。
② 杨言洪主编《国际商务环境研究》，对外经济贸易大学出版社，2011，第201页。
③ 中华人民共和国驻阿拉伯叙利亚共和国大使馆经济商务参赞处网站，http：//sy.mofcom.gov.cn/article/zxhz/201106/20110607596800.shtml。

黎巴嫩共和国，位于西亚南部的地中海东岸，境内以山地为主，西部沿海有少量平原，属亚热带地中海型气候，国名释义为"白色山岭"，国土面积 1.05 万平方公里，全国人口 400 万（2006），主要为阿拉伯人，官方语言为阿拉伯语，通用法语、英语。① 全国行政区划分为 8 个省，居民 54% 信仰伊斯兰教，主要是什叶派、逊尼派和德列兹派；46% 信基督教，主要有马龙派、希腊东正教、罗马天主教和亚美尼亚东正教等。黎巴嫩粮食生产落后，主要靠进口，工业以加工业为主，交通以海空为主，公路次之。教育发展水平一般，黎巴嫩大学是唯一国立综合大学。②

进入 21 世纪，双边贸易持续增长，2008 年中国第一次跻身黎第二大进口货源国。2009 年中黎贸易额 14.72 亿美元，同比增长 1.73%。黎从中国进口 14.40 亿美元，同比增长 3.52%，向中国出口 3200 万美元，同比下降 42.86%。黎主要进口产品为机电产品（4.89 亿美元）、纺织品及原料（2.14 亿美元）和家具、玩具、杂项制品（1.34 亿美元）。2010 年，中黎贸易总额 16.88 亿美元，同比增长 14.67%，黎从中国进口 16.38 亿美元，同比增长 13.75%，向中国出口 5000 万美元，同比增长 56.25%。黎主要从中国进口机电产品（5.34 亿美元）和纺织品及原料（2.19 亿美元），黎主要向中国出口贱金属及其制品（4500 万美元）。2015 年中黎贸易总额 20.8 亿美元，同比下降 16.5%。其中，黎自中国进口 20.7 亿美元，同比下降 16.5%，约占黎同期进口额的 11.5%；黎向中国出口 986.9 万美元，同比下降 20.5%。中国仍保持黎第一大进口货源国和第一大贸易伙伴地位。③

巴勒斯坦国，位于亚洲西部，扼欧亚非交通要道，战略地位重要，境内多山地、高原，历史上曾建立以色列王国和犹太王国，后成为阿拉伯人居住地。人口 930 万，使用阿拉伯语，主要为阿拉伯人，国土面积 1.15 万

---

① 《世界地理地图集》，地质出版社，2011，第 68 页。
② 金涛主编《世界地理全知道》，百花洲文艺出版社，2012，第 116 页。
③ 中华人民共和国驻黎巴嫩共和国大使馆经济商务参赞处网站，http://lb.mofcom.gov.cn/article/zxhz/zhxm/。

平方公里。①

巴勒斯坦局势复杂，2008年以来经济持续复苏，但在2010年，加沙经济发展仍受到严重制约。巴勒斯坦民族权力机构管辖区内没有铁路，一切运输全靠公路、汽车完成，加沙国际机场是巴勒斯坦唯一机场，有三架飞机，可降波音747大型飞机。② 2009年1~2月，中巴进出口额为0.05亿美元，同比下降50%，其中，中国向巴出口额为0.05亿美元，巴没有向中国出口的记录。③

约旦哈希姆王国，位于西亚的阿拉伯半岛西北部，南临红海。全境以高原为主，沙漠约占国土总面积的80%以上，国民经济结构多样，有部分轻工业和小型加工工业，农牧业发展较为平衡，但粮食需要大量进口，以侨汇、外汇和旅游业为国民经济支柱。国名释义为阿拉伯语"水流直下"，国土面积8.93万平方公里，总人口591万，国语为阿拉伯语，通用英语，人口主要为阿拉伯人，首都安曼。④

约旦出口商品主要为药品、磷酸盐、钾盐、化肥、成衣和蔬菜，主要出口市场为亚洲国家，尤其是印度和大阿拉伯自贸区国家。主要进口商品为原油、钢铁及其制品、机械和电气设备等。其主要贸易伙伴有沙特阿拉伯、印度、伊拉克、中国和美国等，约旦与美国双边贸易2007年达22亿美元，占约旦对外贸易的30%，约旦主要向美国出口成衣、石材、珠宝等产品。中国与约旦双边贸易2007年为11.86亿美元，同比增长15%，中国出口为11亿美元。2008年双边贸易额增长到19.21亿美元，增幅62.0%，其中中国出口达18亿美元。⑤ 2009年中约双边贸易额达20.8亿美元，比上年增长8.3%，中约双边贸易首次突破20亿美元大关。根据中国海关统计信息，支持中国出口增长的主要是机电产品和纺织品，而从

---

① 《世界地理地图集》，地质出版社，2011，第68页。
② 金涛主编《世界地理全知道》，百花洲文艺出版社，2012，第113页。
③ 清华大学经济外交研究中心编《中国经济外交（2010）》，世界知识出版社，2010，第120~121页。
④ 《世界地理地图集》，地质出版社，2011，第68页。
⑤ 杨言洪主编《国际商务环境研究》，对外经济贸易大学出版社，2011，第202页。

约旦进口的主要是矿物类产品。从全年发展的情况看，1~6月双边贸易增幅较大，到下半年增幅下降，特别是因从约旦进口矿产品减少，进口额由上半年增长的态势到下半年转为下降，从而拉低了从约旦进口的增长速度。①

以色列国，位于西亚的地中海东岸，国土面积1.52万平方公里，实际控制2.5万平方公里，总人口699万，其中犹太人约占总人口的80%，阿拉伯人为20%，其余为德鲁兹人，官方语为希伯来语和阿拉伯语，通用英语。该国科技发达，以现代工业为主，有飞机制造、电子、通信、化工、食品加工、医疗设备、生物技术等部门。② 以色列有198公里的海岸线，属地中海型气候，其经济为混合型，已跻身发达国家之列。陆、海、空运输业发达，铁路总长615公里，公路总长1.7万余公里，主要港口有海法、阿什杜德和埃拉特，与北美、欧洲地区主要城市及埃及、约旦、肯尼亚、南非、土耳其、日本和中国等有定期航班。政府重视教育，免费教育直到高中，著名的高等院校有耶路撒冷希伯来大学、特拉维夫大学、海法大学、以色列工程技术学院等。

2009年中国与以色列经贸互动频繁。以对华出口额从2003年的6.13亿美元增长至2008年的13亿美元，增长了一倍多，2008年中以双边贸易额达55亿美元，较2007年的45亿美元增长了22%，2008年共有1165家以色列企业向中国出口产品，较2007年增加了9%。受全球经济危机影响，2009年以对华出口仅有10.8亿美元。③ 2014年中以双边贸易继续保持稳步增长，中国进出口总额108.8亿美元，同比增长0.5%，占以色列对外贸易总额的8.5%。双方贸易结构持续优化，从以食品、钻石、化工等传统产品贸易，不断向高科技、新能源、生物技术、现代医药等方向发展转变，产品结构呈现多样化态势。中以服务贸易发展势头良好，2014年前三季度，

---

① 清华大学经济外交研究中心编《中国经济外交（2010）》，世界知识出版社，2010，第121页。
② 《世界地理地图集》，地质出版社，2011，第68页。
③ 清华大学经济外交研究中心编《中国经济外交（2010）》，世界知识出版社，2010，第121页。

双边服务贸易额 5.1 亿美元，其中中国服务出口 2.8 亿美元，进口 2.3 亿美元，主要集中在旅游、运输、咨询等领域。中国已成为以色列在亚洲的第一大贸易伙伴，也是其全球第二大贸易伙伴。①

伊拉克共和国，国名意为"血管"，因为境内河网密布，犹如人体内的血管。该国位于阿拉伯半岛东北部，全境地势低平，石油、天然气是其最主要的矿产资源，经济以石油为生产命脉。国土面积 44.18 万平方公里，官方语为阿拉伯语，库尔德地区官方语为库尔德语，通用英语。总人口 3432 万（2011），阿拉伯人占 78%，库尔德人占 18%，其余为土耳其人、亚美尼亚人②，居民中 97% 信奉伊斯兰教，少数人信奉基督教。全国政区划分为 18 个省，省下设县、乡、村。其国内交通以公路为主，此外还有铁路、水运、空运等运输方式，铁路总长 2027 公里，公路总长 3 万余公里，内河航运线总长 1015 公里，有巴格达和巴士拉两个国际机场。但是，2014 年的伊拉克处在变乱之中，"伊拉克和黎凡特伊斯兰国"（ISIS）宣布建立后，与政府军形成对抗之势，恐怖主义威胁着人们的生活，局势不容乐观。受恐怖袭击影响，2014 年 3 月以来中北部基尔库克至土耳其杰伊汉原油外输管道一直无法运行，石油出口依赖于南部巴士拉港口。

2009 年伊拉克曾与中国石油天然气集团公司签署鲁迈拉油田开发合作。除中石油外，进驻伊拉克的中资企业曾主要有四家，即华为技术有限公司、中兴通讯股份有限公司、苏州中材公司和杭州三泰公司。这四家公司的各类工程管理和技术人员约有 1000 人，大部分集中在伊拉克的北部省份（库尔德斯坦地区）。另外，上海电器曾与伊方商签合作协议，进入伊拉克开展合作项目。

在对伊援助方面，1959 年至 2003 年 3 月（美国推翻萨达姆政权之前），中国向伊拉克提供各类经济援助共 4531 万元人民币。美国入侵伊拉克战争期间，中国向约旦政府提供了 250 万元人民币的紧急人道主义物资援助，用

---

① 中华人民共和国驻以色列国大使馆经济商务参赞处网站，http://il.mofcom.gov.cn/article/zxhz/tjsj/201505/20150500985318.shtml.
② 《世界地理地图集》，地质出版社，2011，第 69 页。

于救助在约旦的伊拉克难民。2003年10月，在马德里召开的伊拉克重建捐助国会议上，中国宣布向伊拉克提供2500万美元人道主义援助。2007年5月3日，"伊拉克国际契约"会议在埃及旅游城市沙姆沙伊赫召开，在此次会议上，中国政府承诺向伊拉克提供5000万元人民币无偿援助。目前部分援款已用于伊拉克培训经济管理、石油、外交、电力等领域的人才。截至2007年6月，中国已为伊拉克举办9批共210人的双边培训，另有近30人的多边培训。中国还为伊拉克过渡议会选举提供物资和为伊拉克海关提供集装箱检查系统等。① 2014年中伊贸易额为285亿美元。2015年，中国与伊拉克贸易总额有所下降，为205.9亿美元，中国仍是伊拉克最大贸易伙伴，伊拉克是中国在阿拉伯国家第三大贸易伙伴。②

科威特国，阿拉伯语意为"小城堡"，位于西亚阿拉伯半岛东北部，国土面积1.78万平方公里，官方语为阿拉伯语，英语为通用语，首都科威特城。全国有600多座清真寺，平均每900个礼拜者拥有一座清真寺。③ 全国人口总计305万（2006），其中科威特籍人口约占总人口36%，外籍侨民约占64%，居民中95%信仰伊斯兰教，其中70%属逊尼派，30%属什叶派。全国政区划分为6个行政省，海岸线长290公里，属热带沙漠气候。④ 境内多数地区为荒漠，地势起伏，仅有少量绿洲，北部和西部有部分山地和丘陵。全境干旱少雨，属热带沙漠气候，矿产资源以石油、天然气为主，储量极为丰富，探明储量居世界第四位。主要工业部门为炼油、石化、液化天然气、海水淡化等。90%国民收入来自石油工业。科威特交通运输十分发达，全国有公路4万公里，其中高速公路约300公里，此外还有两个主要港口，一座国际民用机场和两座军事机场。政府重视教育，小学、初中实行免费教育，小学、初中、高中均为4年制。⑤

---

① 清华大学经济外交研究中心编《中国经济外交（2010）》，世界知识出版社，2010，第123页。
② 中华人民共和国驻伊拉克共和国大使馆经济商务参赞处网站，http://iq.mofcom.gov.cn/article/zxhz/201508/20150801073219.shtml。
③ 《世界地理地图集》，地质出版社，2011，第58页。
④ 金涛主编《世界地理全知道》，百花洲文艺出版社，2012，第110页。
⑤ 金涛主编《世界地理全知道》，百花洲文艺出版社，2012，第110页。

科威特主要贸易伙伴有美国、日本、德国、印度、中国等，2008年，从科威特进口石油最多的国家为美国、德国和日本。

2008年，中科双边贸易总额为68.6亿美元，进口原油536万吨，比上年多进口原油173万吨，增长48%，科威特为中国第七大原油进口国。2009年中国与科威特经贸合作交流频繁。中国从科威特主要进口原油、液化石油气，对科威特出口机电产品、钢铁及其制品、轻纺产品等。2009年中国从科进口原油数量同比增加1/3，2010年中国决定把每天从科进口的原油数量提高50%，达到24万桶。[1] 2014年8月，中国与科威特签署为期10年的30万桶/天的石油合同，这是科威特历史上第一次签署这样的合同，新合同中，付款宽限期为60天。中国工商银行科威特分行是科威特政府批准设立的第一家中资银行，银行正式开业结束了科威特没有中资银行的历史，同时这也是中国工商银行在中东地区设立的第4家分行。[2]

2009年6月29日，郑州宇通客车与科威特运输仓储集团"city bus"举行交车仪式，标志着宇通客车首次进入科威特公交市场，从而结束了欧洲、韩国、巴西等地品牌客车垄断该国公交市场的历史。中国驻科威特大使黄杰民、经商参赞胡要武等应邀出席了交接仪式。当年9月，华为与科威特哈亚特通信公司签订该国第三家移动网VIVI的二期工程技术合同，合同额为380万美元，工期为8个月，2015年3月30日华为公司获得在科威特建立100%外资控股的分公司的许可。

自1979年中国承包劳务公司进入科威特市场，截至2000年底，双方共签订合同金额15.5亿美元，完成营业额12.9亿美元。中方主要承揽的大中型总包项目有：艾哈迈迪炼油厂修复项目（1992年12月~1994年4月）、舒埃巴油码头修复项目（1996年9月~1999年2月）、四个3万吨浮顶油罐项目（1997年6月~1998年9月）、27号和28号集油站和配套管网工程

---

[1] 杨言洪主编《国际商务环境研究》，对外经济贸易大学出版社，2011，第196页。
[2] 中华人民共和国驻科威特大使馆经济商务参赞处网站，http://kw.mofcom.gov.cn/article/zxhz/sbmy/201408/20140800709933.shtml。

(1996年1月~2001年3月)①。至2010年驻科威特中资企业已达19个。据统计，2015年，中科双边贸易额为112.7亿美元，是中科建交之初的60多倍，其中，中国向科出口37.7亿美元，同比增长10%。同期，中国自科威特进口原油1442.6万吨，同比增长35.9%，科威特已经成为中国第七大原油进口来源国。中国企业在科威特新签工程承包项目合同额20亿美元，同比增长98.26%。科威特是最早向中国提供政府优惠贷款的阿拉伯国家。1982年至2015年10月底，科威特阿拉伯经济发展基金会共向中国提供9.96亿美元优惠贷款，用于基础设施、教育、卫生、农业和环保等领域的39个大中型建设项目，有力支持了中国中西部地区经济和社会发展。②

沙特阿拉伯王国，以"石油王国"著称，石油储量和产量居世界之首，石油和石化工业是其经济命脉，天然气储量也极为丰富，还是世界第四大黄金市场，世界最大淡化海水生产国。官方语言为阿拉伯语，通用英语。国土面积225万平方公里，人口2611万（2010年统计），属于高福利国家，免费医疗、禁酒、禁电影、禁偶像，妇女出门必须穿罩袍蒙黑纱，奉伊斯兰教为国教，逊尼派约占85%，什叶派占15%。③ 全国分为13个地区，地区下设一级县和二级县，县下设一级乡和二级乡。

沙特阿拉伯的石油储量占世界石油总储量的26%，居世界各国之首；天然气储量位居世界第四位。因此，沙特阿拉伯是全球最大的石油生产国和出口国，石油出口是国民经济的支柱，占外贸总额的90%以上，其主要出口地区按出口量依次为东亚、北美、欧盟和海湾地区，按国别为美国、中国、日本等。非石油产品主要出口目的地为阿联酋、中国、科威特和卡塔尔，主要进口来源国为美国、中国、德国和日本。沙特阿拉伯还是世界最大的淡化海水生产国，全国的海水淡化总量占世界海水淡化量的21%左右。公路、铁路、水运、空运构成沙特阿拉伯立体交通网，公路总长达19

---

① 清华大学经济外交研究中心编《中国经济外交（2010）》，世界知识出版社，2010，第123页。
② 中华人民共和国驻科威特大使馆经济商务参赞处网站，http://kw.mofcom.gov.cn/article/zxhz/hzjj/201609/20160901398084.shtml。
③ 《世界地理地图集》，地质出版社，2011，第72页。

万公里，其中高速公路4400公里，国际公路网联约旦、也门、科威特、卡塔尔、阿联酋、巴林等；铁路总长1400公里；有8个大型海港，其中吉达港卸货率名列世界前茅，共有174个泊位；全国有25个机场，40多条国际航线，延伸四大洲70多个国家；有国内航线24条。沙特阿拉伯实行免费教育，中小学制各为6年。全国有各类学校2.28万所，综合性大学8所，学院78所，高等宗教大学5所。每年到国外留学的学生，费用由国家负担，在国内读大学的学生，免费住宿并享受津贴。①

2008年中国与沙特阿拉伯的贸易额为418亿美元，同比增长64.7%，其中对沙出口107.7亿美元，增长39%；进口310.3亿美元，增长76.6%，其中进口原油3637万吨，占进口总量的20%。连续8年成为中国在西亚和非洲最大的贸易伙伴。② 2009年1~2月中国与沙特阿拉伯进出口总额为36.79亿美元，同比下降27.6%，其中，中国对沙特阿拉伯出口额为9.95亿美元，同比下降9.8%；中国由沙特阿拉伯进口额为26.84亿美元，降幅达到32.6%。沙特阿拉伯国家统计局公布的数据显示，2009年9月非石油产品出口20亿美元，同比下降19%。该国最大出口目的地国依次为阿联酋、中国、卡塔尔，出口主要产品依次为石化产品5.6亿美元，占出口总量的29%；塑料产品5.4亿美元，占27%；食品原料1.9亿美元，占9%。值得一提的是，在出口金额下降的同时出口重量却提高了14%。9月进口63.7亿美元，同比下降34%，进口主要产品依次为机械设备、电器产品19亿美元，占30%；运输设备10亿美元，占16%；食品9亿美元，占14%。中国为第一大进口来源地国，这也是中国连续第三个月获得此排名。③ 2014年，在沙特阿拉伯经营的中资企业数量将近160家，涉及建筑承包、电信、基础设施建设、石油化工、工程机械、物流运输等各个行业，尤其是在工程承包领域，还为沙特阿拉伯当地青年提供了许多专业培训和就业机会，为当地的社会发展做出了重要贡献，也建立了外国企业在沙特阿拉伯当地

---

① 金涛主编《世界地理全知道》，百花洲文艺出版社，2012，第99页。
② 杨言洪主编《国际商务环境研究》，对外经济贸易大学出版社，2011，第200页。
③ 清华大学经济外交研究中心编《中国经济外交（2010）》，世界知识出版社，2010，第124页。

长期发展的模式。2013年在中国学习的沙特阿拉伯留学生1300多名，中国留学生在沙特阿拉伯也有600余人。① 中国与沙特阿拉伯合作领域广阔，发展前景良好。

也门共和国，阿拉伯语意为"幸运的土地"。国土面积55.50万平方公里，人口2139万，语言为阿拉伯语，首都萨那。② 该国位于西亚半岛南部，濒临红海，境内多山，沙漠分布于东北部，沿海有狭长平原。矿产资源丰富，尤以石油、天然气储量最大，属世界上最不发达的国家之一，经济落后，发展缓慢，工农业基础薄弱，大部分生产资料都依赖进口，国民整体购买力低，国内贫富差距较大。也门市场进口的大部分是中低档商品，奢侈品较少。石油出口约占其国家出口总额的90%，石油出口收入约占其全国GDP的33%，占政府财政收入的70%左右。预计2020年，其石油资源将开采枯竭。

也门最主要的贸易伙伴是海湾国家、中国、法国、美国等。中国与也门双边贸易发展较快，2008年达43.7亿美元，其中进口32.09亿美元，同比增长84%；出口111.6亿美元，同比增长21%。也门一半以上的原油出口到中国，中国对也门出口的主要是服装鞋帽、钢材和钢铁制品、机电产品等，当年也门市场上70%以上是中国商品。③ 2009年1~2月，中国与也门进出口总额为2.10亿美元，同比降幅达到65.6%，其中，中国对也门出口额为1.43亿美元，增长1.1%，也门对华出口为0.67亿美元。中国与也门还有双边医疗卫生合作协议等。④ 2015年中国在也门的企业有10多家，中资企业人员600余人，后由于当地武装冲突的发生而撤离。

阿曼苏丹国，意为"宁静的土地"，位于西亚的阿拉伯半岛东南，临阿曼湾，海岸线长1700公里，为波斯湾通往印度洋的要冲。国土面积30.95

---

① 《中国是沙特重要的战略伙伴》，沙特阿拉伯中资企业协会网站，http://www.saudi-cocc.net/c35290/w10261509.asp。
② 《世界地理地图集》，地质出版社，2011，第72页。
③ 杨言洪主编《国际商务环境研究》，对外经济贸易大学出版社，2011，第200页。
④ 清华大学经济外交研究中心编《中国经济外交（2010）》，世界知识出版社，2010，第126页。

万平方公里,官方语言为阿拉伯语,通用英语,人口 280 万(2005),主要信奉伊斯兰教,90% 属伊巴德教派。政区分为 3 个省和 5 个地区,省区下设 59 个州,首都马斯喀特。境内多高原,为传统的农牧业国家,80% 以上的人口从事农牧渔业,出产椰枣、乳香、棉花、玫瑰、柠檬等经济作物和麦类、高粱等作物,牧业以阿拉伯纯种马和骆驼最著名,工业起步晚,以石油天然气开采为主。① 阿曼无铁路,运输方式有公路、水运和空运,以公路为主,全国公路分三类,其中沥青路总长 7407 公里,石子路总长 2400 公里,土路总长为 13573 公里。阿曼实行免费教育,南方萨拉莱有一所海洋学院,北方苏哈尔有一所美术学院,还设有成人教育中心,培养国家需要的专业人才。苏哈尔是阿曼海港城市,2000 多年前就是波斯湾与东方贸易的货物集散地之一,有"通往中国的门户"之称。②

1978 年 5 月两国建交以来,经贸交往不断。1980 年 10 月两国政府贸易协定签订。1989 年中、阿两国建立经贸混委会。1992 年至今已召开了五届经贸混委会。1995 年两国政府签署了《鼓励和保护投资协定》。2002 年 3 月国务委员吴仪访阿,双方签署了《避免双重征税协定》。在两国高层推动下,双边经贸合作各领域呈积极发展态势。2009 年 1~2 月,中国与阿曼进出口总额为 9.34 亿美元,同比下降 31.8%,其中,中国对阿曼出口额为 1.50 亿美元,在全球经济不景气的情况下,增幅仍达到了 36.4%,显示了中国对阿出口的强劲潜力,阿曼对华出口额为 7.84 亿美元,同比下降 37.7%。③

阿拉伯联合酋长国,位于西亚的阿拉伯半岛东部,北临波斯湾,由七个酋长国(阿布扎比、迪拜、沙迦、哈伊马角、阿治曼、富查伊拉、乌姆盖万)联合而成,为波斯湾通往印度洋的要冲之地,境内洼地、沙漠为主,东北部有部分山地,沿海有少量绿洲。该国国土面积 8.36 万平方公里,总人口 470 万,居民大多信奉伊斯兰教,多数属逊尼派,首都为阿布扎比。海

---

① 《世界地理地图集》,地质出版社,2011,第 72 页。
② 金涛主编《世界地理全知道》,百花洲文艺出版社,2012,第 101 页。
③ 清华大学经济外交研究中心编《中国经济外交(2010)》,世界知识出版社,2010,第 126 页。

岸线长734公里，气候属炎热干燥的热带沙漠气候。经济以石油生产和石油化工工业为主，外贸在经济中占重要地位，以石油、天然气及石化产品出口为主。近年来，农牧业、渔业有一定的发展，人均收入位居世界前列。①运输方式构成为公路、水运和空运，境内无铁路，有6个国际机场，与包括中国在内的82个国家签订了双边航空协定，世界各国的109个航空公司有定期航班飞往阿联酋。国家重视教育事业和本国科技人才培养，实行免费教育，全国遍布各类职业训练学校、夜校和扫盲班。②

阿联酋主要出口原油、石化产品、液化天然气、工农业产品等。其转口贸易十分活跃，成为该国仅次于石油收入的第二大外汇来源，约占其外贸出口额的1/3。阿联酋进口产品的40%左右转口到中东其他地区、非洲及东欧国家，市场辐射近30个国家的15亿人。印度、中国、日本、美国为阿联酋主要进口国，其主要出口国为卡塔尔、科威特、沙特阿拉伯等国。

阿联酋是中国在阿拉伯世界第二大贸易伙伴、最大出口市场和第二大进口来源地，双边贸易额仅次于沙特阿拉伯。2008年，中阿双边贸易额为281.1亿美元，同比增长40.5%，其中中国对阿出口235.5亿美元，增长38.3%；从阿进口46.05亿美元，增长52.9%。③ 2009年1~2月，中国与阿联酋进出口总额为27.14亿美元，同比降幅达到25.2%，其中，中国对阿联酋出口额为23.51亿美元，下降7.8%；阿联酋对华出口为3.63亿美元，降幅达66.2%。2009年，中阿交流合作依旧频繁。8月，阿布扎比王储访华期间，阿布扎比国家石油公司与中国石油天然气集团公司就石油和石化工程领域合作项目达成一致。阿联酋和中国的战略合作关系向前迈出了一大步。阿联酋已日益成为地区能源出口大国，此次签订的合同表明阿联酋欢迎中国企业与其进行油气领域的合作，同时在西方石油需求下降的形势下中国作为可信赖的中东原油消费国的重要性不断加强。2009年10月底，阿联酋外贸部在华设立代表处，以促进中阿双边贸易的发展。阿外贸

---

① 《世界地理地图集》，地质出版社，2011，第73页。
② 金涛主编《世界地理全知道》，百花洲文艺出版社，2012，第102页。
③ 杨言洪主编《国际商务环境研究》，对外经济贸易大学出版社，2011，第198页。

部副部长称将逐步在中国的主要经济城市设立更多代表处。哈麦德·阿勒哈吉里被任命为驻华代表处贸易随员。中国已是阿联酋第二大贸易伙伴。①中阿两国经贸合作不断加深。

卡塔尔国，地处海湾西南海岸，地势低平，全境以荒漠为主，绿洲稀少，属热带沙漠气候，石油天然气储量极丰，石油储量居世界第 24 位，天然气居世界第三位，石油为国民经济命脉，工业以石油化工、液化天然气生产为主并大量出口，石油收入占国民收入的 95% 以上，所产石油 95% 供出口，农牧业近年来有一定的发展。该国国土面积 1.15 万平方公里，人口 141 万（2009），全国政区划分为四大行政区：多哈、瑞廷、多妞撒勒和瓦卡拉赫。官方语言为阿拉伯语，通用英语，首都多哈。卡塔尔资源主要有石油和天然气，地下水源贫乏。农业基础薄弱，发展缓慢，农牧产品不能自给，粮食、水果、蔬菜、肉蛋奶等主要靠进口。其国内运输体系由公路、水运和空运构成。政府重视发展教育事业，实行免费教育。②

1959 年中卡就有直接的贸易往来，20 世纪 80 年代末，双方就有承包劳务业务，中国出口产品主要是纺织品、服装、日用轻工产品、家电和机电产品，中国进口的产品主要有原油和部分化工产品。2001 年成立了两国政府支持的"中卡投资贸易促进中心"为双边贸易拓展新渠道。2009 年 1~2 月，中国和卡塔尔进出口总额为 2.65 亿美元，同比下降 26.4%，其中，中国对卡出口额为 1.24 亿美元，同比下降 3.5%，卡塔尔对华出口额为 1.41 亿美元，同比下降 38.8%。2009 年中卡经贸交流频繁。中国海洋石油总公司多哈代表处于 2009 年 3 月 7 日在卡塔尔首都多哈正式开业。8 月 31 日，中国海洋石油总公司与卡塔尔石油公司（QP）在多哈签署了《卡塔尔海上 BC 区块勘探与产品分成协议》。2009 年 11 月，卡塔尔副首相兼能源和工业大臣阿提亚在北京访问期间，卡塔尔天然气公司（Qatar Gas）分别与中国海洋石油总公司（中海油）和中国石油天然气集团公司（中石油）签署了

---

① 清华大学经济外交研究中心编《中国经济外交 (2010)》，世界知识出版社，2010，第 127~128 页。
② 金涛主编《世界地理全知道》，百花洲文艺出版社，2012，第 125 页。

卡塔尔向中国增加供应总计达700万吨/年液化天然气（LNG）的谅解备忘录，使中卡能源合作又迈上一个新台阶。① 中国也成为卡塔尔第一大进口来源国。

巴林王国，阿拉伯语意为"两个海"，位于西亚波斯湾内巴林群岛，由大小36个岛屿组成，是海湾地区最早开采石油的国家，工业以石油与天然气开采为主，石油收入为国民经济命脉。金融业发达，为中东国际金融中心。农牧渔业产业多样，出产优质珍珠，是中东珍珠采集中心。国土陆地总面积741.4平方公里，海域面积8269平方公里，全国人口104.7万（2007），居民中的85%信奉伊斯兰教，其中什叶派占70%以上。全国分为5个省，分别是首都省、穆哈拉克省、北方省、中部省和南方省，首都麦纳麦，官方语言为阿拉伯语，通用英语。巴林境内无铁路，公路、水运和空运是其运输方式，公路总长3200公里，水运条件良好，巴林和阿曼投资经营其航空公司。②

2009年1~2月，中国和巴林进出口总额为0.71亿美元，同比下降21.1%，其中，中国对巴林出口额为0.67亿美元，同比增长7.4%，而巴林对华出口额仅为0.04亿美元，同比大幅下降82.9%。从双方进出口商品结构来看，巴林从中国进口的商品主要有：棉布、高纯度未锻轧镁、玩具、计算机设备零件和针棉织品。巴林对华出口的商品主要有：铝（包括铝合金和未锻轧铝）、甲醇和冷冻虾蟹。除石化和铝制品外，巴林国内制造业实力和规模不大，多数机电产品、材料及日用品需要从国外进口。2010年，中国产品已占据巴林5%的进口市场（进口石油贸易除外），其质优价廉已成为多数巴林商人的共识，吸引了越来越多巴林人的注意，来华商务考察、参加广交会的商人数量增加。③ 据中国商务部统计，2014年，中巴双边贸易额为14.16亿美元，比上年下降8.26%，其中，中国出口12.32亿美元，比

---

① 清华大学经济外交研究中心编《中国经济外交（2010）》，世界知识出版社，2010，第128~129页。
② 金涛主编《世界地理全知道》，百花洲文艺出版社，2012，第124页。
③ 清华大学经济外交研究中心编《中国经济外交（2010）》，世界知识出版社，2010，第129页。

上年下降 0.58%，主要是机电产品、钢材、纺织服装等；中国进口 1.84 亿美元，比上年下降 39.53%，主要是铁矿砂、铝、液化石油气等。中国利用巴林外资 15 万美元。截至 2013 年末，中国对巴林直接投资存量 146 万美元。巴方对华累计投资 1561 万美元。①

阿拉伯埃及共和国，位于非洲东北部，跨亚非两大洲，大部分位于非洲东北部。国土面积 100 多万平方公里，人口 7367 万（2006），其中 87% 为信仰伊斯兰教的阿拉伯人，信基督教的科普特人占 11.8%，希腊东正教、天主教等其他教徒约 25 万，还有少数犹太教徒，官方语言为阿拉伯语，中上层通用英语，法语次之。埃及交通运输十分便利，海、陆、空运输能力增长较快。埃及实行普及小学义务教育制度，全国有 27 所大学。埃及历史悠久，文化灿烂，名胜古迹很多，有发展旅游业的良好条件，旅游业也是其第一大外汇来源。② 该国是非洲强国和第二大人口大国，非洲第三大经济体。

埃及主要贸易伙伴有美国、英国、意大利、德国、瑞士、法国和中国等。美国是其第一大贸易伙伴，2008 年，埃及与美国的贸易额为 84 亿美元，其中对美出口 24 亿美元，进口 60 亿美元。埃及与欧盟贸易总额为 208 亿欧元，其中对欧盟出口 81 亿欧元，同比增长 13%，主要为石油和天然气；欧盟对埃及出口 127 亿欧元，同比增长 25%，主要为运输工具和生产设备。③

中国与埃及双边贸易额持续递增。2008 年中埃双边贸易额达到 62.4 亿美元，同比增长 35.7%，其中中国对埃出口 58.1 亿美元，自埃进口 4.3 亿美元，同比分别增长 31.1% 和 78.6%。④ 2015 年，中国与埃及双边货物进出口额为 129 亿美元，比上年同期（下同）增长 10.75%。其中，中国对埃

---

① 中华人民共和国驻巴林王国大使馆经济商务参赞处网站，http://bh.mofcom.gov.cn/article/zxhz/201508/20150801073515.shtml。
② 金涛主编《世界地理全知道》，百花洲文艺出版社，2012，第 1240 页。
③ 杨言洪主编《国际商务环境研究》，对外经济贸易大学出版社，2011，第 202~203 页。
④ 杨言洪主编《国际商务环境研究》，对外经济贸易大学出版社，2011，第 203 页。

及出口120亿美元，增长14%，中国自埃及进口9亿美元，下降22%。中国与埃及的贸易顺差111亿美元，增长19%。① 中国与埃及深入合作不断发展，除双边贸易外已延伸至合资等方面。2015年6月，中埃产能合作工作组代表团访问埃及，中国发改委和商务部与埃及贸工部和投资部四部委在工作层面进行了大组会谈，梳理了优先项目，会议签署了会议纪要，草签了中埃产能合作框架协议，确定了电力、交通和工业领域的15个优先项目清单。2015年9月两国四部委正式签署中埃产能合作框架协议。②

总之，改革开放以前，中国曾与中东13国建立外交关系③，未建交国也拓展民间往来。改革开放后，中国先后与阿联酋、卡塔尔、巴勒斯坦、巴林、沙特阿拉伯、以色列建立外交关系，开展双边贸易往来。中国政府与阿拉伯诸国中高层互访有力地推动了双方经贸合作，政府间贸易协定、经济技术合作获得进展。至1994年中国先后与16个中东国家签订贸易协定和经济技术合作协定，其中同12个国家建立了双边经贸合作混合委员会。正是改革开放和中国与中东国家关系的不断改善，为宁夏参与国际市场开辟了良好空间，宁夏也得以在重构与阿拉伯国家的关系中寻求商机。

二 宁夏与"古丝绸之路"沿线诸国现实联系的初构

改革开放打开了中国的国门，也成为建构宁夏与"古丝绸之路"沿线诸国现实联系的新历史新起点，这些联系的逐步扩展和深入，正是当代中国"一带一路"建设使宁夏可以与"古丝绸之路"沿线诸国建构新型经济贸易关系，借由"政策沟通、道路联通、贸易畅通、货币流通和民心相通"深化合作，谋求发展。

在外贸拓展中成长，培育外向经济基本能力。1985年，随着国家对外

---

① 中华人民共和国驻阿拉伯埃及共和国大使馆经济商务参赞处网站，http：//eg.mofcom.gov.cn/article/i/201602/20160201253545.shtml。
② 中华人民共和国驻阿拉伯埃及共和国大使馆经济商务参赞处网站，http：//eg.mofcom.gov.cn/article/i/201701/20170102499004.shtml。
③ 即阿富汗、埃及、叙利亚、南北也门、伊拉克、科威特、土耳其、伊朗、黎巴嫩、塞浦路斯、约旦和阿曼。参见杨光主编《中东市场指南》，企业管理出版社，1994，第31页。

贸易经营领域和范围进一步放开，宁夏基本实行全部商品自营进出口业务，并陆续将原有的两家外贸企业划分为粮油、纺织、土畜产、轻工、五金矿产、化工、机械等 10 多家专业外贸公司和地方进出口公司，进一步扩大了外贸经营主体。宁夏一些商品远销西欧、中东、中国香港、东南亚等 33 个国家和地区。宁夏外贸出口总额从 1985 年的 3416 万美元发展到 1988 年 8221 万美元，比 1958 年增长 17.4 倍，年均递增 10.2%；比 1978 年增长 2.6 倍，年均递增 13.7%。这一阶段，宁夏各类外贸企业实现全面自营出口，并成为出口创汇的主要力量。但是，相关数据表明，直到 1997 年，宁夏出口市场仍重在欧洲而并非中东，中东诸国只占宁夏出口总额的 4%，其中出口欧洲（占出口总额的 20%）的国家和地区主要有：法国（占 4.5%）、德国（占 4.8%）、意大利（占 3.4%）、英国（占 3.6%）、比利时（占 2%）、东欧地区（占 1.1%）。出口商品主要包括：太西煤、羊绒、地毯、碳化硅、金属镁、脱水菜、纺织品、服装等。此外，还有日本（占 22.8%）、中国香港（占 22.4%）、美国（占 17.5%）、韩国（占 3.6%）、东南亚（占 3.4%）[1]。

随着国家经济体制市场转型的深入，宁夏对外经济贸易能力也不断成长，2000 年，自治区批准在国外举办非贸易企业 13 个，投资国分别为美国、俄罗斯、阿联酋、新加坡、罗马尼亚、蒙古国、保加利亚、白俄罗斯、吉尔吉斯斯坦、爱沙尼亚、马来西亚、乌干达，同时，加大了东欧、中东、非洲、南美市场的开拓力度，从 2000 年出口总额比重来看，美国（占 26.9%）最多，依次为日本（占 17.6%），韩国（占 11.2%），以色列（占 9.3%），德国、英国（各占 7.2%），东盟（占 4.7%），中国香港（占 3.7%），加拿大（占 3.1%），比利时（占 3.0%），出口额在 500 万美元以上的商品中没有农产品[2]。除了商品进出口经济活动能力的成长，在利用外资、外派劳务等方面也有所增加，如 2003 年，阿联酋在宁夏有了 10 万美元

---

[1] 王正伟主编《20 年巨变》，宁夏人民出版社，1998，第 53 页。
[2] 《宁夏年鉴（2001）》，方志出版社，2001，第 311 页。

投资项目。① 2004 年，宁夏回族自治区向 15 个国家派出劳务 188 人，其中包括约旦、斯里兰卡、阿联酋、沙特阿拉伯等。② 参与外向型经济活动的主体日益增加且呈现多元化趋势。如 2005 年底，全区拥有进出口经营权的各类企业 671 家，其中 2005 年新增 234 家，基本形成了国有企业、外商投资企业、私营企业等不同所有制企业平等竞争、共同开拓国际市场的新格局，一批民营企业和集体企业成为拉动宁夏出口贸易增长的新生力量。③ 2008 年全区对外贸易经营者达 1200 多家。④ 2013 年，在贸易伙伴多元化发展和新兴市场开拓中，宁夏对阿拉伯国家、东盟和穆斯林地区出口分别增长 241.1%、164.5% 和 161.1%。⑤

以外访为契机构建与中东国家联系，增加相互认知度。1984 年和 1985 年两次举办国际经济洽谈活动，为宁夏外经贸创新了局面，也使其将开拓中东市场纳入对外开放视野。政府组织访问团互访活动，开启了宁夏与中东国家关系的深度发展。1985 年 4~5 月，宁夏回族自治区主席黑伯理率领"中国宁夏穆斯林友好访问团"到巴基斯坦、埃及、阿拉伯也门共和国、科威特、沙特阿拉伯王国、阿拉伯联合酋长国访问，经巴基斯坦总统齐亚·哈克亲自建议并写信给沙特阿拉伯国王，促成访问团应邀访问沙特阿拉伯，而且根据沙特阿拉伯方面要求延长访问，在 12 天时间里参观了沙特阿拉伯各大城市⑥，会见了伊斯兰世界联盟主席本·巴兹长老等最高领导人，结识了政界、工商界、金融界、学术界等方面的朋友，增进了与这些国家间的相互了解，打破了中国与沙特阿拉伯长期隔阂的关系。1990 年 7 月，中国与沙特阿拉伯正式建立外交关系，为两国间的政治、经济、文化等领域合作奠定了新的基础，也为中国穆斯林的朝觐活动及领事保护创造了更多的便利，拓展了宁夏与中东联系。

---

① 《宁夏年鉴（2004）》，方志出版社，2004，第 294 页。
② 《宁夏年鉴（2005）》，方志出版社，2005，第 328 页。
③ 《辉煌五年》，中国统计出版社，2006，第 41 页。
④ 《宁夏奋进跨越 60 年》，中国统计出版社，2009，第 29 页。
⑤ 李育钢、任保新：《2013 年宁夏对外贸易发展研究》，《宁夏党校学报》2014 年第 4 期。
⑥ 《银川文史资料》（第 15 辑），银川市政协文史和学习委员会，2006，第 105 页。

探索金融合作和经贸往来。宁夏1985年分别成立了由自治区人民政府领导的宁夏伊斯兰国际经济技术合作公司（正厅级）单位，业务范围包括：对外承包建筑工程和原材料、设备进出口，开展劳务技术合作，承担国家下达的对外经援项目，吸收组织伊斯兰国家资金，承办各种形式的经济技术合作业务，以及宁夏伊斯兰国际信托投资公司（副厅级），这是国内首家具有伊斯兰特色的对外金融机构，目的是发展同世界特别是伊斯兰国家银行、财团、工商企业的经济合作关系。宁夏伊斯兰国际信托投资公司同埃及费萨尔伊斯兰银行洽谈合筹投资。1988年沙特阿拉伯阿尔布拉卡集团投资开发公司与宁夏伊斯兰国际信托投资公司就合资组建投资公司签订协议，注册资金8000万美元。1989年沙特阿拉伯的阿尔布拉卡集团投资开发公司与宁夏伊斯兰国际信托投资公司合资建立宁夏阿尔布拉卡伊斯兰国际信托投资公司。1994年，公司和中东伊斯兰国家、日本、美国、西欧、澳大利亚、新加坡等19个国家和地区的50多个金融机构和工商贸易企业建立了业务关系。2000年公司资产总额达18亿元。2001年，公司重新登记，更名为伊斯兰国际信托投资有限公司，股东有8个，完成改制目标。[①] 2002年9月，由中国人民银行西安分行颁发许可证，在国内信托行业第五次清理整顿后完成增资扩股。德隆集团此时入主公司并控股40.35%，2005年发生"非法吸收公众存款"案，2006年资不抵债逾20亿元。[②]

1985年，宁夏伊斯兰国际经济技术合作公司成立，在埃及设立办事机构，试图进一步扩大同世界各国特别是穆斯林国家间的经济技术合作，最后由于经济效益不明显，公司从最初向西开放转向东南亚。1984年和1985年，分别举办两届宁夏伊斯兰国际经济技术洽谈会，吸引近百名国外客商入境，增进了宁夏与各国之间的认知。

随着中国市场经济体制转型不断深入，国家对外开放的扩大，以及宁夏在对外开放拓展国际市场中能力建设水平提升，向西开放的平台打造不

---

① 《当代宁夏史通鉴》，当代中国出版社，2004，第185页。
② 周小明：《中国信托业发展报告（2006年）》，中国经济出版社，2007，第77~78页。

断取得成果。2008年5月27~30日,为推介"宁夏第三届清真食品和穆斯林用品投资洽谈会",宁夏回族自治区主席助理田明率政府代表团访问埃及。2010年,商务部、中国国际贸易促进委员会、中国人民对外友好协会和宁夏回族自治区人民政府共同主办中国(宁夏)国际投资贸易洽谈会暨中国—阿拉伯国家经贸论坛,其间围绕高端论坛、商品展览和投资合作开展活动,达到了对话、相互认知、企业交流等多项目标。当年,国务院批准宁夏为中阿经贸论坛永久举办地,这一活动得到持续,使宁夏在中阿交往中重要作用进一步突出。

阿语人才培养和成长,构筑语言桥梁。20世纪80年代后,随着同心阿拉伯语学校、宁夏伊斯兰教经学院的建立,以及2000年以后宁夏大学、宁夏民族职业技术学院开设阿拉伯语专业,宁夏阿语人才培养步伐加快。截至2009年,全区有开设阿语专业的公立学校4所,各种民办阿语人才培养学校10所,在校生达2400多人,已毕业、结业的阿语专业人才4000多人,绝大部分阿语人才在南方发达地区的中介公司、外贸企业供职,仅吴忠市就有3000多人在区外专门从事阿语商贸工作。《宁夏回族自治区中长期人才发展规划纲要(2010~2020年)》将阿语人才培养纳入规划①,自治区规划实施"阿语人才"培养工程,立足开发区内资源,依托"中阿经贸论坛"等国际国内人才交流与合作平台,大力培养阿语人才,办好阿语翻译和志愿者培训班,鼓励和支持阿语人才进修研修和学历提升,努力打造"阿语人才"品牌。②虽然全国有43所高校培养阿拉伯语专业人才,但是,从区域文化构成等方面来看,宁夏仍然有其独特的优势,也需要在向西开放和"一带一路"建设的人才培养中承担更重要的角色。2013年9月,来自埃及、苏丹、阿联酋、阿曼等17个阿拉伯国家的27所大学校长以及中国20余所大学校长、专家学者借中阿论坛聚首银川,共同探讨多领域国际人才培养。宁夏大学已经与阿联酋大学等7所阿拉伯国家的高校建立了合作关

---

① 杨国林主编《对外开放合作型人才建设》,中国水利水电出版社,2011,第203页。
② 《宁夏回族自治区人民政府公报》2010年第30期。

系,在人才培养、学分互认等方面签署了实质性合作协议,并完成阿语国际化复合型人才培养、中阿国际联合研究中心运行机制方案,宁夏高校将探索建立本科—硕士—博士贯通式长周期人才培养体系及"阿语+经贸、法律、旅游等"本科复合型人才培养模式,培养与国家、地方经济社会发展紧密结合的阿语人才。①

有序朝觐,满足信教群众宗教活动,增进中阿文化交流。朝觐是穆斯林神圣五功之一,中国穆斯林参与相关活动,也有助于与中东国家建立联系。受到国家政治变迁和国际社会关系影响,直到1955年历史上存在的穆斯林群众的朝觐活动才恢复,据统计,1955～1964年中国伊斯兰教协会共组织10次,132人次。"文化大革命"则中断,直至1979年10月,中国伊斯兰教协会再次组织此项活动。②1982年国务院批准办理"探亲朝觐",后于1993年取消。1985年国务院批准中国伊斯兰教协会组织穆斯林自费朝觐活动。1989年,中国和沙特阿拉伯达成协议,相互在对方首都设立商务代办处。当年,中国政府为方便朝觐活动安排的6架专机直飞沙特阿拉伯吉达市,促成900名朝觐者获得落地签证。1979～2005年,共有10余万各族穆斯林前往麦加朝觐。③在朝觐的队伍中,来自宁夏的穆斯林群众也逐年增加。2000年,宁夏共组织5个分团,由225人组成,历时40天。④除2012年缺少数据发布,2009、2010、2011、2013年宁夏朝觐名额的分配方案显示,各年朝觐人数分别为:1779人、1926人、1934人、2234人。⑤此外,经学院的建设也强化了宁夏与中东穆斯林世界的联系,1985年世界伊斯兰银行行长特别事务助理陶包蒂先生明确表示愿意赠款建设宁夏伊斯兰经学院和同心阿语学校两个项目。1986年批准赠款113.8万元,1987年签订协议正式文本。

---

① 《宁夏高校打造国际化阿语人才培养基地》,《中国组织人事报》2014年1月23日。
② 《银川文史资料》(第15辑),银川市政协文史和学习委员会,2006,第105页。
③ 余振贵:《穆斯林爱国主义教程》,宗教文化出版社,2006,第437～439页。
④ 《宁夏年鉴(2001)》,方志出版社,2001,第435页。
⑤ 宁夏穆斯林朝觐报名网,http://www.nxmslcj.cn/fjfg/index.jhtml。

正如有学者指出:"从西北地区各省区来看,80年代虽然在向西开放的问题上取得了共识,并统一行动,组建经济区、经济带或经济组织机构,试图以此来协调区内经济,加强地区经济的实力和竞争力,一致开拓西部市场。但从实际操作的情况来看,还常常是各自为政,缺乏实质性的协调。应该说,西北各省区的经济有共同之处。但还是各有长短的,协作向西开放具有真正的必要性,应该把许多在形式上已经取得的共同协作转化为真正的协作,以消除以某一省区之经济实力,面对西部一国或数国进行经贸合作时后继乏力的问题。"[①]

第三部分　宁夏发展

每个区域的发展都会受到区位、自然环境资源、人力资源、经济文化结构等诸多因素的深刻影响,在改革开放年代,一些因素的影响可能会更加突出。宁夏作为一个西北的内陆小省区,自有其特定的区位、自然资源、人口结构等自然与社会条件。作为一个省区级民族自治地方,宁夏为求得这一区域经济社会全面发展进行了积极探索,国家也在不同时代施以各类内容和重点不同的政策推动。历经半个多世纪,宁夏已从一个生产结构单一、经济门类不全、文化教育落后、人民生活普遍贫困的区域,发展成为经济结构不断改善、经济门类齐全、人民生活普遍提高、文化教育日益发展、民族团结社会稳定的省级民族自治地方。不论从本区发展需求,还是从支撑"一带一路"建设的需求而言,宁夏都需不断寻求新的发展路径和机会,整合资源,在开放中寻求发展,获得发展,谋求建设和谐、富裕、美丽、文明、法治的宁夏。

一　发展约束

如何认知经济社会发展约束因素不仅与发展观念密切相关,也与发展

---

① 夏永祥:《世纪之交的彷徨与奋起——西北地区向西开放与发展研究》,兰州大学出版社,1994,第11页。

技术、发展环境和利用发展环境能力密切相关，换言之，区域经济社会发展优势与劣势并非固定不变，施以一定的条件某些劣势可能会转变为推动经济社会发展的优势。俗语虽有"天下黄河富宁夏"之说，从经济社会发展基础条件而言，除河套平原一带和六盘山区域自然环境生态条件良好，宁夏大多数地方缺少显著的得天独厚的先天自然环境生态优势，先天劣势则相当突出和明显，这些劣势长期影响宁夏经济社会发展。这些约束突出表现在以下几个方面。

第一，区位和自然环境的约束。从区位方面来看，不论是农业、工业生产活动，还是参与市场竞争，宁夏都存在显著劣势，这些劣势也构成宁夏经济社会发展最基本的约束。在改革开放不断深入的条件下，宁夏地处西北内陆，不沿海，不沿边，其西部和南部为甘肃省环绕，北部与内蒙古毗邻，东部与陕西连接。相对而言宁夏离全国中心经济区域、中心市场地理距离都较远，受到交通设施等条件限制，难以形成产业集聚、投资中心或利润最大化。

从自然地理环境特征来看，宁夏自北向南被川、旱、山三种自然地理环境类型所分割，并构成对不同类型经济活动的约束。比如从农业生产所需求的气候、土壤、地形、交通、市场和劳动力等条件来说，地处宁夏北部的引黄灌溉区，一般称川区有良好的比较优势，在全国农业区域分类中这里则属黄河上游农业区，也是为宁夏赢得"塞上江南，鱼米之乡"之誉的区域；而中部旱区、南部干旱山区则不利于农业生产发展，不仅气候条件不利于一般农作物生长，水土资源配置也缺少对农业生产的良好保障，中部旱区干旱程度远远超过南部山区，受到风沙天气严重影响，土地沙化严重，而南部山区属于黄土高原丘陵沟壑农林牧区，这里无雨干旱，有雨水土流失，以旱作农业为主，旱灾、冰雹、霜冻等自然灾害频繁，生态问题显著。

第二，自然资源禀赋的约束。宁夏自然资源相对丰富但总量小，尽管煤炭、农业、旅游等资源有一定的优势，但是，水资源短缺及生态脆弱也深深制约着全区的发展。宁夏自然资源的基本状况有以下几方面。

气候资源。宁夏属典型大陆性气候，主要特征为：光能资源丰富，利用潜力大，除六盘山区外，绝大部分地区太阳辐射强，日照时间长，光能资源丰富，热量条件好。从日照时数看，大部分地区为2800～3100小时，日照百分率为69%，是全国日照时数最多的地区之一。宁夏也是全国气温日较差最大的地区之一，一般达到12～15℃，这一温度有利于有机物质的积累，为瓜果、蔬菜以及块茎作物的栽培提供了有利条件。① 与此同时，宁夏整体而言雨量少，蒸发强，风沙大，只有六盘山地区受东南季风的影响，降水较多，年均降水可达400～700毫米，属温带半湿润地区。中部的盐池、同心一带年均降水量250～300毫米，北部的引黄灌溉区只有200毫米左右，属中温带半干旱和干旱地区。中北部地区的蒸发量远远大于降水量，降水量的分布与光热资源分布方向相反，自南向北递减，从而形成热量资源较丰富的中北部地区没有足够的降水，降水较多的六盘山地区热量又不足，对农牧业形成制约。降水年际变化和季节分配不均匀，降雨的局限性强，历时短、强度大，使降水利用率大为降低。②

水资源。宁夏是全国水资源量最少的省区之一，地表水和地下水资源都十分贫乏。地表水资源中，宁夏当地地表水资源量9.71亿立方米，扣除矿化度2克/升以上的苦咸水2.394亿立方米及引黄灌溉区地表径流1.5亿立方米，再扣除泥沙0.5亿立方米后，余下可利用的淡清水资源量为5.31亿立方米，占当地地表水资源总量的54.7%。黄河过境水资源量中宁夏可净利用量为40亿立方米。地下水可利用量中，引黄灌区可开采量为13.46亿立方米，山丘区可开采量为3.47亿立方米，全区水资源可利用总量为47.71亿立方米。宁夏当地水资源占有量为228立方米/人，亩均水资源占有量为61立方米，人均和亩均水资源占有量属全国最少的省区之一。宁夏当地水资源量少质差、区域分布不均、年际变化大且年内分配不均、开发利用难度大。③ 中南部行政面积占全区行政面积的65.5%以上，地下水资源

---

① 刘秀华、潘华：《中国经济地理》，宁夏人民出版社，1995，第275页。
② 刘秀华、潘华：《中国经济地理》，宁夏人民出版社，1995，第275～276页。
③ 谢新民等：《宁夏水资源优化配置与可持续利用战略研究》，黄河水利出版社，2002，第12页。

仅占全区的 15.7%，这一区域地下水资源中还有 25% 高矿化度的咸水和苦水，高矿化水分布区大面积缺水。

生物、土壤资源。宁夏植被资源较为丰富，主要植被类型为草原、森林、荒漠三种植被，其中森林植被主要分布在贺兰山、罗山、六盘山的天然林区。野生动物资源种类不多，主要分布于六盘山、贺兰山区，其中主要经济动物 108 种，属国家二类、三类珍贵动物 18 种。主要土壤类型有地带性土壤、非地带性土壤、灌淤土，地带性土壤由南向北分布着黑垆土、灰钙土、灰漠土等。黑垆土为南部黄土丘陵的主要土壤，腐殖质层较厚，肥力较高，生产性较好，可发展旱地栽培为主的农业区，以种植小麦为宜；灰钙土广泛分布于宁夏中北部，分布面积最广，腐殖质较少，肥力较低，渗漏性大，保水力差，不灌溉就不能保收，且易遭侵蚀。非地带性土壤分布于地下水位较高，经济条件较差的低洼地、河滩地、湖泊附近，常分布着潮土、沼泽土、盐土、白僵土等。在沙丘边缘普遍分布着风沙土，风沙土中的盐土、白僵土的盐碱度高，需要改造后才可利用。另外还有一种淤灌形成的土壤为灌淤土，这也是中国半干旱地区平原中的主要土壤，一年一熟，以春播作物为主，生长小麦、玉米、糜谷等。宁夏的灌淤土集中分布在北部引黄灌区，在长年累月的灌溉、施肥、耕作条件下，土壤表面增加了一层较厚的灌溉淤积层与土粪覆盖层，养分含量一般要比原始自然土壤高出 1 倍至数倍，结构良好，蓄水保肥力强，是全区稳定高产的农业土壤。①

矿产资源。宁夏境内具有工业价值的金属矿床不多，非金属矿产资源丰富，其中主要有煤、石膏、化工原料、建筑材料等，煤储量居全国第五位，远景储量 1714 亿吨，煤的品种齐全，在全国煤炭资源 10 个品种中，宁夏境内有 9 个。宁夏的煤炭品质优良，储量最大的不粘连煤，最适于液态排渣的造气用煤以及动力与民用燃料；储量丰富的炼焦用煤，使宁夏成为目前西北地区较大的焦煤基地；被称为太西煤的无烟煤，煤质特优，以三低

---

① 刘秀华、潘华：《中国经济地理》，宁夏人民出版社，1995，第 280~281 页。

(低灰、低硫、低磷)六高(高发热量、高比电阻、高强度、高精煤回收率、高块煤率、高化学活性)著称,可用于化工、碳素制品、高炉喷粉等方面。

宁夏的石膏探明储量为24.64亿吨,居全国第二位,已探明的储量仅仅是全区石膏蕴藏量中极小的一部分。膏盐地层分布广泛,以同心—海原地区最集中。石膏资源可为建材工业和化学工业的发展提供充裕的原料。宁夏石膏矿以二水石膏为主,品位较高,而且开采条件好,很多地方可进行露天开采。已探明储量的中卫小红山、甘塘、下河沿等矿区,靠近铁路,运输方便。宁夏的化工原料、建筑材料及其他用途的非金属矿产资源,种类繁多,储量丰富,例如玻璃石英砂岩、水泥石灰石、电石用大理岩、制碱用大理岩、陶瓷黏土、溶剂硅石等,储量大、质优,便于开采。此外,宁夏还有一定量的石油和天然气资源。①

行政区与人口约束。宁夏行政区域狭小,总计不到6万平方公里,南北长496公里,东西宽50~250公里。

人口分布和人口文化素质与宁夏经济社会发展需求之间的张力显著且困境难解。据第六次全国人口普查显示,宁夏全区常住人口630余万,常住人口中,汉族人口为406余万,占64.58%;各少数民族人口为223余万,占35.42%,其中回族人口为219万多,占34.77%。在全区5市22个县(市、区)中,31%人口分布于银川市,银川市人口密度全区最高,为208人/平方公里,吴忠、固原两市则集中分布着全区总人口的40%,吴忠的利通区、固原的隆德县和原州区人口密度较高,石嘴山市人口密度仅次于银川,居全区第二位。② 22个(市、县、区)中,有11个人口密度未超100人/平方公里,最低者为盐池县,仅为17人/平方公里。全区人口密度增加到95人/平方公里,宁夏仍然是全国人口密度较低的省区之一。总体而言,宁夏人口分布疏密差别与特定的区域环境相关:北部川区明显高于南部山

---

① 刘秀华、潘华:《中国经济地理》,宁夏人民出版社,1995,第281~283页。
② 《宁夏回族自治区2010年第六次全国人口普查主要数据公报》,http://www.stats.gov.cn/tjsj/tjgb/rkpcgb/dfrkpcgb/201202/t20120228_30398.html。

区；城市人口高度密集，乡村人口相对稀少；老灌区人口密度高，新灌区人口密度低；灌区与非灌区之间人口密度相对悬殊。

基础教育的发展正在改善宁夏人口文化素质整体状况，调查显示，宁夏全区人口文化程度变化趋势呈四增两减态势，即初中以上各种文化程度人数均有增长、中青年人口接受初中和高中及以上教育的比重增加、接受大学文化教育的人数快速增加、农村女童入学率增加，同时，小学文化程度的人口减少、青壮年文盲人口继续下降。[①] 尽管如此，直到90年代中期，宁夏仍有39万余文盲人口[②]，全区人才队伍结构性失衡显著，特别是经济技术专业高等级人才的短缺成为宁夏发展的一大约束。此外，泾源、同心、海原、西吉、灵武、固原、平罗、彭阳等是回族人口集中分布比重高、贫困人口分布最为集中的区域，这一区域人口文化素质的稳步提升也从根本上改善着这一区域整体发展状况。

现代区位理论的行为学派认为随着现代企业管理的发展和交通工具的现代化，人的地位和作用越来越成为区位分析的决定性因素，运费、生产成本等将退为次要因素。从这个意义上来说，宁夏在自身发展中，还需要高度重视人口素质的提升，这也是充分利用环境资源并转变劣势的核心因素。

二 战略选择

1980年以来，宁夏一直在寻求跟得上全国步伐且适于本区域实际的发展路径，以期突破一系列劣势的约束，造就一个繁荣、发达的宁夏。基于国家大战略布局的影响，宁夏发展的战略选择分为两个大的时段，即西部大开发战略实施前与实施后。以西部大开发战略实施为时间点，宁夏在区域发展、行业发展等方面开展了侧重点不同的积极探索，这些探索为宁夏进一步发展、响应西部大开发战略并进行新发展探索奠定了基础，创造了条件，积累了经验。

---

① 《宁夏人口文化素质变化呈现新特征》，《中国信息报》2005年1月27日。
② 刘秀华、潘华：《中国经济地理》，宁夏人民出版社，1995，第285页。

1. "黄河经济"战略选择

早在20世纪80年代中后期,"黄河经济"这一概念在内地就已提出,1988年5月,由山东省牵头的黄河经济协作区第一次会议在青岛召开,由此也诞生了当时中国跨度最大的经济协作区。黄河经济协作区成员包括山东、河南、山西、陕西、内蒙古、宁夏、甘肃、青海、新疆、新疆生产建设兵团和黄河水利委员会等9省区11方。协作区成立后规定,每年轮流召开一次省区负责人会议。黄河经济协作区覆盖土地面积占全国的1/2,涉及的人口则约是全国总人口的1/4,协作区域内机械、化工、冶炼、纺织等产业有相当规模,协作区内石油基础储量占全国的43%,天然气基础储量占全国的6%,煤炭储量占全国的75%。这一区域曾被誉为"装点中国经济体魄的金腰带"[1]。经济协作区成立后,沟通了流域内各省区间的关系,有助于各省区间的合作。同年11月,冀、鲁、豫、苏、皖等省60多位科技工作者聚首开封,提出"开发黄河经济,更新黄河文化",相应战略设想包括:发展生态农业、黄河经济带农业综合转轨、"跳棋式战略"[2] 等,并成立了黄河流域经济技术社会研究会。[3] 此后,"黄河经济"协作区各方加强相关协作,推动各省区开放发展,取得良好效果。

"黄河经济"的提出使宁夏充分关注并提升了"黄河经济"地位。1990年8月,宁夏回族自治区党委书记黄璜提出"综合开发黄河资源,发展宁夏黄河经济"的战略构想,期待发展"黄河经济",让宁夏的黄河灌区面积、粮食产量以及多种经营经济效益大幅提升,确立再造一个"河套"的远期目标。"黄河经济"战略的核心目标是打造宁夏沿黄的"金走廊",走廊所指即自石嘴山起,沿黄河干流由北向南,经银川、青铜峡、中宁等地直至中卫,南北长397公里,东西黄河两岸宽各约50公里。1991年4月,宁夏回族自治区第六届人民代表大会第四次会议通过的《宁夏回族自治区

---

[1] 种昂:《黄河经济协作区式微》,《经济观察报》2014年6月9日第12版。
[2] 即形成内外结合、工农结合的产业带,使大中型国营企业与农村小型加工工业相结合;整体联合开发与分层次开发相结合;劳动密集与科技、资金密集相结合。
[3] 范小占:《开发黄河经济,更新黄河文化》,《人民黄河》1989年第2期。

国民经济和社会发展十年规划和第八个五年计划纲要》充分体现了这一战略构想的发展思路，主要内容包括：围绕黄河的治理、改善、开发和保护四大环节，消除水害，增强水利功能；发展黄河农业，通过老灌区挖潜改造，改造中低产田，提高粮食单产，争取粮食产量在原有基础上实现翻番；建设大柳树水利枢纽，规划川区和山区生态农业；以能源—高耗能工业为主导，轻重工业协调发展；建设宁夏沿黄产业带，实现"以川济山、山川共济"的目标。① 1994 年 3 月，自治区党委进一步提出"北部重振，南部放开，中部上台阶"的工作思路，以深入推进自治区各地的发展。1995 年，在《宁夏回族自治区国民经济和社会发展"九五"计划和 2010 年远景目标纲要》中，宁夏确立了更为清晰且具体的工作目标：到世纪末，实现国内生产总值比 1980 年翻两番，实现人均国内生产总值翻两番半，到 2010 年实现人均国内生产总值比 2000 年再翻一番，形成比较完善的市场经济体制，将宁夏建设成我国西北地区重要的农业基地、能源基地、高耗能源材料基地。转变经济增长方式，实现国民经济持续快速健康发展，全面发展农村经济，大力振兴支柱产业，加强基础设施建设，加快山区扶贫开发，积极发展第三产业等工作目标业已提出。②

2. "西部大开发战略"与"经济繁荣、人民富裕、社会进步、民族团结、山川秀美的新宁夏"

1999 年 6 月，在西北 5 省区国有企业改革和发展座谈会上，党中央发布实施西部大开发战略，以加快西部地区发展。2000 年，西部大开发战略被列入国家"十五"计划，同年 1 月，宁夏回族自治区党委八届三次全体会议和自治区人大八届三次会议，对在西部大开发战略条件下宁夏的发展和路径选择进行了相关研究。时任自治区主席的毛如柏在其所作《宁夏要在西部大开发中大有作为》的报告中，提出"西部大开发，宁夏走在前"，构

---

① 课题组：《宁夏黄河经济的基本内容及其在十年规划中的体现》，《人民黄河》1992 年第 5 期。
② 《宁夏回族自治区政府工作报告》（摘要），《中国民族年鉴（1997）》，中央民族大学出版社，1998，第 62 页。

想"以富民强区为目标,以市场为导向,以改革为动力,以科技为支撑,坚持制度创新、科技创新、政策创新和环境创新,加快对外开放步伐,加快经济结构调整,加快基础设施建设,加快生态环境改善,着力培育新的经济增长点,着力发展优势特色产业产品,把资源优势尽快转换为经济优势,把发展潜力尽快转换为现实生产力,实现物质文明和精神文明同步建设,实现经济社会协调发展,建设一个经济繁荣、人民富裕、社会进步、民族团结、山川秀美的新宁夏"①。

在西部大开发战略引领下,基础设施建设、生态环境保护、产业结构调整、科技教育发展、加快人才培养、加大改革开放力度成为全区各级政府的重点工作。宁夏发展战略和目标更为明确且具体,各类政策举措也更具针对性并获得更多来自中央政府的政策支持。

2000年以后,宁夏以深入实施西部大开发战略为核心,加快推进区域发展,扩大固定资产投资规模,着力改善生态环境,实施"千村扶贫开发工程",整体推进山区脱贫致富,同时在科技教育和人才培养方面也加强了投入。②推进产业升级和项目带动的新型工业化,促进全区经济结构调整、优化的农业现代化转型,中心城市带动的城市化,以及信息化、市场化等目标日益清晰。至"十五"规划期结束,宁夏经济发展中工业化、城镇化加速发展,基础设施条件大为改善。两条国道主干线即丹东至拉萨公路、青岛至银川公路宁夏境内段和西部大通道银川至武汉公路桃山口至固原段全部建成高速公路。通县油路、县际公路、农村公路改造及通达工程等建设,大大改善了县乡公路落后的面貌。此外,人民生活水平也得到大幅改善。

3. 在科学发展观和构建和谐社会的重要战略思想指导下,加快全面小康社会建设的进程,实现跨越式发展战略

自"十一五"开始,宁夏发展进入为全面建设小康社会奠定基础的关

---

① 张万寿主编《当代宁夏史通鉴》,当代中国出版社,2004,第198页。
② 《宁夏统计年鉴(2002)》,中国统计出版社,2002,第5~6页。

键时期,加速推进工业化、城镇化和农业现代化成为各项建设所坚持践行的核心。具体经济社会发展的主要目标有以下几方面。

保持经济持续快速增长,力争发展速度高于全国平均水平。到2010年按2005年价格计算的地区生产总值突破1000亿元,年均增长10%以上,人均地区生产总值达到2000美元左右。地方财政一般预算收入达到85亿元,年均增长12%。全社会固定资产投资总规模五年累计3300亿~3500亿元,年均增长14%~16%。

产业结构调整、经济增长方式转变取得明显进展。产业、产品和企业组织结构更趋丰富,服务业就业人口占全社会就业人口的比重提高,第一产业劳动力占全社会劳动力比重降到45%以下。五大优势特色产业快速发展,初步形成体系。基础设施进一步完善,铁路运输等紧张局面得到缓解。自主创新能力增强,资源利用效率提高。单位地区生产总值能源消耗降低15%,单位工业增加值用水量降低27%,农业灌溉用水有效利用系数提高到0.5。

公共服务与全国平均水平的差距缩小。5年城镇新增就业30万人,登记失业率控制在5%以内,新增转移农村劳动力30万人。城镇社会保险覆盖面达到90%以上,农村基本建立新型合作医疗、贫困救助制度。城乡居民住房、环境状况明显改善。全区以县为单位全部普及九年义务教育,川区基本普及高中阶段教育,高等教育毛入学率达到25%。公共卫生体系进一步完善,公共文化设施明显改善,防灾减灾能力提高,社会应急体系健全,社会治安和安全生产状况进一步好转。民主法制建设和精神文明建设取得新进展。

城乡区域协调发展,可持续发展能力增强。生态环境进一步改善,森林覆盖率达到18%。社会主义新农村建设取得积极成效,城镇化率达到47%。人口自然增长率降到9‰以下,全区总人口控制在635万人以内。县域经济有较大发展,涌现一批特色鲜明、发展势头好、增长后劲足的强县,争取有1~2个县进入"全国百强",有3~5个县进入"西部百强"。城乡和区域之间公共服务、人均收入和生活水平差距扩大的趋势得到初步遏制。①

在具体实施国家战略目标安排的同时,宁夏本区域发展目标清晰且不断取得进展,发展基础也更加巩固。宁夏实现综合经济实力显著增强的目标。以宁东基地为重点的工业快速发展,宁东能源化工基地列入国家重点开发区,开工建设一批现代化大型煤矿、电力、煤化工项目,工业结构战略性调整取得重大进展。农业和农村发展步入历史最好时期,农业综合生产能力显著增强。生态环境质量进一步改善,被国家确定为全国防沙治沙综合示范省区,全面完成国家下达的节能减排任务。基础设施保障能力全面提升,公路通车里程达到22500公里,全区73%的行政村通沥青(水泥)路。太中银铁路建成通车,铁路运营里程达到1272公里。银川河东机场二期改扩建工程全面完成,中卫香山、固原六盘山支线机场建成通航。千里滨河大道全线贯通。新建改建了一大批城市市政公用设施。人民生活水平不断提高。各级各类教育快速发展,全面推行义务教育阶段"三免一补","两基"攻坚提前一年实现。城乡居民收入增长是改革开放以来最快的时期之一。以基本养老、基本医疗、失业、工伤、生育等为主的社会保障体系基本建成。扶贫开发成效显著,165万农村人口的饮水安全得到解决。②

随着"十二五"规划的实施,宁夏发展战略以转变经济发展方式为核心,开创跨越式发展新局面,宁夏发展进入新的历史阶段,也强化了其承担国家战略目标的能力。

三 发展成果

尽管宁夏的发展受到区位和自然地理、环境资源、经济基础等多方面劣势的约束,但是,自西部大开发战略实施以来,特别是2008年国务院

---

① 《宁夏回族自治区国民经济和社会发展第十一个五年规划纲要》,http://www.nx.gov.cn/zwgk/fzgg/77448.htm。
② 《宁夏回族自治区国民经济和社会发展第十一个五年规划纲要》,http://www.nx.gov.cn/zwgk/fzgg/77448.htm。

《关于进一步促进宁夏经济社会发展的若干意见》出台后，宁夏经济社会发展取得突破性进展，获得全新成就。

第一，全区经济综合实力得到快速提升，经济面貌得到改善。2012年宁夏人均GDP达到17557元，比2000年的5376元增长2.27倍，2013年，全区生产总值突破百亿元大关，由919亿元提高到2327亿元，是2007年的2.5倍，年均增长12.3%，实现人均地区生产总值明显提高目标。第三产业增加值占GDP比重达41.6%，城镇人口比重达50.67%，比2000年的32.88%上升17.79个百分点。[1] 地方公共财政预算收入连续跨100亿元和200亿元大台阶，由80亿元提高到264亿元，是2007年的3.3倍，年均增长27%。工业增加值由376.7亿元提高到879亿元，是2007年的2.3倍，年均增长14.5%。全区生产总值、地方公共财政预算收入、全社会固定资产投资和工业增加值均提前一年实现翻番。18个县市生产总值、地方公共财政预算收入翻番，6个县市进入西部百强县。[2]

第二，发展方式转变取得成效。农业产业升级取得重要成果，"优良品种、高新技术、高端市场、高效益"引领农业提质增效，转变生产方式。2013年，完成"三入百万亩"设施农业工程，粮食产量实现"九连增"，重点培育的13个特色产业和效益年均两位数增长，占农业总产值的83%以上，农产品加工转化率达56%。农业增加值达200亿元，是2007年的2倍。五大优势产业，即能源、化工、农副产品加工、装备制造和新材料，以及高新技术产业助力工业生产转型，形成"五优一新"发展路径，实施了"三大千亿"投资计划，煤炭产量、煤化工产能均为2007年的2.2倍，火电装机容量是2007年的2.2倍，风电装机容量是2007年的10.5倍，光伏发电从无到有，装机达70万千瓦。"五优一新"产业增加值占比达72%。据2013年发布数据，万元GDP综合能耗五年降低16.86%。[3]

---

[1] 《宁夏经济蓝皮书》，宁夏人民出版社，2013，第22页。
[2] 《宁夏统计年鉴（2013）》，中国统计出版社，2013，第3页。
[3] 《宁夏统计年鉴（2013）》，中国统计出版社，2013，第3页。

第三，城市化和城市建设水平不断提升。宁夏相对于西部其他省区，城市化一直处于较高水平。据 2012 年统计，宁夏城市化率已达 50.07%，比 2007 年提高 6.7 个百分点。① 2008 年以后，宁夏继续统筹推进城市山川共同发展，积极打造黄河金岸，全线贯通 402 公里黄河标准化堤防和 508 公里滨河大道，建成一批标志性建筑，并且推进宁南区域中心城市和大县城建设，实施了重点项目 300 多个，完成投资 200 多亿元。②

第四，交通和通信等基础设施建设获得长足进步。宁夏经济社会发展曾受到交通和通信等基础设施落后的约束，近年来，随着各项建设投入的加强，全区基础设施状况得到极大改善。据统计，2013 年末铁路营运里程 1029.3 公里。公路通车里程 28553.9 公里，增长 7.7%。高速公路里程 1343.8 公里，比上年增长 1.5%。全年货物运输总量 4.6 亿吨，比上年增长 9.0%。货物运输周转量 1187.74 亿吨公里，增长 7.8%。全年旅客运输总量 1.74 亿人次，比上年增长 6.4%；旅客运输周转量 156.49 亿人公里，增长 8.6%。机场旅客吞吐量 424.78 万人次，增长 11.5%。年末全区民用汽车保有量达到 85.41 万辆，比上年末增长 17.1%，其中，私人汽车保有量 70.88 万辆，增长 19.3%。民用轿车保有量 37.07 万辆，增长 20.2%，其中，私人轿车 33.67 万辆，增长 21.7%。

2013 年全年完成邮电业务总量 71.67 亿元，比上年增长 1.24%。其中，电信业务总量 66.96 亿元，增长 9.81%；邮政业全年完成邮政函件业务 916.18 万件，包裹业务 30.24 万件，快递业务量 2690.63 万件；快递业务收入 2.43 亿元。电信业全年局用交换机总容量 198 万门，增加 72.64 万门；新增移动电话交换机容量 188.2 万户，达到 1158 万户。年末全区固定电话用户达 104.69 万户，比上年下降 0.26%。新增移动电话用户 21.76 万户，年末达到 627.2 万户，其中 3G 移动电话用户 218 万户，每百人拥有移动电话 96.9 部，净增 2.79 部。电话普及率达到 113 部/百人。固定互联网宽带

---

① 《宁夏统计年鉴（2013）》，中国统计出版社，2013，第 3 页。
② 《宁夏统计年鉴（2013）》，中国统计出版社，2013，第 3 页。

接入用户 71.14 万户，移动互联网用户 466.5 万户。互联网普及率达到 43.7%。①

第五，人民生活水平显著提高。自 2008 年，宁夏连续五年实施民生计划，用于改善民生的基础设施建设，总投入达 2100 亿元，占全区财政总支出的 72.6%。据 2012 年统计，城镇居民人均可支配收入由 10859 元提升到 19831 元，农民人均纯收入由 3181 元提高到 6180 元，分别是 2007 年的 1.8 倍和 1.9 倍，年均分别增长 12.8% 和 14.2%，城乡居民收入水平明显提升；实施 35 万生态移民工程，启动百万贫困人口扶贫攻坚战略。累计投入 85.6 亿元，建成移民住房 8.1 万套，搬迁安置 28.2 万人；220 万居民喝上放心水，实现了农村饮水安全规划的目标；人均基本公共服务水平提高，在教育方面，宁夏成为西部普及高中阶段教育、率先启动中小学校舍安全工程、率先实施"营养早午餐工程"的省区，全区科技服务体系建设走在全国前列，科技进步贡献率达 48%；城乡医疗卫生服务体系进一步完善，市县乡医疗设施规模扩大，建成 1483 个标准化村卫生室，在全国率先实行药品采购"三统一"政策，有效缓解居民"看病难、看病贵"问题。②在就业、养老、医疗保护、社会保障、廉租房建设等方面也加大了投入，促进民生改善。到 2013 年底，全区享受低保救济的困难群众达 56.36 万人。其中，城镇 17.97 万人，农村 38.39 万人。③

第六，生态建设成绩斐然。2012 年，宁夏加强生态建设投入，沿黄河两岸新增生态绿地 75 万亩、耕地 9 万亩，恢复湖泊湿地 20 万亩。改造中低产田 350 万亩，建设高标准农田 288 万亩，治理水土流失 805 万亩，治理沙化土地 239 万亩。完成"六个百万亩"生态林业工程，2008～2012 年造林 636 万亩，森林覆盖率达 12.8%，比 2007 年提高 3 个百分点。银川平原跻

---

① 《宁夏回族自治区 2013 年国民经济和社会发展统计公报》，http://www.nxtj.gov.cn/nxtjjx-bww/tjgb/2012ntjgb/201404/t20140402_37626.html。
② 《宁夏统计年鉴（2013）》，中国统计出版社，2013，第 4 页。
③ 《宁夏回族自治区 2013 年国民经济和社会发展统计公报》，http://www.nxtj.gov.cn/nxtjjx-bww/tjgb/2012ntjgb/201404/t20140402_37626.html。

身"全国十大新天府"之列。①

总之，进入 21 世纪后，宁夏在中央政府各类相关政策推动下，立足自身优势，积极克服劣势，建立了特色优势产业，通过扩大对外开放，参与国内国际市场竞争，不断增强发展实力，在对外开放中也加强了与阿拉伯国家的经贸合作，搭建了向西开放的平台，成为国家向西发展战略中的重要支点。宁夏回族自治区政府对本区域经济发展问题有着更为清楚的认知。

第一，经济总量小，整体实力弱，城乡山川区域发展不协调，资源和生态环境约束加剧，经济持续快速发展的难度加大。

第二，自主创新能力不强，产业结构不合理，农业基础薄弱，新型工业化、现代服务业水平不高，非公有制经济发展不够，调结构、转方式的压力较大。

第三，城市居民收入偏低，基本公共服务水平不高，扶贫攻坚和改善民生的任务繁重。

第四，社会建设和管理相对滞后，就业、医疗、社保、住房、物价等关系群众切身利益的问题较多，促进社会和谐稳定的任务还很艰巨。②

四 内陆经济开放

与沿边沿海区域省区比较，宁夏是经济发展较为落后的地区之一，其对外开放面临诸多困难和挑战：地处内陆；对外开放水平较低，对外贸易和利用外资总量较小；基础设施建设改善之中，对外运输通道还需进一步畅通；开放意识不强，外向型各类人才缺乏；发展环境亟待改善，体制机制创新需要进一步加强。改革开放以来，宁夏一直探索着开放之路，近五年来，从最初的向西开放转向以内陆开放为主的全方位开放，在全方位开放中创造和提升承担国家向西开放战略任务的实力和能力。

早在20世纪80年代中期，随着宝中铁路（南起陕西宝鸡北至宁夏中

---

① 《宁夏统计年鉴（2013）》，中国统计出版社，2013，第3页。
② 《宁夏统计年鉴（2013）》，中国统计出版社，2013，第5页。

卫，宁夏段途经回族聚居地西海固地区，为客货兼运型铁路）的开通，宁夏向西开放的地位发生转变，中国科技大学杨纪珂先生提出在宁夏建立"银川伊斯兰文化经济特区"的设想，同年，受宁夏回族自治区人民政府委托，杨纪珂组织中国能源研究会华东区域委员会承担相关论证任务，并使此课题列入国家科委86002号软科学课题系列，相关论证提交国家相关部门。① 此时，宁夏人开始构想借助亚欧大陆桥，加快向西开放步伐，建立银川伊斯兰内陆经济特区，进而将固原建为内陆"深圳"，银川建为内陆"香港"，扩大利用大陆桥的关联度，进一步带动宁夏发展，② 此后，构想不断得到关注和讨论，并在区域发展战略完善进程中得到强化。

在国家全方位对外开放战略推进中，宁夏大力发展内陆开放型经济成为一项重大部署。正是为了努力扩大向西开放度，不断拓展新的开放领域和空间，加快形成全方位、宽领域、多层次的对外开放格局，宁夏申请建设内陆开放经济试验区。2012年9月《宁夏内陆开放型经济试验区规划》得到国务院批准，全国首个省区开放型经济试验区正式设立，这一开放型经济试验区覆盖宁夏全域。作为内陆开放型经济试验区，宁夏要承担起"国家向西开放的战略高地、国家重要的能源化工基地、重要的清真食品和穆斯林用品产业集聚区和承接产业转移示范区"的国家定位。宁夏在承担国家战略任务中优化发展政策空间，迎来其发展的重要战略机遇期。

经济试验区建设基于九项创新机制：对外交流合作机制；产业结构升级完善引导机制；能源化工产业优化发展完善机制；战略性新兴产业加快发展完善机制；特色优势农业集约发展完善机制；清真食品和穆斯林用品产业联动发展完善机制；现代服务业协调发展完善机制；文化旅游业融合发展完善机制；大通关完善机制。

国务院批准的《宁夏内陆开放型经济试验区规划》为试验区发展确定构建综合交通运输体系、加强水利基础设施建设、搞好生态建设和环境保

---

① 余振贵、张永庆：《大西北对外开放的新思路》，宁夏人民出版社，1989，第67页。
② 白卫星：《亚欧大陆桥的开通与宁夏经济发展战略》，《开发研究》1993年第6期。

护、提高信息化水平、建设沿黄城市带、建设科技创新体系、吸引培养国际化人才等七大重点，同时还有建设"五大示范区""六大中心""十大基地"等一系列重大任务。

为推进试验区建设，国家给予宁夏一系列政策支持，其中包括66项具有前瞻性、可操作性的支持政策，涉及财税、金融、土地等内容。其中包括以下几类。

住房和城乡建设部支持政策。住房建设部率先出台14项有针对性的政策措施，支持宁夏经济试验区建设。在改革创新和先行先试方面，支持宁夏开展全区城镇体系规划实施评估工作，优化城镇空间布局和区域开放格局；支持银川市按国务院批复城市总体规划推进落实和实施，安排面向世界穆斯林地区开放的国际化城市进行定位和培育，创新城市发展思路，提升城市发展质量；指导宁夏研究制定优惠政策，引进国内外资金、企业参与内陆开放型经济试验区和综合保税区开发建设；指导宁夏开展农村房屋登记工作，推进农村住房产权制度改革，为农民进城、土地流转、工业化和农业现代化发展创造条件。此外还要加大相关项目和资金支持力度，支持宁夏积极推进相关领域对外发展和交流合作。[1]

国土资源部支持政策。国土资源部制定8项政策支持宁夏内陆试验区建设，其中包括：加强土地规划对城乡土地利用的统筹和引导、合理安排土地利用年度计划、保障基础设施和承接产业转移建设用地、推进土地整治和高标准基本农田建设、深化土地管理制度改革、探索节约集约用地新模式和实施旅游业用地精细化管理；同意宁夏开展市县土地利用总体规划的评估和调整，优化各市县用地结构和布局，根据试验区实施用地需求，增加建设用地规模，为国家增加宁夏"十三五"规划新增建设用地指标留下空间。[2]

国家民委支持政策。国家民委将从民族文化事业发展、阿拉伯语人才

---

[1] 《关于支持宁夏加快内陆开放型经济试验区建设的意见》，《共产党人》2012年第24期。
[2] 《国土资源部八政策支持宁夏内陆试验区建设》，《地球》2013年第7期。

培养、少数民族干部和人才培养等方面，为宁夏"两区"建设大开"绿灯"。具体内容包括：加大对六盘山片区的宁夏7县（区）扶持力度，逐年增加少数民族发展资金；支持宁夏在落实民族贸易和民族特需商品政策方面先行先试；支持宁夏开展清真食品的认证以及与国外有关认证机构开展HA-LAL（清真）认证互认，促进清真食品产业发展；帮助宁夏开展回族传统文化的保护发展工作，筹建中国穆斯林民俗文化博览园（回族博物馆）；从2012年起，宁夏每年配套少数民族发展资金2000万元，2012年争取国家发展资金4847万元，安排实施涉及少数民族特殊困难及特色产业发展等224个项目。

国家林业局支持政策。国家林业局提出从7个方面支持宁夏生态林业建设。包括：协调中国绿化基金，每年为宁夏生态林业建设投资1亿元；将宁夏全境纳入森林重点火险区综合治理区范围，支持宁夏建设森林防火指挥中心；加大重大危险性林业有害生物防控资金投入，支持相关监测防控体系建设；启动宁夏特色经济林示范县建设，合理规划发展以葡萄、枸杞、红枣、苹果为主的地方特色经济林产业。

人力资源和社会保障部支持政策。人力资源和社会保障部强智力，给百万农民工送技能。各级人力资源和社会保障部门将开展百万农民工职业技能提升培训，以及高校毕业生等重点群体就业工作。同时，开展人才需求调研，启动实施"塞上名师""塞上名医"等人才工程。全面推进中小学教师职称制度改革试点工作，建设专业技术人员信息管理服务和网络申报、评价、考试和培训平台，为"试验区"建设提供有效的人才智力支撑。

工商总局支持政策。工商总局将降低门槛，放宽市场准入条件支持试验区新兴产业、新兴业态发展，放宽宁夏内陆开放型经济试验区市场准入条件。凡符合经济发展规律，投资主体迫切需要，法律、行政法规又未明确禁止的行业和经营项目，支持宁夏工商局先行先试，予以登记。同时，放宽宁夏内陆开放型经济试验区市场准入条件：对住所设在试验区，依法应当由国家工商行政管理总局登记管辖的内资企业，依企业申请，宁夏工商行政管理局可以进行登记;对在试验区设立综合性地区总部企业的,允许在名称中使用"总部""地区总部"等字样;在试验区内,凡母公司注册资本达到3000万元人民币,母子公司注册资本总额达到5000万元人民币的,允许申请设立企业集团等。

此外,国家对试验区重点基础设施建设给予支持,加大对铁路、公路、民航和水利等项目的中央投资力度。支持宁夏组建股份制航空公司。将银川列为第五航权试点区域。积极研究便利试验区各类人员出入境措施。另外还包括建设银川综合保税区,国际健康城,银川至西安、北京及中东地区的铁路通道,河东机场三期等77个项目。

内陆开放型经济试验区的设立,使宁夏不仅获得了先行先试的政策空间,以及中央政府各部门具体政策的支持,还获得了国家对试验区建设项目的投入,为宁夏承担国家大战略使命和加快发展创造了良好机遇。

为加强对宁夏内陆开放型经济试验区建设的指导、协调和服务,2013年9月8日,国务院批准组建宁夏内陆开放型经济试验区建设部际联席会议(以下简称联席会议)制度,39个部委办局领导和自治区人民政府共同组成联席会议,国家发展改革委主任、副主任为召集人和副召集人,联席会议在国务院的领导下,统筹协调宁夏内陆开放型经济试验区建设工作,研究和协调规划实施过程中的重大政策和重大问题,特别是对外开放的重大政策;协调解决在政策实施、体制机制创新等方面需要中央政府予以支持的事项;加强有关地方和部门在宁夏内陆开放型经济试验区建设中的信息沟通和协作配合,对《宁夏内陆开放型经济试验区规划》实施工作进行指导、监督和评估,及时向国务院报告有关工作进展情况;办理国务院交办的其他事项。[①]

内陆开放型经济试验区先行先试机制包括内陆开放机制和向西开放机制两大类。内陆开放机制是基础,主要是全方位开放,重点解决制约内陆

---

① 《国务院办公厅关于同意建立宁夏内陆开放型经济试验区建设部际联席会议制度函》,http://www.gov.cn/zwgk/2013-09/13/content_ 2487786.htm。

地区发展的因素；向西开放机制是特色，充分发挥区位优势和人文优势，寻求重点突破。

第四部分　宁夏使命

中国政府提出的"一带一路"倡议旨在借用古代丝绸之路的历史符号，高举和平发展的旗帜，积极发展与沿线国家的经济合作伙伴关系，共同打造政治互信、经济融合、文化包容的利益共同体、命运共同体和责任共同体。全国各省区应充分发挥各自优势，结合沿线国家特点、市场需求和自身比较优势，在国家总体目标统一指导下，承担各自角色并寻求发展机会，实现和保障国家利益。宁夏作为古代"丝绸之路"的重要节点，近年来经济社会有了突破性发展，对于宁夏回族自治区政府决策层而言，推动本区域经济社会全面发展显然是其必须完成的基本目标，将本区域的发展纳入国家总体发展目标，并探索在参与推动国家目标实现进程中承担好角色是宁夏的重要使命。

一　中国与阿拉伯国家经贸合作

中华人民共和国成立后，中国与阿拉伯国家经贸关系经历了曲折发展进程。国家外交关系的调整为经贸关系发展创造了良好条件，而国际政治格局的演变则为中阿合作提供了契机。

自 1956 年 5 月 30 日中国同埃及建立外交关系，直至 1990 年 7 月 21 日同沙特阿拉伯王国建交，历时 34 年，中国才完成同阿盟国家间正常外交关系，形成以中阿双方充分尊重对方政治制度和发展模式选择的正常关系。[①]中阿经贸合作发展可以从国内对经济社会发展战略调整变化状况入手，分为四个阶段观察。

第一，起步阶段，20 世纪 50~70 年代基本属于起步阶段，20 世纪五六

---

① 杨福昌：《论中国—阿拉伯国家关系的发展》，《中国外交》2007 年第 6 期。

十年代，中阿经贸合作在很大程度上限于双边的易货贸易，形式单一，规模较小。当时，出于打破西方封锁禁运目标，中国与阿拉伯国家的外交重点置于同各国政府发展友好政治关系，经贸合作处于次要地位。当时，与中国发展关系的阿拉伯国家主要有埃及、叙利亚、也门、伊拉克、摩洛哥、阿尔及利亚、苏丹、索马里、突尼斯、毛里塔尼亚诸国。但是，其间受到国际政治格局演变的负面影响，特别是中苏、中美关系影响，加之中国国内"文化大革命"在对外交往中形成的极左思想影响，中阿关系并不稳定。直到70年代，伊拉克、科威特、黎巴嫩和约旦等阿拉伯国家才成为中国主要贸易伙伴，70年代末，中国的工程承包和劳务合作开始进入西亚地区的阿拉伯国家，主要有科威特、阿联酋、沙特阿拉伯、巴林和阿曼等。

第二，初步发展阶段，20世纪80年代。这一时期，中国以经济建设为中心的改革开放，为促进中阿经贸关系创造了全新环境和条件，在对外交往中，中国展开全方位外交，注重加强与第三世界国家的团结与合作，初步形成对外经贸市场的多元化格局，不断提升对外经济贸易的地位，通过广泛利用国外资源、资金、技术等多种途径，使对外经济贸易在加速实现中国经济与国际经济的互接互补中发挥越来越重要的作用。[①] 正是改革开放格局不断拓展，中国与阿拉伯国家的经贸关系也面临新的发展条件。1988年，中国同中东地区的双边贸易额上升到28.47亿美元，其中，中国出口23.38亿美元，进口5.09亿美元，中国主要出口商品为轻纺产品和食品以及一些矿产品、化工和机械产品，从阿拉伯国家进口的主要商品为原油、化肥、棉花、矿砂等。当时，中国的主要贸易伙伴为阿联酋、沙特阿拉伯、埃及和约旦等。这一时期，工程承包和劳务出口是中国与阿拉伯国家贸易伙伴开展经济合作的重要内容。据统计，1978~1990年，中国与中东国家签署的工程承包和劳务合作合同达2600多个，合同总额56亿美元，占中国同期对外工程承包和劳务合作总额的80%。20世纪80年代，中国在中东的劳务人员最多时为3万多人。同中国开展承包劳务的阿拉伯国家主要有：伊

---

① 参见王有勇《现代中阿经贸合作研究》，上海外语教育出版社，2004，第50~65页。

拉克、北也门、科威特、南也门、约旦和阿联酋。①

第三，中阿合作规模不断扩大阶段，20世纪90年代。这一阶段中国与阿拉伯国家政治关系不断改善，双方贸易规模不断扩大、结构日益优化，中国对阿拉伯国家的石油需求也不断增加。双方进出口贸易总额显著增长，1991年，中国与阿拉伯国家高级官员和技术人员互访达50余次，中国与22个阿拉伯国家的贸易总额达28.9143亿美元。1992年中阿进出口商品总额35.2亿美元，1993年51.76亿美元。至90年代末，中国与西亚、北非的阿拉伯国家经贸合作有了很大发展，双方进出口贸易十分活跃。其中涉及的主要国家有：巴林、伊拉克、黎巴嫩、约旦、科威特、阿曼、巴勒斯坦、卡塔尔、沙特阿拉伯、叙利亚、阿联酋、也门，其中对阿出口额最大的国家为阿联酋，达14亿余美元；其次为沙特9亿多美元；出口1亿美元以下的国家主要有巴勒斯坦、阿曼、卡塔尔和巴林；中国从阿拉伯国家进口额最大的是沙特阿拉伯，达9亿余美元，其次为阿曼和也门，分别为6亿美元和5亿余美元。中国同北非阿拉伯国家进出口额超过1亿美元的国家有埃及（7亿余美元）、摩洛哥（2亿余美元）、苏丹（2亿余美元）和阿尔及利亚，到2000年与中国贸易额突破1亿美元的阿拉伯国家有18个。2003年，中国与阿拉伯国家贸易额达到254亿余美元，沙特阿拉伯、阿联酋、阿曼、苏丹、也门、科威特、埃及与中国贸易额均已突破10亿美元。中国出口产品的档次不断提高，双方在技术和劳务合作、服务贸易及旅游等方面的合作不断增加。20世纪90年代以后，石油合作逐步成为中国与阿拉伯国家经贸合作的龙头，石油进口扩大，中国在阿拉伯国家建立海外石油基地，双方在石油采炼和运输设备方面也加强了合作。② 1993年，中国从石油输出国转变为石油进口国，1995年中国进入苏丹石油市场，1997年中国进入尼日利亚市场。③

第四，中阿经贸关系密切发展阶段，即21世纪以来。随着冷战结束和国际形势的新变化，特别是中东形势的急剧变化，中阿交往更加密切和活

---

① 参见王有勇《现代中阿经贸合作研究》，上海外语教育出版社，2004，第61页。
② 参见王有勇《现代中阿经贸合作研究》，上海外语教育出版社，2004，第65~72页。
③ 杨尚勤等主编《中国西北发展报告（2012）》，社会科学文献出版社，2012，第261页。

跃，合作领域和方式更加宽阔。1998年，阿拉伯国家联盟第一次通过全面发展同中国关系的决议，这对推动中国与阿拉伯国家的关系意义重大，为增进与阿拉伯各国的友好关系和合作，2000年起，阿盟外长理事会多次通过关于发展同中国关系的决议，当年3月，阿盟外长理事会通过决议提出成立"阿中合作论坛"的建议。2001年12月，唐家璇外长访问阿盟总部时，穆萨秘书长向他递交《阿拉伯—中国合作论坛宣言（草案）》，在此基础上，中国政府形成《中国—阿拉伯国家合作论坛宣言》和《中国—阿拉伯国家合作论坛行动计划》两个文件草案，并于2003年8月递交阿盟秘书处。2004年1月，胡锦涛访问埃及开罗时会见阿盟秘书长穆萨和阿盟22个成员国代表，提出建立中阿新型伙伴关系的四项原则：以相互尊重为基础，增进政治关系；以共同发展为目标，密切经贸往来；以相互借鉴为内容，扩大文化交流；以维护世界和平、促进共同发展为要旨，加强在国际事务中的合作，当天成立的"中国—阿拉伯国家合作论坛"，成为中阿加强对话与合作的新平台。① 双方在这一框架下开展了丰富的对话合作活动，其中包括以下几种。

中阿部长级会议。到2014年已举行过六届，首届部长会议（2004）在阿盟总部开罗举行，正式启动中阿合作论坛。会议签署了《中国—阿拉伯国家合作论坛宣言》和《中国—阿拉伯国家合作论坛行动计划》，并确定2006年在北京召开中阿部长级会议。

第二届部长会议在北京举行，中国与阿拉伯国家新型伙伴关系确立，双方同意推动建立政治磋商、能源、人力资源开发和环境等领域的合作机制。会议重点讨论落实胡锦涛关于发展中阿关系四点主张（即加强政治合作，巩固和充实中阿政治关系的基础；加强经济合作，努力开拓创新实现互利共赢；加强文化合作，扩大对话交流弘扬传统友谊；加强国际合作，密切协调配合，促进和平稳定）的途径，就论坛今后两年的主要工作达成一致，决定继续建设平等、全面合作的新型伙伴关系。双方提出了2010年

---

① 姜英梅：《共建和谐世界——中国与阿拉伯国家关系》，《亚非纵横》2007年第6期。

将双边贸易额提高至 1000 亿美元的目标，中方承诺 3 年间为阿方培训 1500 名技术管理人才。会后，中阿双方共同签署《中国—阿拉伯国家合作论坛第二届部长级会议公报》、《中国—阿拉伯国家合作论坛 2006 年至 2008 年行动执行计划》、《中华人民共和国政府和阿拉伯国家联盟关于环境保护合作的联合公报》和《关于建立中国—阿拉伯国家合作论坛企业家大会合作机制的谅解备忘录》。

第三届部长级会议在巴林举行，会议肯定了中阿合作论坛在加强双方对话与合作方面取得的成绩，并制订未来行动计划以促进双方多领域合作关系。会议强调双方应采取措施，努力扩大贸易和相互投资，根据双方现行的体制和法律互相提供更好的市场准入条件，开展经济管理经验交流和中小企业间合作，加强双方在经贸相关领域的信息交流与合作。双方还将加强能源领域的合作，特别是在互利基础上开展石油、天然气、电力、新能源、可再生能源和替代能源领域的合作。双方同意继续发展和增进双边及多边文化合作与交流，举办展览、文艺演出、文化日和文化周等文化活动来促进双方人民的相互了解和友谊。双方还同意建立中阿互办艺术节机制。此外，中阿双方还将扩大在环保、旅游、人力资源、科技、医疗卫生、新闻等领域的合作。

第四届部长级会议在天津举行，与会部长或代表同意在论坛框架下建立中阿全面合作、共同发展的战略合作关系，签署《关于中阿双方建立战略合作关系的宣言》《中国—阿拉伯国家合作论坛第四届部长级会议公报》《中国—阿拉伯国家合作论坛 2010 年至 2012 年行动执行计划》。

第五届部长级会议在突尼斯哈马迈特举行，"深化战略合作，促进共同发展"为会议主题，并签署一系列文件。①

第六届部长级会议在北京举办，会议通过了《北京宣言》《2014 年至 2016 年行动执行计划》《2014 年至 2024 年发展规划》三个重要文件，规划了中阿合作和互利共赢的思路和举措。构建"1＋2＋3"合作格局。

---

① 《中国—阿拉伯国家合作论坛》。

"1"是以能源合作为主轴,深化油气领域全产业链合作,维护能源运输通道安全,构建互惠互利、安全可靠、长期友好的中阿能源战略合作关系。"2"是以基础设施建设、贸易和投资便利化为两翼,加强中阿在重大发展项目、标志性民生项目上的合作,为促进双边贸易和投资建立相关制度性安排。中方将鼓励中国企业自阿方进口更多非石油产品,优化贸易结构,争取在10年内中阿贸易额从上年的2400亿美元增至6000亿美元。中方将鼓励中国企业投资阿拉伯国家能源、石化、农业、制造业、服务业等领域,争取在10年内中国对阿非金融类投资存量从上年的100亿美元增至600亿美元以上。"3"是以核能、航天卫星、新能源三大高新领域为突破口,努力提升中阿务实合作层次。双方可以探讨设立中阿技术转移中心,共建阿拉伯和平利用核能培训中心,研究中国北斗卫星导航系统落地阿拉伯项目。① 此外,中海自由贸易区、中国阿联酋共同投资基金、阿拉伯国家向亚洲基础设施投资银行注资、中阿合作发射阿尔及利亚1号通信卫星系统、亚丁港改扩建工程、阿布扎比陆上石油区块等成为早期收获项目。沙特阿拉伯、阿尔及利亚、阿联酋、苏丹、埃及和伊拉克成为重点合作的6个支点国家。

在论坛框架下逐步形成了中阿企业家大会、中阿关系暨中阿文明对话研讨会、中阿友好大会、中阿能源合作大会和中阿新闻合作论坛、中阿互办文化节等机制。还在北京、厦门、三亚等地召开了中阿能源、投资、农业等合作会议。近十年来,中阿双边贸易年均增长超过25%,中国从阿拉伯国家进口原油年增长超过12%,中国企业在阿拉伯国家新签承包工程合同额年均增长达27%,中国成为阿拉伯国家第二大贸易伙伴,成为9个国家的最大贸易伙伴,阿拉伯国家成为中国第七大贸易伙伴,更是中国最主要的能源合作伙伴、重要工程承包和海外投资市场。② 中国向西开放正逢其

---

① 《习近平在中阿合作论坛第六届部长级会议开幕式上的讲话》,http://www.fmprc.gov.cn/mfa_chn/zyxw_602251/t1162491.shtml。
② 王毅:《加强论坛建设,打造中阿关系"升级版"》,http://gb.cri.cn/42071/2014/06/03/6071s4562521.htm。

时，与阿拉伯国家向东战略对接，中阿战略合作关系全面提升。

中国与阿拉伯国家之间的合作有着广阔的空间和很强的经济互补性，随着政治关系的正常化，双方经贸关系加深，90 年代参与埃及贸易关系的省区主要有重庆、天津、江苏和一些大型国有企业，如中石油天然气总公司。宁夏由于自身经济技术实力和经济结构的影响，尽管其进出口额不断增长，外贸依存度远低于全国平均水平，对外贸易对本区域经济增长的推动力较低。这从第六次全国人口普查数据所显示的居住于宁夏的港澳台及外籍人口构成便可见一斑。据统计，港澳台及外籍人口总计 379 人，除 40 名港澳台人士外，还有美国（105 人）、印度（70 人）、韩国（21 人）、德国（15 人）、日本（13 人），尚未有中东和阿拉伯人口的登记信息。宁夏的主要进口国为日本、欧盟、澳大利亚，主要出口国为欧盟、日本、美国、韩国等。可见宁夏开放度和对外交流还有待提升。

从宁夏与阿拉伯国家进出口额和贸易国别看，阿联酋、沙特阿拉伯、卡塔尔等海合会成员国是宁夏的主要贸易伙伴。2013 年，宁夏与阿拉伯国家的进出口总额中，阿联酋、沙特阿拉伯和卡塔尔居前三位，阿联酋是宁夏最大的出口国，出口金额为 4756 万余美元，三个国家进出口总额为 10060 万余美元，占宁夏对阿出口总额的 69.47%。宁夏与北非有进出口关系的国家为突尼斯、埃及、阿尔及利亚和苏丹，进出口总额为 2336 万余美元，占宁夏对阿拉伯各国出口总额的 15.43%。宁夏与西亚各国有贸易关系的国家有叙利亚、约旦、黎巴嫩，进出口金额为 2187 万余美元，占其对阿拉伯出口总额的 15.1%。从总量上来说，宁夏与阿贸易量在全国对阿进出口中所占比重极为有限。宁夏对阿拉伯国家出口的商品，大多数不是本区域的优势产品，而是随着国际贸易结算中心成立，区外入宁夏从事进出口企业增多所致。宁夏本区与阿拉伯国家进出口贸易则存在贸易规模太小，多为初级产品，出口国家较为集中的特点。宁夏与阿进出口贸易中未能充分发挥宁夏农业产业的特色和优势。宁夏著名的农产品如枸杞、清真牛羊肉、奶牛、马铃薯、瓜菜、优质粮食、淡水鱼、葡萄、红枣、农作物制种、优质牧草，已形成 13 个优势产业带 120 个现代农业示范基地。但是，近几年，宁夏商品出口农产品，以及清真食品、穆斯林用品等特色优势产品均未能明显增加。据宁夏出入境检验检疫局的资料显示，宁夏销往海湾和阿盟国家的清真牛羊肉，无论是品名、数量、批次和货值都非常低，尚未形成规模。此外，宁夏对外贸易维持在较低水平，外贸出口企业物流体系欠发达，运输成本高。天津港是宁夏进出口货物的主要通道，国内公路的运输成本居高不下，贸易进口量少，导致许多出口的集装箱只能空箱到银川装货，导致产品价格上升，与此同时，物流环节多，运输成本也居高位。惠农陆港、银川陆港、中宁石空陆港和天津港、连云港港口的铁海联运对接完全实现将会逐步改善这一状况。宁夏对外贸易缺乏外贸主体和专业人才，出口企业少。2013 年，全区共有各类企业 37.4 万余家，但生产出口产品的企业不多。以清真食品企业为例，截止到 2013 年底，全区共有清真食品和穆斯林用品的生产出口企业 36 家，无论是企业的规模、数量、资产、产品结构还是销售收入都较低。中阿经贸合作需要充足的人才智力支撑，其中包括外贸领域的经营管理人才，国际化高层次阿语复合型专业人才，外交外事、国际经贸、中阿商法、中阿旅游等领域的人才。①

二 承担深化中阿合作之任

随着中阿合作论坛的开启，中国与阿拉伯国家建立了多领域的合作机制，为中阿关系发展提供了更为广阔的空间，中阿交往不仅涉及政治、经济、能源，还涉及文明对话。文明的对话是经济贸易合作深化和互信互利深入发展的重要切入点。任何社会间的合作没有相应的文化交流支撑都难以深入拓展，中国作为一个拥有相当数量穆斯林人口的国家，对外开放中面对复杂的国际竞争环境，选择重构与伊斯兰世界的关系，并在伊斯兰世界重新确立睦邻友好的国家形象，建立中国与阿拉伯诸国关系，是历史的必然，也是国家发展的重大战略选择。中阿经贸合作曾是重要起点，以文

---

① 参见吴素芳《中阿博览会新起点下的宁夏进出口贸易发展的问题》，《对外经贸实务》2014 年第 8 期。

明对话为基础的广泛合作则是未来中阿关系持续发展的选择之一。宁夏适中的地理区位、多元稳固的文化构成、日益发展的综合经济实力和改革开放后持续的积极探索，为推动中阿深度合作创造了基本条件。

宁夏担当中阿深度合作战略平台建设之任是国家战略期待。2010年，中央《关于深入实施西部大开发战略的若干意见》指出："要大力发展内陆开放型经济，全面推进西部地区对外开放，积极推进宁夏、新疆、甘肃等省、自治区同中亚、中东国家的经贸合作"。国家"十二五"规划纲要则要求"坚持把深入实施西部大开发战略放在区域发展总体战略优先位置"。在承担和完成国家发展战略任务中拓宽发展空间，发展内陆开放型经济，是西部各省区新机遇，也是西部各省区以传统人文优势支撑国家战略的新机遇。宁夏依托中阿经贸论坛平台和独特的地理、人文特色，全面发展与世界各国尤其是与阿拉伯及伊斯兰国家经贸合作关系，打造我国面向阿拉伯及伊斯兰国家开放先导区，而建设完善中的"两大机制""三大基地""五大中心"，将进一步推进宁夏成为中国向西开放的重要平台和有效载体。

宁夏拥有担当中阿深度合作战略平台建设之任的特定优势。宁夏是全国唯一的回族自治区，全区人口的30%多为回族，信仰伊斯兰教者达220余万，全区有清真寺4413座，在职阿訇9000多人，区域文化构成中伊斯兰文化传统特色明显。随着民族区域自治制度的不断完善和宁夏自身经济的发展，宁夏承担中国与阿拉伯国家深化合作之任更具实力和能力。当然，有学者早就观察到，凭借穆斯林关系、宗教感情打开与中东诸国交往的新局面的想法还有一定的局限性，他们指出在贸易活动中，宗教是宗教，生意是生意，两者没有必然联系。因此，有学者提出："宁夏要想打入伊斯兰国际市场，要想使商品进入中东穆斯林国家，仅仅靠中外穆斯林之间的传统友谊和感情是不够的，更主要是根据伊斯兰国家的各种风俗习惯，掌握这些国家市场的需求特点，研究开发一些适销对路的产品。另外也必须在商品质量、商品价格、商业信誉等方面狠下功夫。"[①] 如果产品对路、商品

---

① 余振贵等：《大西北对外开放的新思路》，宁夏人民出版社，1998，第217页。

质量和信誉有保障，同时又有相近的文化习惯和宗教感情的帮助，宁夏的人文优势将会得到更有效的体现，并成为加强双方关系的天然纽带。王毅曾指出："深化中阿战略合作关系，人文滋养要深厚盈实。双方要继续办好文明对话研讨会、新闻合作论坛、友好大会、中阿艺术节等机制性活动，扩大教育、卫生、科技、旅游、人力资源培训等领域合作，同时用好青年代表团、专家学者代表团和精英代表团'三驾马车'机制，进一步夯实中阿友好的社会基础。中华文明与阿拉伯文明底蕴深厚，自成体系，各具特色，又都高度重视精神层面的作用，这对当前及今后人类文明进步具有特殊和积极价值。中阿加强人文交往，可以为不同文明和谐共处贡献更多'东方智慧'，可以为全球治理体系的价值塑造贡献更多'东方思想'。"[1]在深化改革开放和丝绸之路经济带战略背景下，宁夏虽不沿边靠海，但是地处新亚欧大陆桥国内段的中枢位置，是华北、东北通向中东、中亚陆空通道必经之地，具有承东启西、连南接北之便，同时，全国1/3的回族人口分布于本区，与阿拉伯国家及其他穆斯林地区有广阔的交流和交往空间，可在人文滋养方面发挥桥梁作用。

有研究者也指出，由于区位和产业条件差异，西北多数省区在中阿经贸合作角色承担和资源分布上有错位之感：阿拉伯能源合作受益重点在沿海地区，而西北地区各省区目前主要是与中亚的能源合作；中国清真产业的经济发展优势在沿海地区，文化优势和群众基础却主要在西北地区；中阿消费品贸易、工程承包和服务业贸易的重点在沿海地区及其大城市，而西北地区严重滞后。[2] 面对错位，宁夏需要通过观念、体制机制、组织等方面的创新，扬长避短，创造条件承担国家战略目标实现保障重任，特别是应联合发达各省份校正错位，建立良好的平台，发挥各自优势，进

---

[1] 王毅：《加强论坛建设，打造中阿关系"升级版"》，http://gb.cri.cn/42071/2014/06/03/6071s4562521.htm。
[2] 段庆林：《中阿经贸合作战略重点研究》，杨尚勤等主编《中国西北发展报告（2012）》，社会科学文献出版社，2012。

而充分合作，谋求共赢。从长远来看，这一进程的工作内容包括以下方面。①

借助于内陆经济开放试验区，搭建一个中国与阿拉伯国家为主、面向世界开放的内陆开放型经济新平台；努力把宁夏建设成为中阿贸易的国家级"保税区"和"自由贸易区"，真正形成中国与阿拉伯国家和伊斯兰地区双向交流的"宁夏渠道"。

形成国内统一、国际认可的清真食品相互认证机制，中阿互相认可的产业准出准入机制。

建设西部重要的国内外产业梯度转移承接地，具有国际影响力的清真食品穆斯林用品生产服务基地，面向阿拉伯国家和伊斯兰地区开放的前沿。

建设世界清真食品、穆斯林用品设计中心，中国清真食品、穆斯林用品生产中心，国内唯一、国际认可的清真食品认证中心，国际清真食品、穆斯林用品博览中心，清真食品、穆斯林用品的物流中心。

宁夏在承担深化中阿合作战略平台建设之任中需要实现四个功能：一是建设完善服务中阿经贸合作发展的平台，二是建设完善中阿经贸合作的连接中枢，三是建设完善向阿拉伯国家展示我国综合国力的形象窗口，四是建设完善中阿经贸的理论研究和宣传策划中心。

第五部分　支点建设

考虑宁夏发展战略时，人们最关注其区位和区划劣势。当然，经济学家最终也告诉人们这个世界不存在行为完全合理的经济人，事实上也难以做出所谓最优的区位决策，因为人的行为必然受到获取、处理信息的能力和人口素质等因素的深刻影响。在经济全球化仍然占主导的时代，一些区域亦可能实现转劣势为优势的目标，在这种转变中区域对外联系的门户区

---

① 杨尚勤等主编《中国西北发展报告（2012）》，社会科学文献出版社，2012，第260页。

位、信息区位和网络节点区位等的作用正在不断强化。宁夏在"一带一路"建设中确立支点角色后，便围绕所承担国家目标任务构想相应的任务目标，以求得全区的繁荣发展。

宁夏回族自治区政府决策层对本区域经济社会发展方向选择了大开放思路，试图以此突破资源环境和经济社会发展水平约束，依赖区内外、国内外市场拉动本地区发展。如何在市场经济起决定作用、全面深化的改革中布局，推动宁夏经济社会发展，决定着宁夏在"一带一路"建设中所能承担的角色、发挥的作用和获得的发展机遇。深入分析宁夏在"一带一路"建设中的定位和角色、基础设施的规划、产业支撑的布局、合作项目的设计、对内对外合作服务的保障、西向经济贸易合作重点领域的布局等形势，我们会看到宁夏以积极的姿态、深入的谋划和多方应对，寻求本地区发展目标与国家目标的对接。

一 选择切入点与行动力

"一带一路"建设一经提出，宁夏便利用其在推进中阿经贸文化交流合作中的独特渠道和地位，按照因地制宜、分工明确、资源共享、互惠互利的原则对自身角色进行客观定位，即：以阿拉伯国家和穆斯林地区为重点，以实现习近平总书记提出的"政策沟通、道路联通、贸易畅通、货币流通和民心相通"为目标，促进中阿全方位的交流合作和产业发展，打造丝绸之路经济带的支点。①

成为我国"一带一路"建设强有力的支点对于宁夏来说也并非易事，要完成角色任务宁夏仍需充分动员、整合区内外各种积极因素，切实推进基础性工作，找准切入点后积极行动。经验表明政府决策正确，行政效率高便获得发展先机。在宁夏供政府和市场主体选择的切入点包括如下几个方面。

第一，以中阿博览会为平台，深化中阿合作，促进政策沟通。任何国

---

① 张八五：《把宁夏建设成为丝绸之路经济带战略支点》，《中国经贸导刊》2014年第33期。

家之间政策的沟通都需要一个信誉良好、具有影响力的稳定平台,中国与阿拉伯国家的政策沟通有其特殊困境,也具备了初步的条件。在深化沟通过程中,宁夏在其中可发挥更为重要的和不可忽视的作用,语言交流、人员交流、物资交流是几个可切入的关键节点,这些关键节点需要有相应的机制并逐步充分发挥作用,每两年举办一次的中阿博览会为促进几个方面交流机制的不断完善提供了良好契机,宁夏正在为中阿深化合作打造一个稳定的交汇平台。

在完善交流平台建设进程中,宁夏需切实完善中阿共办、部区联办、民间协办的办会机制,丰富中阿合作内涵,推进中阿各领域务实合作,积极筹办活动,以将中阿博览会办成中国与阿拉伯国家及世界穆斯林地区政治对话、经贸合作、文化交流的综合性平台为建设目标。

2015年,中阿博览会围绕"一带一路"建设,继续执行中阿共办共赢的"主宾国"机制,邀请一个阿盟成员国参与办会的办会形式;以加强文教旅游方面的合作为内容,推动中阿之间文化的交流。宁夏还利用其已有的平台和资源优势,争取每年在宁夏举办中阿中小企业合作论坛,以及中阿国家农业贸易与投资洽谈、中阿友好年活动等活动。

发展现代服务业是宁夏中阿博览会的重要支撑,中介人是宁夏在中阿经贸合作中可充任的重要角色。为此,宁夏需要在中阿翻译队伍建设基础上,培养和引进一批熟悉国际经济特别是阿拉伯国家和世界穆斯林地区经济事务的贸易、金融、法律、财会、认证等中介服务人才。地方政府也在为宁夏人走西域、闯中东、下南洋提供教育、培训、法制咨询等服务方面进行积极探索。这些行动可构建稳定成熟的中阿经贸合作中介队伍,支撑中阿博览会和中阿深度合作的持续发展。

第二,陆空海网兼顾,促进道路联通。人流、物流、信息流均需要特定的载体和渠道才能畅通交流,各类道路联通是一切交往的基础和先决条件。宁夏在交通基础设施方面已有了极大的改观,还需要进一步发展完善,以满足丝绸之路经济带支点能力提升和人民生活提高的要求。

在陆路交通建设中，铁路建设的具体目标为大力推进太中银铁路①、银西铁路建设②，太中银铁路延伸到新疆。2014年，自治区政府决定成立铁路规划建设工作组，全面统筹，协调推进全区铁路规划建设事宜，并进一步加强与国家有关部委的沟通，对已列入"十二五"规划的铁路项目开展积极工作，明确推进时间节点，确保尽早开工建设。2015年，自治区政府办公厅正式设立铁路建设指挥部，由一位自治区副主席亲自领导。同时，自治区政府积极加快推进城际铁路规划建设，推动银川、石嘴山、吴忠、固原、中卫"同城化"进程，形成1小时城际圈、经济圈。

在公路建设方面，宁夏一直试图改善其高速公路规模小、国省干线超期服役路段多、跨省连县的公路"断头路"多、农村公路等级和通达里程落后等问题。"十二五"期间宁夏公路交通运输固定资产投资最低目标是540亿元，是"十一五"投资量的两倍多；新增公路1.07万公里，实现全区公路总里程达到3.32万公里；新增沥青水泥路面7000公里，实现具备条件的行政村全部通沥青（水泥）路，为保障物流通畅提供良好的基础设施。

中国和阿拉伯国家航空运输主要以北京、上海、广州等东部沿海城市为枢纽，相应增加了我国中西部地区与阿拉伯国家客货往来的时间和成本。上述特大城市空域资源已趋饱和，增开航线航班困难很大。宁夏紧邻雅布赖国际航路，具有利用雅布赖国际航线连接中东、中亚、非洲、欧洲的最优航空路径，银川河东国际机场在1800公里以内可以通达全国所有的省市，3700公里以内可以和中东地区、东南亚各个国家联通。宁夏拥有扩大空域资源的巨大潜力，由于其地处新欧亚大陆桥国内段关键节点，具有承接航空客货流，辐射西北，连接华北、西南的集运能力，是建设航空枢纽的理想位置。因此，宁夏在加强改善陆路交通条件，强化改善区内外交通运输条件的同时，还要加快完善航空运输基础设施。

---

① 太原至中卫（银川）铁路，《中长期铁路网规划》中西北至华北新通道的重要组成部分，属"十一五"重点项目，2011年通车。
② 银川至西安铁路，连接关天经济区、陇东地区和沿黄城市带，行经整个黄土高原。2014年底开工，工期5年。

在银川河东机场获批向阿联酋开放第三、四、五航权①和口岸签证政策、银川至哈萨克斯坦货运航线开通的同时,充分利用银川河东国际机场距雅布赖航线空中距离短、节省燃油的优势,以及第三、四、五航权开放等优势,积极拓展阿拉伯国家和东南亚国家开通经停银川的航线,吸引国内外的国际航班通过这一空中枢纽就近起降银川河东机场,推动以银川为中心的航线网络建设,架设起丝绸之路空中走廊,让银川从对外开放的"后院"变成"前庭",畅通满载人流、物流、信息流、资金流的便捷空中通道,推动银川跨越式发展。基于这一目标,宁夏有必要成立或引进航空公司、航空物流企业,建设面向阿拉伯国家的国际航空物流中心,大力发展临空产业集群。加强银川河东机场属地化管理,扩大空域资源,给予银川河东国际机场国际中转旅客 72 小时过境免签政策,当然如果有此政策,关于行李直挂、免税店设置和旅游线路设计等相关服务将得以建设和完善。

随着新技术的应用,在通道联通方面不能忽视网络的作用和功能,因此,宁夏积极探索打造网上丝绸之路的目标,具体目标包括加强数据中心、通信网络等互联网设施建设,引入国内外著名企业,拓展面向阿拉伯国家的云业务,结合跨境电子商务政策试点和宁夏阿拉伯语人才优势,发展面向阿拉伯国家电子商务和服务外包经营。适应打造中阿空中丝绸之路的需要,宁夏将致力于推进银川滨河新区与银川综合保税区、河东机场、空港物流园区整体规划、一体化发展;推进银川综合保税区创新发展,提高通关效率,优化监管模式,放宽外资准入,逐步向自由贸易园区转型升级,建设加工贸易产业集群。2010 年国家发改委将云计算确定为重点发展项目,同时批准北京、上海、杭州、深圳以及无锡为全国首批云计算五大示范城市,随后江苏、内蒙古、贵州、广东、重庆、四川等地也都积极建设云计算基地。宁夏由于能源丰富、电力充足、气候寒冷、靠近市场,最适合建设云计算基地。2014 年 4 月,宁夏中卫市与亚马逊 AWS 合作建设西部云计

---

① 第三航权是指允许外籍飞机运送客货到授权国的权利,第四航权是指从授权国运载客货到航空公司所在国的权利。银川机场对阿联酋开放第五航权,即阿联酋航空从迪拜飞到银川上下客货后,还可以飞往其他国家,相当于增加了银川至其他国家的直飞国际航线。

算基地，5月22日，宁夏回族自治区政府与阿里巴巴集团签订战略合作框架协议，双方将共同推进宁夏云计算数据中心、智慧宁夏和银泰线上线下（O2O）体验中心建设等项目。大数据是云计算服务的基础，宁夏借助中阿博览会、中国清真认证中心、清真网站等平台，大力发展跨境电子商务，形成关于中国清真产业及其市场信息、中阿经济合作的大数据，鼓励大数据开发利用，推进宁夏网上丝绸之路建设。

宁夏对外货物贸易，主要是通过海洋运输来承担，这是以往宁夏国际物流的主要通道，宁夏将继续参与"海上丝绸之路"的建设，从宋元开始我国与阿拉伯国家的贸易就主要通过海上丝绸之路，因此，宁夏仍应加强与东部沿海港口的战略合作，积极维护和寻求海外市场关系。

第三，打造特色产业，促进贸易畅通。宁夏有自身的地缘、产业结构和经济特征，在促进贸易畅通方面，宁夏除了打造中阿深化合作的战略平台，还需要加快自身经济发展，因此，宁夏有着自己的特色产业目标，其中宁东能源化工基地、银川综合保税区将成为产业集聚的载体。

在具体实施过程中，宁夏要建设中阿贸易投资便利化示范区，密切跟进中海自由贸易区谈判进程，依托银川综合保税区探索促进中阿投资贸易便利化政策措施，推动银川综合保税区向自由贸易园区转型升级，并适时规划建设中海合作产业园区。争取宁夏作为中海自贸区建设的先行区，中海自贸区秘书处设在宁夏，允许海合会资本进入宁夏实行准入前国民待遇和负面清单管理模式，支持银川综合保税区建设清真牛羊肉进口口岸，宁夏试点向阿拉伯国家和穆斯林地区的国际贸易"单一窗口"，实现国际贸易相关资源和单证一次性在单一登记处提交，通过单一信息平台反馈给申报人，简化贸易流程和手续。争取国家批准宁夏建设中阿互联网经济试验区，银川成为全国服务外包示范城市，阿布扎比投资基金固原大型生态休闲旅游度假项目落地，以及建设航空油料保税仓库政策。

第四，拓展金融业务，促进货币流通。2014年，中国和阿拉伯国家贸易额已突破2000亿美元，但金融领域合作的规模还很小。在巨额的贸易总量和广泛的经贸关系背景下,中阿开展金融合作,对提升贸易质量、促进双向投资,具有很强的互利价值。金融也是现代经济的核心,宁夏参与中阿金融合作要选准切入点,因为资本是逐利的;还需要符合中国金融开放政策,选准突破口。国家正在合作建立中国—阿联酋共同投资基金,主要投资高端制造业、基础设施和清洁能源等领域;邀请阿拉伯国家参与亚洲基础设施投资银行筹建。争取国家将"中国—阿联酋共同投资基金""阿拉伯投资风险基金"设立在宁夏。宁夏应该把西部大开发的基础设施建设、大型文化集团的投资等作为重点。支持阿拉伯国家和穆斯林地区企业和机构在宁夏设立商会等商务服务机构、金融分支机构。大力促进离岸金融和人民币跨境结算业务发展,宁夏应积极争取成为我国面向阿拉伯国家和世界穆斯林地区的离岸金融业务试点区域,支持由中阿共同出资在宁夏设立中外合资银行,在宁夏注册银行业金融机构开展人民币离岸金融业务,在宁夏打造中阿贸易结算中心。争取宁夏地方银行在阿拉伯国家设立代表处,引进阿拉伯国家项目资金。

第五,文化交流,促进民心相通。举办中阿大学校长论坛,世界穆斯林旅行商大会,中阿文化艺术节等活动。此外,建立中阿人文交流合作示范区,积极争取中阿人文合作领域各项活动来宁夏举办,广泛吸引阿拉伯国家各类人才来宁夏进行交流和培训;引进阿拉伯特色教育资源,开展中阿合作办学,大力培养阿语人才及其他复合型人才;开展与阿拉伯国家在农业、防沙治沙、旅游等领域的技术合作;推动与阿拉伯国家文化机构对口合作,提升中阿艺术家交流层次和水平,争取建立国家级阿拉伯研究中心。

建设中阿人才教育培训中心。在义乌、广州等地大批的民办阿语学校毕业生承担着阿拉伯客商的翻译、商务服务等工作,也有许多受过高等教育或留学的青年在国家机关、文教机构等从事对阿外事工作,宁夏试验区规划把宁夏定位为我国阿语人才培训基地。宁夏已有4000多名在校学生学习阿拉伯语。根据中阿合作推进计划,中阿将有更多青年学生赴对方国家留学或交流,2014年中阿合作论坛第六届部长级会议上,中国承诺此后3

年将为阿拉伯国家再培训6000名各类人才。宁夏积极承担互派留学生、教育合作、职业培训、中阿艺术家互访交流、中阿文化机构开展对口合作、邀请阿拉伯文化艺术人才来华研修等任务。建设中阿科技大学等，培养科技、商务管理、工程等方面的人才。

宁夏努力克服区位劣势，利用区域文化优势，构想建设中阿文化交流和国际版权交易的龙头省区，拓展穆斯林文化创意产业发展空间。在进一步加强宁夏与阿拉伯国家和穆斯林地区文化交流中，加大中阿翻译出版、阿拉伯风格建筑设计、阿语软件、地方特色动漫设计、回族服装设计、特色旅游纪念品工艺品制作，中阿音乐、舞蹈、影视等文艺交流，把穆斯林文化创意产业作为一种特色优势产业。积极争取宁夏承担中阿典籍互译出版工程任务，在宁夏进行出版业开放试点，把宁夏建成中阿版权贸易的龙头平台。

在支点建设过程中，宁夏支撑国家战略的行动力一方面来自政府组织、领导、推动和行政效率，另一方面则寄希望于各类市场主体。从政府层面而言，行动迅速有效，自治区政府成立了省级领导挂帅、相关厅局领导参加的工作班子，积极进行顶层设计。各厅局则依据国家战略精神和工作重点，认真梳理与对口国家部委对接的中阿合作事项，构想总体行动方案。自治区要求方案确定的各项重点任务，成立专门工作组，制定专项实施方案，明确工作时间节点，形成指挥有力、上下联动的工作氛围，形成强有力的组织推动力。

近年来，推动宁夏增强对国家战略支撑力的多项工作取得进展，彰显了宁夏战略支点建设的行动力。

（1）基础设施建设。作为宁夏内陆开放型经济试验区载体的银川滨河新区[①]和阅海湾中央商务区[②]已具规模。银川滨河新区2012年便开工建设，

[①] 银川市滨河新区，以黄河银川段以东约125平方公里的区域为中心，东起宁东能源化工基地，西至兴庆区鸣翠湖、月牙湖，北至生态纺织园，南接鹤泉湖，围绕黄河自南向北贯通永宁、灵武、贺兰、兴庆区等连接区域，整个面积达1200多平方公里。

[②] 西北地区唯一的CBD，也是全国唯一面向阿拉伯地区的现代服务业园区，目前已引进落地企业投资项目26个（世界500强项目和国内500强项目7个）。

核心区范围内 2013 年已初步具备项目承载条件。阅海湾中央商务区作为自治区和银川市"十二五"规划的重大项目,也是银川市承载高端商务、聚揽总部经济的重要载体。该商务区定位为"一个基地、三个中心、三个平台",即大力发展总部经济,引进和建设企业总部,研发和配套生活设施,形成以企业总部为载体、以高品质生活为核心的企业总部或区域总部基地;有效配置金融商贸资源,完善金融商贸产业要素,打造服务中阿经贸交流、辐射陕甘宁蒙毗邻地区的金融与商贸中心;发展咨询、会展、文化创意等现代服务业新板块,形成现代服务业中心;以开放的胸襟、低碳的理念和新技术、新产品打造国际交流平台、低碳经济示范平台和现代化城市展示平台。

举办相关活动的基础设施建设进一步落实:自治区政府积极推动场馆建设和落实,自治区住房和城乡建设厅牵头,协调自治区有关部门和银川市,统筹银川市总部经济区、阅海商圈规划建设,对永久会址的基础设施、建设内容、功能布局等进行全盘谋划,一次性做好总体规划,配套制定各专项规划,然后分期分步骤组织实施。永久会址建设具体包括五大部分。

①中阿国际博览中心。包括国际展览中心、国际会议中心和广场;

②阿拉伯国家外宾接待中心,包括元首楼,原则上每个阿拉伯国家一幢接待楼;

③阿拉伯国家商务区。每个阿拉伯国家一个商务区,占地 50 亩,主要功能是提供商务办公及住宿;

④穆斯林国际大厦。定位为高档饭店,高 50 层以上,主要提供典型的穆斯林餐饮、住宿和写字楼;

⑤综合服务区。包括购物场所、学校、医疗等服务设施。

永久会址内各个项目建设充分体现建筑科技、节能环保等领域的先进理念,做到适度超前,50 年不落后。外宾接待中心、穆斯林国际大厦和阿拉伯商务区的设计要广泛征求阿盟各国使馆的意见,使之符合穆斯林工作生活习惯和要求,彰显文明对话特色、态度和成果。

(2) 对外交流平台打造。宁夏已连续成功举办三届中阿经贸论坛和首届中阿博览会。李克强、俞正声等党和国家领导人出席会议并致辞，先后有24位中外政府首脑、265位部长级官员、5000多家企业参会。中阿博览会已成为中国与阿拉伯国家进行政治对话、经贸合作、文化交流的综合性平台，受到包括阿拉伯国家在内的丝路经济带沿线国家的广泛认同。继续办好中阿博览会，充分发挥其战略平台作用，具有坚实的工作基础和优越的现实条件。

2014年8月13日，宁夏博览局和阿联酋航空公司（简称EK）正式签署宁夏回族自治区博览局和阿联酋航空公司合作备忘录。根据博览局与阿联酋航空公司达成的原则协议，阿航作为中阿博览会的官方指定运营商，支持阿拉伯、伊斯兰国家人员参加中阿博览会，为他们提供一定数量的免费和打折国际机票，在其官方网站上和在相关航班的机舱内宣传"中阿博览会"。作为回报，博览局则将阿航的名称植入博览局官网、广告背景板，为其提供特装展位，安排领导层到会发表主题演讲等。备忘录的签署，充分体现了宁夏举办大型展会引进竞争机制和市场运作模式已进一步成熟，政府搭台，企业唱戏，真正做到"中阿共办、企业协办"的办会机制。此次合作签约，对于中阿博览会的可持续发展，具有深远的意义。在各方的共同努力下，宁夏已开通5条国际航线，年运送旅客近6万人次。近期又开通了银川至哈萨克斯坦货运包机，年可运送货物近万吨。与阿联酋航空公司合资组建航空公司事宜顺利推进，培育发展地方航空公司和货运航空公司，吸引国内外航空公司设立基地，引进知名快递物流公司设立区域性总部，中阿空中丝绸之路建设呈现良好发展势头。

（3）银川综合保税区建设的推进。银川综合保税区作为宁夏内陆开放型经济试验区的先行区和重要组成部分，2013年已封关运行。规划面积8.17平方公里，围网面积4平方公里，其中一期围网面积2.13平方公里，一期隔离设施、卡口设施、查验中心等必检设施已全面建成。银川综合保税区具有口岸操作、保税物流、保税加工、保税贸易、服务贸易等功能，一期主导产业包括航空、葡萄酒、清真食品、穆斯林用品、保税服务业等。专家评审会通过的已入区项目共21个，据报道，投资主体涉及美国、英国、法国、澳大利亚、韩国、阿富汗、泰国、中国台湾和香港等国家和地区。重点项目有世界 500 强企业领鲜—普洛斯仓储物流项目、际华供应链金融服务项目、中国 500 强企业山东如意日产 800 吨如意纺高档纱线项目等。保税区运营将形成中国向西开放的"宁夏通道",对提升宁夏对外开放水平,加快产业转型升级,全方位拓展中阿经贸合作,强化宁夏支撑国家战略能力,引领宁夏内陆开放型经济试验区建设具有重要的战略意义和重大的现实意义。2014 年 5 月初,银川综合保税区管委会疏通了两条外贸通道:一是宁夏金街珠宝进出口有限公司从迪拜采购的黄金原料,可经香港至郑州机场转关,再到银川综合保税区报关;二是宁夏如意科技时尚产业有限公司生产设备、原料从青岛进口再到银川综合保税区报关。6 月 16 日,银川综合保税区首票与国内其他特殊区域间流转的货物已完成。宁夏海得邦国际物流有限公司申报的 MTU 专用件由银川综合保税区出区,顺利运输至西安综合保税区。该票货物货值 236 万美元,该票货物的顺利放行将为银川综合保税区与其他特殊区域间货物运输监管模式提供可借鉴的经验。为了建立与中东、北非的电子商务平台,综合保税区已开始推进跨境贸易电子商务试点工作。

(4) 清真食品标准建设。2014 年,阿拉伯国家标准化(宁夏)研究中心获批成立。该研究中心是全国首家获准筹建的阿拉伯国家标准化研究中心,该中心的运行将有利于宁夏利用中阿博览会交流平台,加速对阿拉伯国家的经贸交流,全面加强我国同阿拉伯国家及世界穆斯林地区的经贸文化交流与合作。对于打造"国家向西开放的重要平台"、"丝绸之路经济带战略支点"和促进我国清真食品产业发展、实施中国标准"走出去"战略提供标准技术支撑。中心建成后将主要承担包括与阿拉伯国家建立标准信息交流、标准技术合作、标准化人才培养等方面的合作交流机制;与阿拉伯国家建立标准互认互通机制,促进双边贸易发展;在清真食品产业标准化、能源标准化等重点领域建立信息互通、标准化机构与专家互动机制,开展相关合作交流活动;建设中阿信息平台,作为对外与阿拉伯国家信息资源交换的窗口等 8 项任务。宁夏将按照国家建设区域标准研究中心的有关规定,全力做好研究中心的筹建工作,力争研究中心早日获准正式成立并发挥作用。

二 支撑力与整合力

一个国家可持续经济增长和政治成功是社会多重目标实践的进程,影响国家可持续发展和政治成功的因素极为复杂,其中最为重要的因素则包括:"宏观经济政策的效力、积极参与国际事务的意愿、有助于推动技术进步的高度创新和教育及科技发展水平。这些领域的进步显然有赖于高质量的制度,而随着经济发展,对制度的需求也必将愈加迫切。制度的质量体现为良好的监管、完善的法律法规、产权(包括知识产权)能得到有效的保护、强大而独立的司法体系、有效增加和分配社会资本并实现收入公平分配的经济结构、有助于推动创造性企业和鼓励争论与不同意见的政治环境和经济基本框架。由于技术进步和经济改革是相辅相成的,因此,政治精英们还需随时做好必要时刻打破现状与束缚的准备,善于推陈出新,敢于挑战保守思想和既得利益群体。"① 任何生存于现代主权国际体系的国家,在维护其自身的生存和发展时需要有解决内外两方面问题的能力。中国作为一个后发国家,在谋求持续稳定发展和全面深化改革过程中,除技术进步和经济改革,良好监管、完善的法律法规、有效的产权保护、强大而独立的司法体系、公平分配的经济结构、健康的政治环境等都是国家治理体系建设中需要不断解决的问题,这也是宁夏丝绸之路战略支点建设的基本社会背景和目标约束。

宁夏在"丝绸之路"战略支点建设进程中,对于国家战略的支撑力不仅来自准确的切入点选择、积极有效的行动力,还来自有效保障国家整体利益的实现,以及在与周边省区密切合作、协同和共赢中寻求发展机遇。因此,宁夏在壮大本区域经济社会发展目标实现过程中,确立"服务国家

---

① 〔英〕乔治·马格努斯:《谁搅动了世界:未来10年,世界经济格局大派位》,刘寅龙译,广东人民出版社,2012,第14页。

对外开放总格局、服务中阿经贸合作、服务中国各省区面向阿拉伯国家的开放，在服务中发展壮大自己"的路线。① 为此，宁夏建立人才、信息、便利共享机制，强化对周边省区资源、信息、力量的吸纳、凝聚和整合力。整合力的保障政策空间则取决于其所获内陆开放经济试验区先行先试和银川综合保税区建设、有特色的人才队伍、特定的区位、区域内经济社会稳定的发展态势。

第一，创新用人机制，以事业吸纳、凝聚和整合人才力量。中国向西开放是一个大空间的开放，影响可及西亚、中亚、北非、南亚直至欧洲大陆几十个国家的市场和社会，没有各方面人才的保障，开放活动主体便难以形成。宁夏成熟的专业技术人才主要集中在教育、卫生系统，而在宁夏经济中起着重要作用的能源化工、新材料研发、机械制造、现代农业等支柱产业需要的专业技术人才比重较小，高层经济贸易、法律、语言、技术、市场营销等各方人才亦多稀缺，面对人才缺口，宁夏不仅需要加快本区域人才的培养，更为迫切的是要借助中阿博览会、内陆开放经济试验区、银川综合保税区、建设中阿人才教育培训中心、中阿文化创意产业合作中心、电子商务出口基地和云计算服务输出地及网上丝绸之路建设等，创新人才体制机制，加强与陕西、甘肃、青海、新疆各省区的积极合作和联合，为服务丝绸之路战略创新联合、合作机制，开展跨省区合作，充分利用各省区现有人才培养、培训资源，大力培养西向开放战略所需要的人才。

《关于落实部区备忘录促进宁夏内陆开放型经济试验区人力资源社会保障工作的意见》②（以下简称《意见》）将对宁夏人力资源建设给予极大推动力，各项人才扶持政策包括：进一步加大中央就业补助资金对宁夏的转移支付力度；国家支持宁夏的能源化工、清真餐饮、绒毛纺织、阿语商贸服务、回族刺绣、枸杞栽培等具有地方特色的优势产业职业培训和实训基地建设。人力资源和社会保障部还将指导和帮助宁夏加强人才队伍建设顶

---

① 王正伟：《在创新服务中把中阿经贸合作提高到一个新水平》，《中国—阿拉伯国家经贸论坛理论研讨会论文集》（2012 年第三辑），宁夏人民出版社，2012，第 3 页。
② 《人社部多举措助力宁夏人才工作》，《中国博士后》2013 年第 4 期。

层设计，帮助宁夏开展"试验区"人才支撑体系建设及制定能源化工产业、战略性新兴产业、羊绒制品深加工产业、特色优势农业和中药回医等重点领域专项人才开发配置计划实施方案。支持宁夏进一步加强高层次人才培养工作，加大对宁夏专业技术人才知识更新工程的支持力度，在高级研修班项目、国家级专业技术人员继续教育基地建设等项目上予以适当倾斜。支持宁夏在能源化工、新材料、生物医药、现代农业、装备制造和高新技术产业等重点领域建立国家级专家服务基地、博士后科研流动站（工作站）。在实施国家高技能人才振兴计划上给予宁夏一定的政策倾斜，帮助宁夏建立国家级高技能人才培训基地，建立国家级技能大师工作室。对宁夏引进"试验区"建设急需的国（境）外高层次专家开辟"绿色通道"，优先引进，大力扶持。支持宁夏建立引智示范基地（单位），重点在"五优一新"产业领域培育一批国家重点引智单位，带动行业人才培养。支持宁夏开展国际交流与合作，建立面向阿拉伯国家和穆斯林地区开放合作的人才培育基地和人才合作交流平台，互派人员开展进修访学、专项培养、学术交流、技术考察等活动。帮助宁夏引进"试验区"建设急需紧缺的进出口贸易、保税仓储、金融、法律等方面的高层次人才及重点学科、领域的领军人才和团队。支持宁夏定期举办"中国（西部）海内外高层次人才合作洽谈会"。《意见》支持宁夏优化人才政策环境，对"试验区"建设引进的高层次创新创业人才、急需紧缺人才实行特殊政策。支持宁夏加快实施聘任制公务员制度，在事业单位建立"特设岗位"，用于引进海内外高层次人才和急需紧缺人才。宁夏在获得这些政策支持过程中，应积极采取措施与西北各省区合作，充分利用各省区资源，在向西战略平台建设中为西部各省区提供人才锻炼成长的工作平台，形成向西开放人才队伍共建共享机制，发挥国家人才培养政策的更大社会效益。

第二，在平台建设中互利共享共赢形成合力。宁夏在西北各省区的中位特征，以及西北各省区或宁夏周边省区之间环境资源和经济社会结构具有多方面的同质特征，以及丝绸之路经济带战略支点建设进程中，宁夏所追求的有特色的国际金融中心、高附加值产品贸易集散中心、高端（绿色）

清真食品和穆斯林用品产业中心建设，开放、便捷、广覆盖的交通网络建设，以国际化视野大力提升管理服务水平和信息化水平，营造最优创业环境和人居环境等目标，将会向周边省区产生辐射效应，从而使各省区优势互补互济，整合相关产业优势，形成新优势，在对阿交流中合作共赢。特别是随着宁夏政策优势的发挥、内陆经济开放试验区、中阿博览会平台打造、清真食品认证、人才培养等方面取得成效，不仅会使区域内资本、产业、人口和劳动力成为支撑战略支点建设的重要力量，同时，还可以为周边省区提供成本更加低廉，平台更加优越的支撑，打破周边省区经济发展的孤立状态，为周边区域直接打开面对国际市场的大门。在资源优化配置之后，形成优势特色产业聚集，国内外资本进出的通道，实现国际物流集散的高效运营，带来外贸企业发展的便利，促使区域资源实现优化配置的效果。此外，宁夏还要发挥其承东启西的区位优势，积极主动地加强与东中部地区经济、技术、文化、旅游、劳务、公共设施建设及金融服务等方面的交流与合作，重点加强与京津冀蒙等省区的经济合作，进一步加强闽宁合作，加强与粤港澳台经济合作，从而获得更强的支撑国家战略的内生力量。

第三，面向阿拉伯国家的文明对话不仅彰显宁夏回族文化，还应将"多元一体"格局的中华文化特色成果展示出来，才能完成国家向西开放平台的战略目标。针对宁夏本区域文化市场影响力不足，有研究指出：宁夏区域文化在市场影响力、文化效率和文化资源影响力方面都比较弱。近几年所建文化园、相关产业和示范基地、旅游景区等，不能完全满足以阿拉伯文化为核心的交流体验。对阿拉伯国家及伊斯兰社会文化研究不够，对外产品贸易以机电等产品为主，对外文化产业进出口合作几乎为零，宁夏文化产业对阿文化市场缺少规划，没有重大文化产业项目，缺少创新型文化业态和文化品牌。[①] 显然，宁夏对阿文化产业不能仅仅限于本区域回族文化成果，而应凝聚全国回族文化成果，并进一步为展示中华多元文化拓展

[①] 蒋紫艳、赵燕妮：《中阿经贸合作下的宁夏文化产业发展模式研究》，《现代商业》2014年第19期。

市场、搭建平台，这也是宁夏利用其政策、区位优势，发挥其凝聚整合力的重要切入点。首先，宁夏要借助试验区等优惠政策，创新文化产业发展体制机制，借鉴发达地区的组织方式，在本区域内整合黄河文化、回族文化、西夏文化资源优势，开发文化产品，打造本区域文化产业。其次，引进阿拉伯国家先进文化产品，为中阿文明深度对话提供良好平台。最后，创新文化凝聚机制，吸引西北各省区文化创新人才和主体，为其提供文化产业发展平台，联合开展对阿拉伯国家的文化交流。

第四，面向阿拉伯国家清真食品用品生产、认证、销售力量的整合。清真食品认证是食品企业进军海外穆斯林市场的"入场券"。2009年7月宁夏清真食品国际贸易认证中心经国家认证认可监督管理委员会批准，成为首家依据《中华人民共和国认证认可条例》和《宁夏回族自治区清真食品认证通则》（DB64/T543—2009）等相关规定，试行开展清真食品认证工作的机构。其主要职责是：在国家认监委的指导和自治区政府的领导下，用认证手段促进宁夏清真食品产业健康发展，同时协助相关部门监督管理清真食品，规范清真食品市场的有序发展，具体承担宁夏境内清真食品出口伊斯兰国家和地区的国际贸易认证等工作。但因缺乏国际公认的清真认证体系，出口到伊斯兰国家的食品数量寥寥无几，致使宁夏食品企业与千亿美元的海外穆斯林市场商机擦肩而过。为此，商务厅制定了发展外向型穆斯林产业战略，2010年3月邀请马来西亚清真认证海外培训部来宁增设培训机构，马来西亚是清真产业加工国际标准发源地，宁夏如此行动以期借助该国清真认证的国际优势，使清真产业尽快走上"国际化"之路。2014年9月，国家认监委正式批准宁夏清真食品国际贸易认证中心为国内首家清真食品认证机构，可在全国范围内开展清真食品认证工作。该中心已与国际上11家认证机构签署了清真食品标准互认合作协议；与国内5个省、自治区达成了清真食品地方联盟标准。宁夏清真食品国际贸易认证中心，对促进我国与阿拉伯国家及世界穆斯林地区的清真食品贸易、打造宁夏丝绸之路经济带战略支点将产生积极的影响。宁夏清真食品国际贸易认证中心正式获批，标志着中国清真食品认证制度的正式建立，对今后宁夏乃至全国的清真产业发展具有重要意义。一是开创了我国清真食品认证制度的先河，也为我国建立完善清真食品认证制度积累了宝贵经验；二是进一步确立了宁夏清真食品国际贸易认证中心和联盟标准的权威性，为国家制定统一的清真食品标准打下坚实的基础；三是宁夏清真食品国际认证中心业务范围的扩大，将不断带动国内清真食品市场的整体性和标准化发展；四是搭建了中国清真食品产业的国际贸易平台，对扩大中国在国际清真食品贸易市场上的份额具有一定的积极作用，将促进宁夏清真食品产业的进出口贸易。[①] 宁夏清真食品认证平台应积极增强效能和功能，强化联系西北各省区力量，为清真食品的生产企业提供严格、可信的认证服务，建立起可靠的认证体系，借助现有清真食品信誉度，提振清真食品产业声誉，培育和促成具有世界影响力和知名度的中国清真食品名牌。宁夏还应进一步探索清真用品生产标准等方面的认证机制。

第五，加强生态农畜产业跨省区合作，各省区分工合作集结成可满足对阿国际市场大规模需求的产品供应。以往约束宁夏发展外向型生态农畜产品的诸多因素中，产品总量小是一个重要因素，而且，西部各省区农畜产品同质性很强，在对外市场竞争中常常可能成为竞争对手，多主体的利益竞争和产品标准监管的缺乏还可能造成市场主体间的内耗，不利于形成一致对外的态势。而且，生态农畜产业是西部各省区最可能在相对较短时间内形成的普惠民生的外向型产业，不仅有利于民生的改善，也有利于这些区域传统农牧业态的技术发展和现代化生产的形成。因此，宁夏在平台建设过程中，应借助市场机制，动员和团结相邻的西部省区开展生态农畜产业，分工合作，技术共享，形成品牌，共同开拓阿拉伯国家市场。

结 论

宁夏回族自治区在国家"丝绸之路经济带"战略中如何定位、选择路

---

① 《宁夏清真食品国际贸易认证中心获批成为国内首家清真食品认证机构》，宁夏民族宗教网，http://www.nxmzzj.gov.cn/bencandy.php?fid=62&id=1122。

径、寻找切入点、积极行动，以及如何处理与周边省区合作与竞争关系，不仅关系到宁夏自身的发展，关系到周边省区的发展，更关系到国家战略目标的实现和保障。为此，宁夏正在不断克服不沿边、不靠海，经济基础相对薄弱，社会发展相对滞后，直接贸易、投资方面的诸多不利因素，积极探索、着力组织、切实行动，壮大本区经济社会发展实力、辐射周边省区、支撑国家战略。为进一步完善支点战略建设，宁夏仍需在如下几个方面着力开展工作。

第一，观念更新与转型。宁夏在国家战略支点建设进程中，面临着观念更新与转型问题，其中全局观念、市场观念、创新观念、经济文化协调发展观念、跨省区联合和开放合作观念、新型国家关系观念是关乎宁夏支点的支撑力和行动力的观念。

全局观念：所谓全局观念就是宁夏作为国家战略的支点，要承接的是国家西向开放战略平台建设的节点区域，因而，宁夏在支点战略实施过程中，需要有全局的眼光和胸怀，建设一个面向全国的开放平台。

市场观念：支点战略建设由政府推动，但是政府和市场要有良好的配合和合作，充分发挥市场在资源配置中的决定作用，市场主体不可缺失。宁夏要关注本区域的市场主体能力建设，同时通过相应的政策体系和市场环境经营，充分引入邻省区的市场主体，从而拓展和壮大区域经济活力。摸清本区域活跃于全国各地以及阿拉伯国家的市场主体类型，为其增强市场活力提供应有的支撑。

创新观念：任何有益的创新观念都来自对传统观念的扬弃，打破僵化思维，创新观念和创新意识是一切创新的基础，具有强大的引领作用。对于宁夏决策层而言，创新观念核心就是基于区域发展战略选择，用创新观念指导支点建设的具体实践。其中包括：打破小区域观念，在推进国家治理体系和治理能力现代化的背景下，站在国家大局上考虑本区承担角色，准确定位自身，结合本区域发展实际且善于突破各种不利因素的约束，拓展发展路径；积极营造创新社会环境和氛围，推动创新文化的形成；推动技术创新、组织创新、产品创新、市场创新。没有不断地突破和创新不可能真正有效应对市场和社会的复杂变化。

经济文化协调发展观念：经历了改革开放 30 多年的经济发展探索，文化发展未获得应有的战略认知。宁夏是一个文化构成多样化的区域，农业、商业、宗教等传统文化与现代化交织互动，形成了深厚的文化资源。经济社会发展持久的动力来自区域的文化驱动，因此，宁夏决策层要树立经济文化协调发展观，在具体施政中，特别是在丝绸之路战略支点建设中，要充分注意本区域文化资源的发掘、整合和利用，发掘区域文化中有利于经济发展的潜在因素，有效推动经济变革，适应社会主义现代化，确保经济文化协调发展。借鉴发达地区的经验，以深入推进文化体制改革、积极构建公共文化服务体系、加快发展文化产业、加强对文化产品创作生产的引导、推动特色文化发展、保障广大人民群众基本文化权益等为目标，为区域经济文化协调发展，也为推动向西开放平台建设提供强有力的文化支撑。

跨省区联合和开放合作观念：没有开放便很难打破僵化观念的束缚，因此确立开放观念是继续加强与外部合作、实现共赢共享的基础。在丝绸之路战略支点建设进程中，宁夏首先需要以开放的心态、机制和行动向西拓展，利用自身优势与周邻省区、阿拉伯国家寻求互利互惠机遇，在不同层面的深度上发展合作机制，形成共赢共享态势。

新型国家关系观念：中国对外交往一向奉行和平共处五项原则，在"互相尊重主权和领土完整、互不侵犯、互不干涉内政、平等互利、和平共处"中推进双方关系。随着冷战格局的结束，和平共处五项原则在推动中国参与国际新秩序，建立新型国家关系方面发挥了重要作用。宁夏在承担国家向西发展战略平台建设的进程中，应充分理解和牢固树立新型国家关系观念，以国家利益为归宿处理和考虑问题，并在此前提下展开与古丝绸之路沿线国家间的合作。作为一级地方政府在国际交往中要充分体现新型国家关系精神，也要教育和约束出境国民及参与所在国市场活动的主体遵从这一精神，通过培训等机制促使各类市场主体树立尊重以所在国国情民俗等为内容的良好行为规范，以良好的风貌和信誉参与双边活动，这也是国家的软实力。在这一过程中，要充分发挥各类社会组织和智库作用，打破政府对外交事务的垄断，真正保障民间交流能充分发挥其促进"民心相通"的作用。

第二，创新凝聚人才机制。凝聚人才是一切事业的基础，宁夏丝绸之路战略支点建设也离不开人才队伍建设。宁夏在创新凝聚人才机制之时还需要做一系列的基础性工作，比如，建立健全中阿深化合作人才发展的宏观分析与评估体系，对所需人才数量、类型有清楚的认知和战略安排。有研究已提出更为具体的措施，包括建立中阿人才数据库、实现人才资源信息共享、建立网上人才市场、开放海外高层人才窗口等。深入调查统计，全面掌握人才存量、专业技能等方面的信息，建立中阿人才发展的宏观调控体系。向社会定期发布中阿经贸合作所需人才行业、专业目录。完善"宁夏人才网"建设，拓宽人才信息渠道。逐步地、有重点地在阿拉伯、伊斯兰国家建设宁夏中阿人才信息中心和学术、经贸、文化等领域的联系平台。提供网络化、专业化的中阿人才信息服务，提供与中阿合作相关的专业技术人才以及用人单位诚信档案的建立、查询、咨询等服务。同时赋予用人单位更多的自主权和灵活性，大力发展人才服务业，健全人才市场，落实人才择业自主权，推动人才流动，建立人才的社会使用和评价机制。[①] 此外，宁夏要紧紧抓住阿拉伯语人才培养和培训的社会需求，加强管理和投入，发挥阿语人才培养高地作用。

第三，做强做大有特色产业。宁夏做优做强工业的三大主导产业、壮大三大特色产业、培育三大新兴产业，发展"一特三高"现代农业，做活做大现代服务业。目前东部沿海地区正在进行产业升级转型，一些轻纺工业和高耗能产业正在向中西部地区和东南亚转移。经济危机正是产业兼并重组的良机，宁夏应该抓住机遇，围绕特色优势产业，在延长产业链上下功夫，加快产业集群发展。应该实施特色优势产业供应链管理工程。

煤电化供应链管理。充分发挥宁夏能源优势，以宁东基地为龙头，充分利用蒙煤、疆煤资源，形成煤炭—电力—化工产业链，建设煤制油、煤

---

① 杨国林主编《对外开放合作型人才建设》，中国水利水电出版社，2011，第183页。

制烯烃、煤制天然气三大现代煤化工产业链,发挥过境管线资源发展石油化工产业。宁夏重化工业中间产品一般运输到东部沿海地区发展轻工业,宁夏提出打造世界烯烃之都,要在充分利用烯烃等煤化工和石油化工中间产品的轻工业上下功夫。重庆市提出打造千亿塑料产业集群,打通从精细化工到塑料产品研发与设计、生产、检测、物流仓储、循环回收的塑料全产业链。宁夏应该继续重视建设国家重要的能源化工基地。

羊绒工业—生态纺织产业供应链管理。宁夏已经在原绒及其初加工上取得优势,应该积极实施品牌战略,增强对高端产品市场的掌控能力。积极加大羊绒工业和生态纺织业的产业链招商,通过兼并、集群形成对全国羊绒工业整个产业链的垄断。打造中国羊绒纺织之都和西部生态纺织产业转移示范区。

新材料供应链管理。宁夏拥有冶镁白云岩、硅等矿产资源优势,要遏制盲目开采、无序竞争,保护矿产资源。积极提高中游冶炼技术,积极引入大型消费品企业,延长金属镁产业链。宁夏钽铌铍产业、电解铝产业属于原料和市场两头在外的加工型产业,必须加强供应链竞争。

先进装备制造业供应链管理。精密制造业是中国制造业最后的短板,而装备制造业是制造业核心,是精密制造业落后的主因。宁夏应该积极发展装备制造业,发挥数控机床、重载轴承等名优产品优势,形成装备制造业产业集群。

特色农产品供应链管理。中储粮集团等来宁夏租地种植,实际上是将宁夏农业纳入其产业链之中。应该围绕宁夏枸杞、清真牛羊肉、奶产业、马铃薯、园艺、优质粮食、适水产业、葡萄产业、种业、红枣、牧草、苹果、道地中药材等13个优势特色农产品,提升产业化水平。加快贺兰山东麓百万亩葡萄文化长廊建设,打造世界高端葡萄酒产地。发挥中宁作为中国枸杞之乡的原产地品牌作用,提升枸杞价值链水平。

清真产业供应链管理。宁夏发展清真产业,应该把扩大原材料来源作为基础。积极打造国家清真食品及穆斯林用品产业基地,建设中国清真产业的设计中心、认证中心、生产中心、会展中心、物流中心,力争成立宁夏清真产品暨国际大宗商品交易所。

第四，稳步发展市县经济，打好支点建设支撑基础。宁夏支点战略的实践没有各市县经济的稳步发展便会失去基础，因此，在推进宁夏支点战略建设中，各市县修内功也有着非常重要的意义。为了应对支点战略，各市县也依据自身的区位、经济社会结构等提出了发展思路，做好各地级市发展规划，做到产业互补、功能协同、合作共赢。毕竟宁夏还面临着"西海固"连片特困区的脱贫解困问题。

宁夏要借助技术和对外开放，打造四个丝绸之路：以货物贸易为主，积极探索陆路丝绸之路，开辟新兴市场；充分利用海上丝绸之路，维护传统贸易关系；以服务贸易为主，积极打造空中丝绸之路和网上丝绸之路，规避内陆开放劣势，培育竞争新优势。

专题研究报告

专题报告一　强化基层治理，为"一带一路"建设保驾护航[①]

中国社会科学院国情调研基地项目"丝绸之路经济带中的宁夏发展战略研究"课题组在调研中，认识到基层治理对"丝绸之路经济带"战略目标实现具有重要影响。课题组在西北地区调研时发现，目前新疆出现的一系列问题，除了历史的、境外的等复杂因素外，基层治理也暴露了一些亟待解决的问题。在一定程度上，基层社会治理不到位给宗教极端分子、境外势力发挥影响留出了空间。调研信息提示：新疆是国家向西开放前沿，民族宗教关系复杂，各民族共同繁荣发展压力持续存在，基层治理的有效性、规范性、法制化对国家统一、民族团结和社会稳定有着根本的影响，从这个意义上来说，落实党中央关于新疆发展的一系列政策措施的具体内容要深入基层、面向基层，特别是面向乡村更符合现实需求。第二次新疆工作座谈会明确了中央政府推动新疆发展的政策措施和政策内容，强化基层治理便成为一个重要环节，而宁夏在基层治理方面的一些措施值得借鉴学习。

---

① 撰稿人：方勇，中国社会科学院民族学与人类学研究所书记、教授。

一 强化基层治理关键在干部

基层社会的有效治理是区域社会稳定的关键,基层组织和干部队伍是基层社会有效治理的核心力量,他们在建立符合本地区工作机制、具体目标和规范方式方面都有着决定性作用。干部群体在推动地区发展建设进程中,及时有效解决各族群众的困难和问题,成为各族群众的贴心人,才能真正巩固基层社会政治稳定和推进基层社会建设。从这个意义上来说,基层组织干部队伍的工作能力、思想和业务素质、干部之间和干部与群众之间关系状况具有决定性作用。从反映的情况来看,目前一些地区基层组织干部队伍的工作能力较弱,思想和业务等综合素质较差,对地方经济社会发展和基层社会治理效率提升极为不利。在新疆基层干部队伍建设中,民族干部占有较大比重,他们在基层治理中是否能依法执政,会在很大程度上影响基层治理效果。虽然新疆全区普遍实行了领导干部联系重点清真寺、定期与宗教人士谈话制度,并以是否愿管、敢管、会管作为衡量乡村班子和领导干部政策上强弱的标准,增强了反分裂反极端的基层力量,但是,基层组织干部任务压力大,既要应对基层群众的各种诉求、处理各种问题,还要应对上级党政组织的各种检查等要求,大量基层干部处在疲于应付状态,治理效果大打折扣。一些基层干部信息不灵敏,反应不及时,处置能力弱,也成为问题的产生和扩大的一个因素。

二 强化基层治理应善用宗教人士影响

宗教信仰在中国乡村有着广泛的影响,也有着深厚的历史文化基础,在新疆表现得尤其突出,由于宗教信仰所具有的高度组织性、对人们思想意识直接控制及神秘性等特点,在某种程度上对基层世俗社会治理会有直接或间接的影响。据国务院新闻办公室发布的白皮书《新疆的发展与进步》提供的数据,2008 年全疆 10 个信仰伊斯兰教的民族人口计 1130 余万,有清真寺、教堂、佛道教寺庙等宗教场所 2.48 万座(其中,2.43 万座为清真寺),宗教教职人员 2.9 万多人(其中伊斯兰教教职人员 2.8 万余人),宗教团体 91 个，宗教院校 2 所。基于民族文化传统和宗教信仰的原因，宗教人士在基层民众中有着特殊地位和影响，充分考虑宗教人士的影响和作用，协调基层政府管理和宗教教职人员关系，正确认识数万宗教教职人员的组织、管理与基层治理间的关系，有效规范宗教人士依法开展常态的宗教生活，是强化基层治理的重要内容。

基层治理要适当利用宗教教职人员在信教群众中的影响力，发挥他们推进社会和谐和促进社会稳定的积极作用。基层干部要主动关心宗教教职人员，尊重他们的智慧，解决他们的困难，与他们交心，并建立密切的联系。

三 强化基层治理需克服粗糙粗暴

在强化基层治理中，应特别关注乡村治理，乡村不安宁，全疆难安宁。在新疆总体而言乡村缺少可以充分满足人们需求的资源配置、均等的公共服务、良性的管理机制。强维稳所形成的压力产生叠加效应，加之在基层治理过程中，一些干部受到综合素质不高的约束，在政策推行中存在追求快速效应而粗糙粗暴行事的状况，执行政策或乡村生活治理粗糙造成该通过民主协商的事情由干部专断行事，造成群众不知情或利益受损，引发上访闹事；或应召开群众代表大会决定的事项，擅自做主，不顾群众想法强行推进，致使群众产生抵触情绪，引发矛盾。这些行为不仅恶化了干群关系，还会为外部不良势力进行负面社会动员提供空间。

四 几点对策建议

第一，切实抓好基层干部队伍建设。

干部队伍建设要从业务能力、行政能力、政策水平等方面入手，参照宁夏的做法，可充分利用各市县区的党校和职业学校等机构，全面培训基层组织干部，特别是乡镇和村社干部，提高他们的政策水平和治理规范水平。依据基层需求，借助职业培训，提高乡村干部的职业技能，使他们真正成为乡村群众的致富引路人。

切实改善基层干部队伍文化结构素质,除了对在职人员的培训,还应拓展渠道,特别是加大培训和培养大学生村干部的力度,解决大学生村干部长期发展问题,逐步改善基层干部队伍的文化素质。此外,应及时有效改善基层干部生活待遇,通过良好的工资增长机制、社会保障等方式对其所做的社会贡献予以肯定和保障。

第二,加强宗教教职人员培训,促进宗教活动监管方式变革。

切实加强对宗教界代表人士的教育与引导,建立宗教教职人员培训长效机制。可以借鉴宁夏的经验,拓展各类渠道,组织宗教界代表人士到发达地区学习观摩,扩大其视野,增加其外部联系;组织宗教界代表人士学历学位教育,提高其文化水平;组织宗教界代表人士进行政策理论培训,使其理解掌握党的方针政策,在宗教信仰自由原则下正常表达宗教意愿,使他们充分意识到维护良好的社会环境更有利于宗教信仰自由原则的进一步落实。通过培训使宗教界代表人士了解和认识中国特色社会主义事业目标,以及这些目标的实现对宗教信仰自由的有利影响,从而在根本上保证宗教与社会主义事业相适应。为此,中央和地方政府应加强投入,加大对宗教界代表人士的培养培训力度,特别是从中央到地方的各级统战部门应扩大培训面,同时,上级政府要加大对地方培训的财力支持。

加强对宗教场所的监管。宗教场所是民族地区信教群众的民族宗教观念形成的关键平台,必须依法对宗教场所的各种活动进行监管,落实宗教场所监管的责任主体,一切宗教性活动必须在宗教场所举办,而一切不属于宗教活动的民俗民事活动不能在宗教场所举行,更不能把基层组织的一些职能放进宗教场所,这是对宗教信仰自由的尊重,也是防止宗教职能的隐形扩大化的重要方式。

促进宗教活动监管方式优化,充分保障宗教信仰自由政策的执行。对于正常宗教活动的监管不仅应由相关监管部门来完成,还应取得教职人员的理解和认可,以及信教群众的认可和帮助,充分保障正常宗教活动,同时打击非法宗教活动,切实注意不能为了打击非法宗教活动而限制正常宗教活动,伤害信教群众的宗教感情。

高度关注非法宗教跨省、跨地区的活动，建议建立全国统一的扼制极端宗教思想和抵御非法宗教活动的工作联动机制，统一政策、统一步骤，明确监管主体和程序，统筹协调各地做好这方面的工作。

第三，建立各族群众对干部的监督机制，推进各族群众间关系良性发展。

基层干部克服粗糙粗暴的工作方式，除了干部自身要加强修养、自我约束外，还应有外部约束机制，一方面需要组织部门加强组织工作，进行工作技能培训和强化组织监督；另一方面也应引入群众监督机制，使基层干部工作更为规范、更有利于干群关系的和谐有序。上级组织部门应对基层干群关系有敏锐的反应能力，对干群关系不和谐的问题应及时纠正和处理。参照宁夏干部下基层活动的做法，在万名干部下基层活动中，不仅要帮助解决基层群众的困难，更要通过此活动，建立一种对基层干部监督的有效方法。由于有些基层干部工作方式粗糙粗暴，往往会压制群众的诉求，从而引发矛盾，导致恶性事件的发生，因此要利用万名干部下基层活动，建立一条反映基层群众呼声的渠道，建立一条基层群众表达诉求的渠道，通过此渠道，可以有效监督基层干部的工作行为，约束基层干部的粗糙粗暴工作方式，减少基层矛盾的发生。

总之，在推进基层经济社会发展中，要切实强化基层治理，在基层干部队伍建设、宗教教职人员培训和群众组织教育方面下功夫，保障一个稳定健康发展的基层社会，也将有力地保障"丝绸之路经济带"的顺利实施和边疆区域的稳定发展大局。

专题报告二　充分发挥宁夏人文优势，推进中阿务实合作[①]

宁夏已经连续四年成功举办中阿经贸论坛和中阿博览会，初步构成国

---

① 撰稿人：方勇，中国社会科学院民族学与人类学研究所党委书记，教授。

家向西开放的战略平台,对加强中阿经贸合作和扩大宁夏知名度等都起到了重要作用。但中阿务实合作还停留在较低层次,经贸合作优势还不明显,签约项目多,落地实施少。据自治区商务厅统计,近4年全区累计签约各类项目协议636个,合同投资总额3558亿元,但实际落地并不多。约旦商会连续4年应邀参加了中阿博览会,其与宁夏签订的多个项目至今没有落实。中国社会科学院国情调研基地项目"丝绸之路经济带中的宁夏发展战略研究"课题组分析认为,中阿务实合作进展较慢有很多原因,但其中最重要的原因之一,是没有充分利用好宁夏的优势资源。

课题组在宁夏调研时,走访多个厅局、五个地市及多个县区,和各级干部群众进行了深入交流,大家普遍认为人文优势是宁夏的优势资源,宁夏与阿拉伯国家具有悠久的历史渊源,民俗相近,信仰相通,是中阿交流合作的最大优势。但如何利用这一优势推进中阿务实合作,却说不清楚,既没有找到利用此优势资源的最佳载体,也没有找到利用此优势资源的最佳媒介。课题组经过大量的调研和分析认为,回族商贸人才是发挥宁夏人文优势资源、推进中阿务实合作的最佳载体,穆斯林商会是发挥宁夏人文优势资源、推进中阿务实合作的最佳媒介。

中阿务实合作的核心是要加强商贸合作,商贸合作的主体应当加强中阿商贸企业的对接,而回族商贸人才在中阿商贸企业对接中具有巨大的人文优势,穆斯林商会是中阿企业对接的最好媒介。回族商贸人才是宁夏回族人口中最具商业能力和探索能力的群体,他们应是中阿务实合作的最佳桥梁和纽带之一。他们中大部分人精通阿拉伯语,一些人虽不精通阿拉伯语,但是作为穆斯林说一句"色俩目",就可以拉近中阿市场主体间的距离,为进一步交往奠定感情基础。精通阿语者与阿拉伯国家居民可以方便地交流,走遍阿拉伯国家无障碍。相同的信仰更加深了中阿企业家之间的信任,回族与阿拉伯国家悠久的历史渊源又为双方合作提供了良好的情感基础,有利于进一步增强合作诚意的良性发展。回族商人的精明是回族商贸人才在阿拉伯国家寻找商机的最大优势,他们有敏锐的市场嗅觉,能及时发现市场,找准市场。正是因为回族商贸人才的这些优势,宁夏有大量回族群众从事中阿经贸工作，有的从事中阿经贸翻译，有的从事中阿贸易，有的从事中阿商贸投资。有的已经取得很大的成绩，成为知名回族商贸人才，在中阿经贸交流中具有一定的影响力，他们在中阿进一步深化务实合作中还应发挥更重要作用。

回族企业家马生科先生是一个地地道道的宁南山区农民，他以回族商人特有的眼光，在中阿交流合作中发现了巨大的商机。他不仅把宁南山区的马铃薯从国内卖到了中东，而且把六盘山冷凉蔬菜也带到了中东。他在阿联酋建立"宁夏六盘山贸易有限公司"，在沙特阿拉伯成立"沙特宁夏农产品开发有限公司"，在世界范围内建立了稳定的营销网络和市场渠道。在"2012年中国宁夏（沙特）经贸活动暨第三届中阿经贸论坛推介会"上签订了500万美元的出口贸易大订单。回族企业家何学虎先生，从开始做阿语翻译到创建自己的公司做贸易，最后发展到投资建设家乡，在短短十几年的时间里积累了大量财富，现在已是拥有五家公司和不同业务的实业家。2008年9月10日央视二套《财富故事会》栏目报道的回族企业家马俊海，他在义乌做阿语翻译并经商，目前他创建的贸易公司年贸易额超过5亿元人民币。

但目前回族商贸人才和穆斯林商会没有得到应有的重视，他们在中阿务实合作中的作用没有得到有效发挥，他们发现的市场需求还没有与地方政府拓展发展空间的行动相联系，地方政府决策层也缺少对相关信息的把握。同时，他们在海外创业所遇到的困难也没有得到地方政府及时有效的解决，不利于中阿深化务实合作的推进。

为加快中阿务实合作，应积极发挥回族商贸人才和穆斯林商会的作用，为此，提出如下建议。

（1）应对全区的回族商贸人才情况进行分析研究，推进宁夏外向型产业发展。全区究竟有多少回族商贸人才，他们都从事什么产业、什么贸易，与哪些阿拉伯国家有贸易关系，这些国家都有多大的市场需求、多大的市场容量等问题还需要进一步研究。宁夏外向型产业较弱，通过这些研究，找出宁夏应当加强哪些产业，应当重点以哪些国家为突破口深化务实合作等。同时还应明确重点支持哪些企业、重点打造哪些行业，以推进外向型产业发展。

（2）要激励回族商贸人才在阿拉伯国家成立商业协会，并给予必要经费，支持商会积极开展活动，扩大宁夏在阿拉伯国家的影响。据悉，阿拉伯地区还没有组织有力的宁夏穆斯林商会，义乌的宁夏穆斯林商会也不太活跃。要探索转变以前"政府搭台、企业唱戏"的方式，充分发挥市场的主体作用，形成"企业搭台、企业唱戏，政府支持、政府参与"新方式。政府还应对商会活动予以激励，提供一定的经费支持，积极派人参加商会的活动，为商会提供相应的政策和服务。

（3）要建立各级干部联系外贸企业和商会机制，建立企业和商会反映困难和问题的有效渠道，及时了解并解决企业和商会遇到的困难和问题。要明确责任主体，防止企业和商会有了困难和问题找不到主管者，"病急乱投医"，找谁都反映，但谁都不负责，问题久拖不决，影响企业和商会的健康发展。各级政府还要建立联合协调解决问题的机制，防止跨地区、跨部门、跨层级的企业和商会问题无法及时解决。

（4）要建立规范的决策咨询机制，使企业的意见能够被政府吸收采纳。要发挥市场的主体作用，必须时刻关注企业的意见和建议，企业对市场最灵敏，企业对市场最有发言权，在产业规划、优惠政策制定、外贸投资等方面，都要积极吸收企业的意见和建议。

（5）要加大对阿语学校和经学院的支持力度，培养更多的回族商贸人才。宁夏阿语翻译的品牌已经有一定的知名度，但近几年影响力有所下降。要采取措施，让更多的回族群众掌握双语，让他们走出宁夏，扩大宁夏对外贸易，为中阿务实合作提供强大支撑。

专题报告三 "一带一路"与宁夏经济社会发展战略布局研究[①]

建设丝绸之路经济带，说到底是一种陆权战略，陆上丝绸之路沿线国

---

① 撰稿人：段庆林，宁夏社会科学院副院长，研究员。

家和地区主要是欧亚大陆内陆地区,都面临如何发展内陆开放型经济问题。宁夏是全国唯一内陆开放型经济试验区,如何协调好内陆开放与向西开放的关系,从内陆视角来分析丝绸之路经济带,是本报告的主旨。

一 宁夏内陆开放型经济试验区对外开放战略分析

宁夏从20世纪80年代中期提出向西开放暨建设银川伊斯兰内陆经济特区构想以来,面向阿拉伯国家及穆斯林地区开放是宁夏对外开放的主要理念和情结。2008年《国务院关于进一步促进宁夏经济社会发展的若干意见》提出宁夏要发展内陆开放型经济后,2009年自治区发改委组织宁夏部分专家开展了《宁夏内陆开放型经济问题研究——面向穆斯林世界的开放战略》的大型研究,其基本结论:大力发展与阿拉伯国家和穆斯林地区的经贸文化交流是宁夏内陆开放型经济发展战略的重点。笔者称之为宁夏内陆开放型经济试验区建设的向西开放战略导向。宁夏向西开放战略认为宁夏在中阿经贸合作中有得天独厚的区位优势、资源优势和人文优势,提出了建设中国伊斯兰金融中心、中阿能源合作、国际旅游目的地等新颖的提法,还有清真产业、中阿概念房地产项目等。宁洽会已经升级为中阿博览会,这也是向西开放战略的体现。

2010年中国社会科学院工业经济研究所和宁夏社会科学院联合课题组撰写的《宁夏内陆开放型经济发展规划研究》,以及段庆林主持完成的《宁夏"十二五"规划的几个重大发展战略问题研究》课题报告,是宁夏内陆开放型经济研究中最早主张全方位开放的报告。2012年国务院批准的《宁夏内陆开放型经济试验区规划》,是一个全方位开放的定位,但并没有从内陆视角出发制定战略。其对宁夏试验区的定位是"国家向西开放的战略高地、国家重要的能源化工基地、重要的清真食品和穆斯林用品产业集聚区、承接产业转移的示范区"。

宁夏作为内陆开放型经济试验区,首先应该实施内陆开放战略。内陆开放试验区不谈内陆开放问题,仅仅考虑向西开放,是偏颇的。应该利用世界银行提出的密度、距离、分割三大经济地理特征的分析框架,从"内陆"入手来寻找克服开放劣势的途径。笔者称之为宁夏内陆开放型经济试验区的内陆开放战略导向。内陆开放战略不是仅仅强调对国内开放，而是强调全方位开放；强调内陆视角，从解决制约内陆地区的主要因素入手，以问题导向来建设开放宁夏。

宁夏内陆开放型经济试验区先行先试机制应该包括内陆开放机制和向西开放机制两大类。内陆开放机制是基础，主要是全方位开放，重点解决制约内陆地区发展的因素；向西开放机制是特色，充分发挥区位优势和人文优势，寻求重点突破。

二 宁夏向西开放战略：中阿丝绸之路与丝绸之路经济带

宁夏向西开放，应该把中阿多元化合作与丝绸之路经济带作为两大重点方向。宁夏已经连续四年举办中阿经贸论坛和中阿博览会，初步成为我国向西开放的战略平台，对加强中阿经贸合作和扩大宁夏知名度等都起到了重要作用。但由于国家在推进中阿合作重要意义没有明确表示，加上宁夏区情特别是区位劣势等制约，宁夏在中阿贸易投资合作中还没有突破性进展。宁夏在中阿合作中机遇与挑战并存，必须破解宁夏密度、距离、分割等劣势对中阿丝绸之路建设的制约。

2014年6月5日，习近平主席在中阿合作论坛第六届部长级会议上《弘扬丝路精神，深化中阿合作》的讲话，明确了中阿合作在"一带一路"建设中的突出地位，中阿合作提速为宁夏打造丝绸之路经济带战略支点指明了方向，是宁夏千载难逢的重大机遇，将有利于进一步提升中阿博览会在中阿合作中的战略地位。宁夏提出"4+1+3"的开放格局，即开通空中、网上、陆上和海上四条丝绸之路，打造一个中阿博览会平台，建设中阿合作三大示范区。

（一）打造四条丝绸之路

宁夏应该打造四条丝绸之路，即以货物贸易为主，积极探索陆路丝绸之路，开辟新兴市场；充分利用海上丝绸之路，维护传统贸易关系；以服务贸易为主，积极打造空中丝绸之路和网上丝绸之路，规避内陆开放劣势，培育竞争新优势。

1. 打造空中丝绸之路

宁夏银川市位于中国大陆几何中心，银川市是我国西北地区建立重要航空港的理想区位。银川河东机场处于"雅布赖"国际航路。宁夏应该充分研究内陆地区航空运输的特点，积极加强银川国际航空港建设，开通国际航线，建立宁夏股份制航空公司，将银川打造成为西北航空物流中心和货运中转基地。充分利用航权开放政策机遇，将银川建设成为面向中东、中亚和东南亚国家的航空门户城市。

2. 打造网上丝绸之路

2010年国家发改委将云计算确定为重点发展项目，同时批准北京、上海、杭州、深圳以及无锡为我国首批云计算五大示范城市，随后江苏、内蒙古、贵州、广东、重庆、四川等地也都积极建设云计算基地。宁夏能源丰富、电力充足、气候寒冷、靠近市场，最适合建设云计算基地。2014年4月，宁夏中卫市与亚马逊AWS合作建设西部云计算基地。5月22日，宁夏回族自治区政府与阿里巴巴集团签订战略合作框架协议，双方将共同推进宁夏云计算数据中心、智慧宁夏和银泰线上线下（O2O）体验中心建设等项目。大数据是云计算服务的基础，宁夏应该通过中阿博览会、中国清真认证中心、清真网站等平台，并大力发展跨境电子商务，形成关于中阿经济合作的大数据，鼓励开发利用大数据。把宁夏建设成为国内重要的电子商务出口基地和云计算服务输出地，建设网上丝绸之路。

3. 探索陆上丝绸之路

建设丝绸之路经济带，主要是打造陆上丝绸之路。宁夏目前向西物流还很少。应该把基础设施建设、培育外向型产业体系、发展丝绸之路文化旅游产业等作为重点。加强与周边地区互联互通，充分利用欧亚大陆桥便利条件，发展与沿线国家和地区的货物贸易。

4. 对接海上丝绸之路

宁夏对外货物贸易，主要是通过海洋运输来承担，这是目前宁夏国际物流主通道，我们不能因为强调陆上丝绸之路而忽视海上丝绸之路。应该积极维护传统市场关系。海上丝绸之路经过的东南亚、南亚、中东、北非都是穆斯林地区，从宋元开始我国与阿拉伯国家的贸易主要通过海上丝绸之路来实现，宁夏应加强与东部沿海港口的战略合作。

（二）打造中阿博览会战略平台

中阿博览会是我国向西开放的战略平台，必须切实创新中阿博览会办会机制，完善中阿共办、部区联办、民间协办的办会机制，加快与中阿合作论坛的机制对接。

中阿现代服务业是宁夏中阿博览会的支撑，中介人是宁夏在中阿经贸合作中的角色。要在中阿翻译队伍基础上，培养一批熟悉国际经济特别是阿拉伯国家和世界穆斯林地区经济事务的贸易、金融、法律、财会、认证等中介服务人才。宁夏人要走西域、闯中东、下南洋，政府能做的就是为他们提供教育等公共服务。当宁夏中阿经贸合作中介队伍形成规模，中阿博览会才会开得有支撑、开得有价值、开得更理直气壮。

（三）建设中阿合作三大示范区

1. 建设中阿人文交流合作示范区

建设中阿人才教育培训中心。在义乌、广州等地大批的民办阿语学校毕业生承担着阿拉伯客商的翻译、商务服务等工作，也有许多受过高等教育或留学的青年在国家机关、文教机构等从事对阿外事工作，宁夏试验区规划把宁夏定位为我国阿语人才培训基地。目前宁夏有4000多名在校学生学习阿拉伯语。习近平主席鼓励中阿更多青年学生赴对方国家留学或交流，今后3年，我国将为阿拉伯国家再培训6000名各类人才。宁夏应该积极承担互派留学生、教育合作、职业培训、中阿艺术家互访交流、中阿文化机构开展对口合作、邀请阿拉伯文化艺术人才来华研修等任务。积极培养中阿经贸、科技、商务管理、工程等方面的人才。

建设中阿文化创意产业合作中心。宁夏应该努力克服区位劣势，把宁夏建设成为中阿文化交流和国际版权交易的龙头省区。应该进一步加强宁夏与阿拉伯国家和穆斯林地区文化交流，加大中阿翻译出版、阿语软件、地方特色动漫设计、特色旅游纪念工艺品，中阿音乐、舞蹈、影视等文艺交流，把穆斯林文化创意产业作为一种特色优势产业，把银川市真正建设成为中国回族文化中心。积极争取宁夏承担中阿典籍互译出版工程任务，在宁夏进行出版业开放试点，把宁夏建成中阿版权贸易的龙头平台。

2. 建设中阿贸易投资便利化示范区

根据《中国—阿拉伯国家合作论坛2014年至2016年行动执行计划》，宁夏应该积极鼓励企业对接项目。充分利用中阿博览会机制，创新和推动中阿贸易投资便利化。支持宁夏电力企业共同投资建设电力能源项目，加强可再生能源合作，交流节能环保技术，鼓励宁夏石油炼化企业参与中阿石油合作。加强农业合作，交流节水技术，开展沙漠化防治和干旱治理的培训。充分利用阿拉伯国家成为中国公民组团出境旅游目的地政策，把宁夏建成中阿旅游合作的重要窗口。鼓励民间交流，促进民心相通。

3. 建设中阿金融合作示范区

金融是现代经济的核心，宁夏参与中阿金融合作要选准切入点，因为资本是逐利的；还需要符合中国金融开放政策，选准突破口。国家正在合作建立中国—阿联酋共同投资基金，主要投资高端制造业、基础设施和清洁能源等领域；邀请阿拉伯国家参与亚洲基础设施投资银行筹建。争取国家将"中国阿联酋共同投资基金""阿拉伯投资风险基金"设立在宁夏。宁夏应该把西部大开发的基础设施建设、大型文化集团的投资等作为重点。支持阿拉伯国家和穆斯林地区企业和机构在宁夏设立商会等商务服务机构、金融分支机构。大力促进离岸金融和人民币跨境结算业务发展，宁夏应积极争取使宁夏成为我国面向阿拉伯国家和世界穆斯林地区的离岸金融业务试点区域。

三　宁夏内陆开放战略：密度、距离、分割与丝绸之路经济带

先进地区的密度，落后地区的距离，落后地区是因距离经济密度区太

远而无力吸引投资和劳动力的地区。宁夏破解内陆地区密度、距离、分割三大经济地理劣势，应该实施"1＋3＋2"的任务框架。"1"是打造一个外向型产业体系，"3"是构建内陆开放型经济核心区、努力缩短经济距离、切实破解市场分割等三大破解之道，"2"是做好建设综合保税区和开放式扶贫两大干预措施。

（一）构建外向型产业体系

打造外向型产业体系，是建设内陆开放型经济的前提和基础。宁夏是一个以国内市场导向为主的地区，缺乏外向型产业体系，坚持全方位开放，既要注重对外开放，也要注重对国内区外的开放。发展羊绒工业、清真产业、高端葡萄酒产业等特色优势产业，围绕煤炭、电力能源优势发展高载能产业，围绕本地重化工中间产品发展劳动密集型产业，加强与周边地区产业协作。按照具有较好的产业基础、较大的产业关联性、较高的产业外向度、较大的相对比较优势、较强的国际竞争力等指标，培育一批面向国内和面向国际的主导产业体系。

1. 实施特色优势产业供应链管理工程

在国际分工中，跨国公司通过控制上游原材料的定价权和研发、设计等环节，下游品牌、物流、金融等市场渠道及销售定价权，将最消耗资源、最污染环境、最剥削劳动的制造业环节转移到欠发达地区。加强供应链管理，就是要掌握产业竞争主动权。要加强产业链招商，形成产业集群发展；注重集成化供应链管理（ISC）和集成产品开发（IPD），拉紧产业链，提高生产流通效率；实行模块化经营，发展战略性外包等。

宁夏做优做强工业的三大主导产业、壮大三大特色产业、培育三大新兴产业，发展"一特三高"现代农业，做活做大现代服务业。目前东部沿海地区正在进行产业升级转型，一些轻纺工业和高耗能产业正在向中西部地区和东南亚转移。经济危机正是产业兼并重组的良机，宁夏应该抓住机遇，围绕特色优势产业，在延长产业链上下功夫，加快产业集群发展。应该实施特色优势产业供应链管理工程。

一是煤电化供应链管理。充分发挥宁夏能源优势，以宁东基地为龙头，充分利用蒙煤、疆煤资源，形成煤炭—电力—化工产业链，建设煤制油、煤制烯烃、煤制天然气三大现代煤化工产业链，发挥过境管线资源发展石油化工产业。宁夏重化工业中间产品一般运输到东部沿海地区发展轻工业，宁夏提出打造世界烯烃之都，要在充分利用烯烃等煤化工和石油化工中间产品的轻工业上下功夫。重庆市提出打造千亿塑料产业集群，打通从精细化工到塑料产品研发与设计、生产、检测、物流仓储、循环回收的塑料全产业链。宁夏应该继续重视建设国家重要的能源化工基地。

二是羊绒工业—生态纺织产业供应链管理。宁夏已经在原绒及其初加工上取得优势，应该积极实施品牌战略，增强对高端产品市场的掌控能力。积极加大羊绒工业和生态纺织业的产业链招商，通过兼并、集群形成对全国羊绒工业整个产业链的垄断。打造中国羊绒纺织之都和西部生态纺织产业转移示范区。

三是新材料供应链管理。宁夏拥有冶镁白云岩、硅等矿产资源优势，要遏制盲目开采、无序竞争，保护矿产资源。积极提高中游冶炼技术，积极引入大型消费品企业，延长金属镁产业链。宁夏钽铌铍产业、电解铝产业属于原料和市场两头在外的加工型产业，必须加强供应链竞争。

四是先进装备制造业供应链管理。精密制造业是中国制造业最后的短板，而装备制造业是制造业核心，是精密制造业落后的主因。宁夏应该积极发展装备制造业，发挥数控机床、重载轴承等名优产品优势，形成装备制造业产业集群。

五是特色农产品供应链管理。中储粮集团等来宁夏租地种植，实际上是将宁夏农业纳入其产业链之中。应该围绕宁夏枸杞、牛羊肉、奶产业、马铃薯、园艺、优质粮食、适水产业、葡萄产业、种业、红枣、牧草、苹果、道地中药材等13个优势特色农产品，提升产业化水平。加快贺兰山东麓百万亩葡萄文化长廊建设，打造世界高端葡萄酒产地。发挥中宁作为中国枸杞之乡的原产地品牌作用，提升枸杞价值链水平。

2. 迎接第三次工业革命：云计算基地与新能源革命

所谓"工业革命"，必须包含三大要素：新能源技术的出现、新通信技术的出现以及新能源和新通信技术的融合。互联网和新能源，已经掀起第三次工业革命。第三次工业革命的五大支柱分别为：（1）石化能源向可再生能源的转型；（2）能源的生产方式，将建筑物变成微型的电厂；（3）能源的储存形式，建立以氢为载体的存贮单元；（4）能源的分享机制，利用新型互联网技术，建立分布式能源平台；（5）普及以氢为能源插电和车载交通工具。[①]

第三次工业革命理论为当前转型升级指明了方向，宁夏必须跟上第三次工业革命的步伐。一是以化石能源优势嫁接互联网新芽。建设西部云计算基地，并逐步发展中阿跨境电子交易平台，形成中阿经贸合作等大数据。二是以信息化改造传统产业。促进信息化与工业化深度融合，形成技术融合、产品融合、业务融合、产业衍生。以信息化促进现代农业发展。三是提高新能源转化效率，降低新能源成本，培育和壮大具有自主知识产权的可再生能源技术和产业。四是扩大新能源消费。积极探索在城市、山区偏远农村试验分布式光伏屋顶发电系统。扶持城市建筑节能技术。五是大力落实节能降耗政策。发展循环经济、低碳经济，切实把高能耗降下来。六是建设智慧宁夏。大力发展电子政务和电子商务，推进互联网在生产生活中的广泛应用。七是适当调整能源消费结构。鼓励消费天然气等，适当压缩煤炭的消费。

（二）内陆劣势的三大破解之道

打造宁夏经济核心区。建设经济核心区，是提高区域密度的重要举措。一是充分重视沿黄经济区及其大银川都市区作为宁夏试验区核心区的地位。沿黄经济区是宁夏内陆开放型经济的核心区，大银川都市区是核心

---

① 〔美〕杰里米·里夫金：《第三次工业革命——新经济模式如何改变世界》，中信出版社，2012。

区的核心区。未来的区域竞争是城市群之间的竞争,应该充分发挥沿黄经济区作为整体的竞争优势和产业承载能力。

二是进一步优化沿黄经济区和清水河发展带产业布局。沿黄经济区产业布局是"一轴两边"。即以109国道或包兰铁路为轴心,重点发展高新技术、现代服务业、现代农业等,重化工业向沿黄经济区南北两边上山布局。为实现规模经济,工厂必须足够大,但所在地则不必很大。只要运输成本合理,小城镇也足以启动内部的规模经济。中宁县就是实现"地方化"经济的典型代表。但城市化经济则必须以一定人口规模为基础,所以,沿黄经济区应该以工业经济为主,而大银川都市区应该以高新技术和现代服务业为主。

三是加强新型城镇化建设。移民是缩短距离最自然的方式,应该把宁夏按照一个大城市规划建设,加快户籍制度改革,促进山区人口通过市场化方式向川区集中,从农村向城市集中,加快实现新型城镇化。

努力缩短经济距离。内陆地区运输距离远、运输成本高,一个地区经济增长前景的改善在很大程度上取决于经济距离的缩短。运输成本的降低密切了与周边地区的贸易关系,而非远距离地区间的关系。高铁建设将大大缩短宁夏与西安、兰州、北京等的交通运输时间,规模经济将取代自然禀赋差别,日益成为贸易的基础。宁夏与周边地区的劳动力流动、旅游客流等将大幅度增加,与周边地区的煤化工等产业竞争则会加剧。贸易的地方化遥遥领先于全球化,加强与西北周边地区、与全国其他地区、与中亚等周边国家的贸易,显得非常重要。宁夏位于丝绸之路经济带运输大通道的边缘地区,尽快把宁夏融入国际大通道,是当务之急。宁夏最主要的外出通道是西安、兰州、北京和天津港,应该尽快改善与周边地区互联互通条件,并完善物流体系及园区功能。

切实破解市场分割。市场分割可以划分为国际市场分割、国内市场分割等。参与国际贸易最大的障碍来自贸易制度壁垒。必须创新开放模式,降低交易费用。

一是实行全方位开放。建立内陆地区与沿海、沿边地区相互协调的大通关机制，形成向西开放新优势。加强与中亚在生态纺织业、旅游、农业、能源等方面的合作。

二是放宽投资准入。继续扩大开放领域，有序推进金融、教育、文化、医疗、商贸、物流等服务业领域开放，进一步推进一般制造业开放。内陆地区应该积极探索服务贸易新形式。

三是加快企业走出去步伐。确立企业和个人对外投资主体地位，鼓励重化工业到境外能源资源地投资建立生产基地，提升对外承包工程和劳务合作的质量。

（三）两大干预措施

1. 建设银川综合保税区

内陆地区要通过建设综合保税区扩大开放，并创造条件升级为内陆自由贸易园区。WTO 最初基于关税贸易总协定，主要是商品货物领域的关税免税自由化。自由贸易协定是为了绕开 WTO 多边协议的困难，独立关税主体之间以自愿方式结合，就贸易自由化及其相关问题达成协定。目前世界贸易趋势是发展自由贸易协定（FTA），中国下一步的开放将向服务贸易等更深层次的领域推进。

建设综合保税区，应该创新加工贸易模式。沿海地区加工贸易"两头在外"，来料保税、加工增值；内陆地区发展加工贸易则物流成本极高，可以一头在内一头在外，形成有利于内陆产业集群发展的体制机制。银川综合保税区目前入园的主要是羊绒工业和生态纺织等，但通过保税物流的蒙古国到灵武的羊绒价格比原来还高出 2 万元/吨，应该探索保税区产业盈利模式。还应该加快推进保税商品展示交易平台建设，努力使宁夏成为阿拉伯国家和世界穆斯林地区商品的展示交易集散中心。

综合保税区还不能实现自由贸易，目前中国正在积极与 36 个国家谈判自由贸易区协定，向国际惯例靠拢，从"境内关内"向"境内关外"转型。宁夏可以积极争取建立中海自由贸易园区地方经济合作示范区。

2. 建设开放式扶贫试验区

使用干预措施解决集中连片特困地区扶贫攻坚问题，必须坚持开发式扶贫方针，并更多地采取开放式扶贫大思路，建设产业扶贫试验区、金融扶贫试验区、旅游扶贫试验区、生态扶贫试验区。

产业扶贫试验区。积极发展清水河发展带，打造清水河产业走廊，重点发展绿色农产品及其加工业、清真食品和穆斯林用品、先进制造业三大支柱产业，积极发展马铃薯、小杂粮、牛羊养殖、道地中药材等特色农业。以农业扶贫为基础，更加注重精准扶贫。加快产业扶贫基地建设，加强闽宁合作，建设黄河善谷，积极承接东部产业转移。鼓励山区大力发展劳动密集型产业，大型资源类企业要求使用当地劳动力达到一定比例。

金融扶贫试验区。宁夏南部山区资金缺乏，国有商业银行分支机构陆续退出，应该积极发展地方银行和民间银行，积极试点引入银行、保险等金融和风险投资资金参与扶贫开发，引导银行业金融机构加大对扶贫贴息贷款的投放力度，发展多样化的农村小额信贷产品。宁夏是贫困村互助资金工作的全国先进单位，但固原地区互助社发展相对滞后，应该积极探索适合南部贫困地区的互助资金项目和方式，多方面拓宽贫困地区发展的融资渠道。

旅游扶贫试验区。目前，宁夏等地区吸引国外游客还很难，宁夏应该先作国际旅游出发地，再作国际旅游目的地。充分利用中阿博览会平台，与埃及、沙特阿拉伯、阿联酋、哈萨克斯坦等国谈判，努力降低交通、住宿、景点等旅游成本，开辟成熟的国际旅游线路。中国至中东的旅游成本远远高于中国到欧洲的成本，还有很大的降价空间，要把降低旅游成本作为关键点。应该充分利用航权开放试点，争取开通银川至迪拜、开罗、阿拉木图等新航线，做好银川至韩国、泰国等航线。宁夏中南部山区有丰富的旅游资源，但开发程度较低，知名度低，应该积极建设六盘山生态文化旅游区。平凉市建设崆峒古镇，弘扬中华养生、武术、民俗等文化，宁夏应该把泾源打造成宁夏南部明珠，建设宁南民俗风情小镇等。为了吸引游客，宁夏应该申请在河东机场设立免税店，吸引游客来宁夏旅游，围绕旅游纪念品、餐饮业、宾馆业等解决贫困地区就业问题。

生态扶贫试验区。贫困地区往往是生态脆弱地区，注重绿色发展，支持生态文明建设，建设美丽乡村，是开放式扶贫重要目标。应该发展生态经济，继续巩固和扩大退耕还林成果，加强水源涵养、水土保持及沙化治理，加大生物物种保护，保护山区的蓝天绿水和洁净空气。应该大力发展低碳经济，限制重化工业发展，发展循环经济，避免重走先污染后治理老路。积极争取国家有关部门支持宁夏生态建设，探索对限制开发区和禁止开发区的转移支付制度，加大生态补偿转移支付力度，支持宁夏具备条件的片区县、重点县开展生态文明示范工程试点县建设。

专题报告四　宁夏"丝绸之路经济带"建设保障条件研究[①]

2013年9月，习近平总书记在访问哈萨克斯坦时，提出了建设"丝绸之路经济带"的战略构想，"丝绸之路经济带"与"21世纪海上丝绸之路"战略构想的提出，是我国基于地缘政治、能源安全、全方位对外开放所做出的重大战略决策。宁夏是古代丝绸之路的重要节点，是古代丝绸之路贸易与文化交流的重要区域，早在20世纪90年代，宁夏就提出向西开放的问题。进入21世纪后，宁夏向西开放步伐明显加快，中阿经贸论坛、中阿博览会的成功举办，极大提升了宁夏在向西开放特别是向中东阿拉伯国家开放中的地位和影响力，成为国家向西开放的重要力量和窗口。在2014年6月5日举办的中阿合作论坛第六届部长级会议上，宁夏作为唯一获邀参加的省份就充分说明了这一点。宁夏因中阿博览会而成为国家西进战略的重要支点，正如自治区刘慧主席所说，积极参与"丝绸之路经济带"建设，为宁夏经济发展提供了前所未有的机遇。如何牢牢抓住这次机遇，充分发挥宁夏在"丝绸之路经济带"建设中的作用，是需要我们深入研究的重要课题。其中，探讨宁夏在"丝绸之路经济带"建设中的保障条件和相对优势，

---

① 撰稿人：李保平，宁夏社会科学院法学社会学研究所所长，研究员。

是宁夏在"丝绸之路经济带"建设中发挥重要作用、取得切实成效的关键。

一 观念转变是宁夏"丝绸之路经济带"建设取得成效的前提

观念是行动的先导,"丝绸之路经济带"建设是在党的十八大和十八届三中全会召开后,我国推进的重大发展战略。行政审批制度改革、国家治理体系与治理能力现代化、市场在资源配置中的决定作用等是新时期改革的重要内容,也是观念革新的重要领域。如何以十八大和十八届三中全会精神为指导,推进丝绸之路经济带建设,是宁夏"丝绸之路经济带"建设取得实效的前提。结合宁夏的实际,我们认为,思想观念的转变对新形势下推进宁夏"丝绸之路经济带"建设健康发展意义重大。

(一)要准确理解和把握作为国家战略的"丝绸之路经济带"建设的科学内涵

从历史看,丝绸之路客观上表现为特定的线路进而与特定的区域相连,因此,"丝绸之路经济带"建设往往容易被理解为特定区域的工作,当区域外的主体参与时,便有了对"丝绸之路经济带"建设主体泛化的担忧。由于客观上把国内"丝绸之路经济带"建设局限在古代丝绸之路沿线,且历史上这些区域大都属于传统的西部,因此也容易把"丝绸之路经济带"建设与西部大开发联系起来,认为"丝绸之路经济带"建设就是西部大开发在新时期的延续。上述观念在当前西部省份有一定的市场,一方面它体现了对丝绸之路经济带建设的排他心理,希望参加的主体越少越好,参与主体越少参与者的利益就越大;另一方面则希望将"丝绸之路经济带"建设与西部大开发捆绑,以便在政策的支持下获取国家更多的项目。笔者认为,上述思想的产生有多种原因,有思想观念的原因,也有对国家政策与治理方式的路径依赖,但其中最主要的还是对"丝绸之路经济带"建设作为国家战略理解不深、不透,甚至出现误解。从国家战略的高度看,国家是作为一个整体参与建设的,参与主体的多元化是必然趋势。从经济实力看,西部以外的省份参与"丝绸之路经济带"建设不但对推动"丝绸之路经济带"建设作用巨大,而且对促进西部发展也有着重要的影响。西部省份要找准在"丝绸之路经济带"建设中的定位,通过积极努力、搭建平台、参与竞争加入"丝绸之路经济带"建设,而非因地缘优势自然获取参与资格,享受建设成果。在"丝绸之路经济带"建设中,如果西部省份获得了较大的参与份额,承接了东部的产业,在客观上将对西部发展起到积极的推动作用,但这种促进与定点发展西部的西部大开发有明显的不同。在中阿合作论坛第六届部长级会议上,习近平总书记提出构建"1+2+3"的合作格局,从该模式所包含的内容看,"丝绸之路经济带"建设不但承担着国家能源安全的使命,也承担着将东部发达的制造业和高科技产品向丝路沿线转移的重任,这些显然都是西部各省区无法完成的。所以,就宁夏而言,只有在"丝绸之路经济带"建设中找准目标定位,发挥优势,彻底摒弃等靠要思想,打消宁夏在传统丝路沿线上的优势心理,通过刻苦努力、科学规划、积极争取,才能搭上"丝绸之路经济带"建设的顺风车,把国家发展战略优势转化为宁夏的发展优势。

(二)"丝绸之路经济带"建设要实现由政府推动向政府与市场双轮驱动,更加重视市场的理念转变

我国传统的治理方式是政策推动,治理理念是行政主导,政府在经济发展中起主导作用,往往不同程度忽视了市场主体和其他社会组织的作用。政府主导可以充分发挥和调动各种资源,见效快,但政府主导最大的弊端是在缺失市场主体的情况下,这种运动式治理的方式不具有可持续性,往往声势很大,收效甚微。党的十八大特别是十八届三中全会明确提出要充分发挥市场在资源配置中的决定性作用,"丝绸之路经济带"建设作为一项国家发展战略,市场主体应该也必须是经济带建设的主力军。将"丝绸之路经济带"建设看成是政府的事,倡导政府动起来,忽视市场主体和社会其他组织的参与,由政府唱独角戏,这种思维方式必须改变,在这方面我们也有一定的经验和教训需要汲取。由于"丝绸之路经济带"建设是作为国家战略提出并实施的,政府作用不能忽视,特别是像宁夏这样的省份,

政府在项目争取、规划制定、保障服务方面将发挥重要作用，但这也不应该成为忽视市场主体的理由，再好的规划也需要企业等市场主体去实施。实现"丝绸之路经济带"建设中的政府与市场主体的双轮驱动，充分发挥市场主体的作用，制定出符合市场经济规律和宁夏实际的规划，是"丝绸之路经济带"建设取得实效和可持续发展的基础。所以，规划的基础应包含谁参与和如何参与，而非单纯宏大的发展目标。

（三）"丝绸之路经济带"建设要从突出经济建设向经济、文化发展并重的理念转变

在信息化发展的新阶段，社会各领域的发展关联度越来越高，经济建设早已超越单纯的经济发展思维，而与政治、社会、文化、生态融为一体，形成一种和谐共生、相互促进的关系。所以，"丝绸之路经济带"建设，不单是发展经济，社会各领域的发展也要协调推进。古老的丝绸之路既是一条商贸之路，也是一条文化交流之路，在新丝绸之路建设中，文化交流是推进"丝绸之路经济带"建设的重要推手，文化合作构成"丝绸之路经济带"建设的重要内容。历史文化资源是西部省份参与"丝绸之路经济带"建设的优势，也是在"丝绸之路经济带"建设中西部可以发挥重要作用的领域，可以与东部的产品输出、技术输出形成有效的互补。在文化与经济的关系上，我们长期实行文化为经济服务的政策，倡导"文化搭台，经济唱戏"，这种将文化交流功利化的做法，不但使文化失去了原有的意义，被庸俗化，也使文化的交流停留在表层，无法发挥文化交流的真正价值和影响。"丝绸之路经济带"建设中，文化建设是目的而不是手段，和经济交往一样，文化交流构成"丝绸之路经济带"建设的重要内容。特别是在地缘政治复杂的中亚、中东、南亚地区，文化交流对"丝绸之路经济带"和"海上丝绸之路"建设意义重大，它不但是经贸交流的重要保障，也凸显了"丝绸之路经济带"建设和平共荣的理念。在《中国—阿拉伯国家合作论坛2014年至2016年行动执行计划》中，文化合作的内容达到10项，如果把文明对话、教育合作、科技合作、新闻出版合作、民间合作都纳入文化交

流的范畴,文化合作内容多达 30 项,凸显了"丝绸之路经济带"建设中文化交流的地位,这在我国与周边国家或国家集团所签订的区域合作协定中是独一无二的。宁夏是我国唯一的省级回族自治区,与中东中亚国家有着悠久的历史交往和文化交流传统,人文优势明显。《中国—阿拉伯国家合作论坛 2014 年至 2016 年行动执行计划》中明确了文化交流的领域与合作的项目,宁夏应在此基础上抓紧制定文化合作与交流规划,参与国家文化交流项目,大力开展宁夏与中东、西亚文化合作交流项目,为夯实"丝绸之路经济带"建设的文化基础做出宁夏应有的贡献。

(四)"丝绸之路经济带"建设要实现由以我为主的单向型思维方式向树立互利互惠,合作共赢的市场理念转变

在对外开放和交流的过程中,人们往往容易陷入一种单向思维定式,以自己为中心去判断、度量别人的需求,并依此设定目标、方法,而没有站在对方的角度看待问题。它遵循的是我有什么(输出)、我需要什么(引进)的逻辑,追求的(或更多考虑的)是自己的发展和利益,不同程度忽视了对方的感受,从而给双方的经济合作造成困难。在中阿合作论坛第六届部长级会议开幕式上,习近平主席明确指出,"中国追求的是共同发展。我们既要让自己过得好,也要让别人过得好"。互利互惠、合作共赢的理念不但体现了中国在推进"丝绸之路经济带"建设中的全新思维,也为同丝路沿线国家的合作奠定了坚实的基础。2010 年以来,宁夏通过中阿经贸论坛和中阿博览会推动了宁夏同中东阿拉伯国家的经贸合作,取得了一定的成果。在今后的工作中,如何遵循市场经济发展的规律,站在市场的角度看待问题,审视我们的优势与不足,制定切实可行的发展规划,是宁夏打造内陆开放型经济试验区,推动"丝绸之路经济带"建设取得成效的重要条件。从目前中东、西亚国家的产业结构特征看,宁夏可以利用自身优势,优先同这些国家开展科技农业、畜牧业、清真牛羊肉产业化、旅游文化等方面的合作,将宁夏的比较优势与西亚等国家的发展短板结合起来,形成有效的互补,只有如此,才能夯实双方发展的基础。

二 自治区成立特别是改革开放以来所取得的成绩是宁夏参与"丝绸之路经济带"建设的优势和特色

宁夏是我国唯一的省级回族自治区，自治区成立以来，宁夏经济社会建设取得了长足的进步，2013年，全区实现生产总值2565.06亿元，人均生产总值39420元，经过50多年的发展，宁夏形成了较为完整的工业体系。进入21世纪后，宁夏立足自身优势，建立了特色优势产业，通过加强与中东阿拉伯国家的经贸合作，搭建了向西开放的平台，使宁夏成为国家向西发展战略中的重要支点。在"丝绸之路经济带"建设中，宁夏体量虽小，但优势明显。

（一）内陆开放型经济试验区建设取得阶段性成果

2012年，国务院正式批复《宁夏内陆开放型经济试验区规划》，标志着宁夏内陆开放型经济试验区正式设立，这是继《关于进一步促进宁夏经济社会发展的若干意见》后，国家出台的又一个支持宁夏发展的重要文件。试验区的建设，为宁夏乃至全国向西开放搭建了一个重要的平台，目前试验区建设进展顺利，银川综合保税区已通关运行，试验区对资金、技术、人才的聚集效应正在持续发酵，在"丝绸之路经济带"建设中将为参与国家能源战略，承接东部产能、打造优势特色产业发挥重要作用。

（二）中阿经贸论坛和中阿博览会的影响持续扩大

宁夏作为我国唯一的省级回族自治区，在与阿拉伯国家交往与合作中有着明显的文化优势，从2010年开始，宁夏着力打造中阿经贸论坛，2013年中阿经贸论坛升格为中阿博览会，成为国家向西开放的重要平台，每年吸引大量阿拉伯国家政要、工商精英、学者专家参会，在国际上产生了重要的影响，是宁夏向西开放的重要窗口。

（三）优势特色产业发展壮大，参与能力稳步提高

清真产业是宁夏的优势产业，近年来，宁夏在清真产品认证标准方面

做了大量的工作，打造我国清真食品和穆斯林用品认证、研发设计、生产加工、展示交易和集散中心工作取得阶段性成果，为宁夏清真产品走出国门创造了基础条件。除清真产业外，宁夏在能源化工、科技农业、畜牧业、劳务输出等方面优势明显，同中亚、阿拉伯国家产业结构互补性强，也是宁夏扩大对外合作的重点领域。

（四）回族文化的魅力与影响

宁夏是我国著名的回乡，浓郁的回族风情和文化特色是宁夏向西开放的天然优势，我们要充分利用宁夏的这一文化优势，着力打造以回族文化为代表的特色文化，加强同中东阿拉伯国家、中亚国家的文化交流与合作。丝绸之路是贸易之路，也是文化交流之路，古老的丝绸之路为不同国家的文化交流提供了历史依据，回族文化则为新时期中国与丝绸之路沿线国家的文化交流提供了现实的优势。在全球化背景下，如何打造回族文化品牌，创新回族文化内涵和形式，实现回族传统文化的现代转化不但是回族文化发展的需要，也是回族文化走出国门的必然要求。

三 内陆开放型经济试验区的特殊优惠政策是宁夏"丝绸之路经济带"建设的动力

我国的改革开放，是一部政策推动的历史，政策不但是改革的动力，也决定着改革的深度和边界，所以，执政党的政策在中国具有十分重要的意义。虽然近年来人们对政策推动改革的模式提出许多不同意见，但在短时间内政策的驱动效应恐怕还会延续。所以，在"丝绸之路经济带"建设中，政策的制定与执行便有着重要的价值。

（一）深入领会和研判国家"丝绸之路经济带"建设政策，最大限度发挥政策效用

"丝绸之路经济带"建设是国家战略，国家政策与政策目标是宁夏推进"丝绸之路经济带"建设的推动力量，也是宁夏制定丝绸之路政策与发

展规划的重要依据。正如袁家军所说的，以前，"由于国家在战略层面对中阿合作重要意义没有明确表述，制约了宁夏在推进中阿合作和丝绸之路经济带建设中发挥更大作用。习主席的讲话，明确了中阿合作的战略意义，为宁夏更好地发挥自身人文、地缘、资源、先行等优势，依托中阿博览会这一国际性开放平台，主动承接国家战略，探索参与'一带一路'建设提供的千载难逢的重大机遇"。中央的精神有了，还需要对中央精神准确领会并在此基础上制定宁夏相关政策，把政策的效用发挥到极致，把政策的红利落到实处。

（二）以内陆开放型经济试验区建设为契机，以民族自治地方立法权为依托，抓紧出台相关法规政策，充分开拓发展空间，推动不同主体积极参与"丝绸之路经济带"建设

同西部其他省份相比，宁夏的最大优势是全区开放的内陆开放型经济试验区建设。内陆开放型经济试验区的建立，使得宁夏成为西部最优的投资洼地和政策福地，加之宁夏又具有民族自治地方的立法权，使得宁夏在政策与法规的制定方面具有明显的优势。如何利用宁夏的立法优势，立足宁夏经济社会建设需要，制定一批符合宁夏实际，同时又能推动宁夏"丝绸之路经济带"建设健康发展的重要的政策法规，依法推进宁夏的各项改革事业的发展，是需要我们认真思考并快速落实的。当务之急是要通过政策法律杠杆，调动企业等市场主体参与"丝绸之路经济带"建设的积极性，通过政策引领、法律保障，推动宁夏企业实施"走出去"战略，最大限度发挥市场主体的能动性，解决政府与市场两个积极性的问题，是宁夏"丝绸之路经济带"建设持续发展的重要前提和关键环节。

（三）制定符合国家战略与宁夏实际的发展规划，积极参与并融入"丝绸之路经济带"建设

根据习近平总书记在中阿合作论坛上的讲话和《中国—阿拉伯国家合作论坛2014年至2016年行动执行计划》，"丝绸之路经济带"建设国家战略的基本框架已清晰。自治区已将宁夏定位为"丝绸之路经济带"建设的

重要支点，如何统筹谋划，形成宁夏"丝绸之路经济带"总体行动方案，对宁夏而言有着重要的现实意义。近期，自治区结合国家战略规划和宁夏实际，提出了"1+2+3"发展战略，但这只是一个非常宏观的设想，要想使设想变为现实，每一项还需要做好详细的规划，包括参与主体、合作内容、实施过程、机制体制等，只有把规划做好、做细、做实，充分体现市场主体的决定性作用，才能保证"丝绸之路经济带"建设取得实效。

（四）制定文化发展与文化交流规划，创新文化交流内涵，参与中阿文化交流活动，实施文化先行战略

文化交流与合作，是新时期"丝绸之路经济带"建设的重要内容，《中国—阿拉伯国家合作论坛2014年至2016年行动执行计划》从国家战略层面规划了中国和阿拉伯国家文化交流与合作的基本框架，宁夏作为中阿合作的先行区和示范区，要充分利用自身优势，抓紧制定宁夏参与丝绸之路经济带文化合作发展规划，该规划要立足宁夏，面向丝路沿线国家，全面展示宁夏黄河文化、回族文化、西夏文化、红色文化的魅力，并以此为基础确定文化交流项目；要加大宁夏哲学社会科学研究机构与丝路沿线国家的科研合作，特别是要加强对沿线国家法律法规、风土人情、经济社会等方面的了解，为自治区政府和企业科学决策提供依据；要积极争取国家文化交流平台落户宁夏，重大活动由宁夏主办，把宁夏打造成"丝绸之路经济带"建设中重要的文化聚集区；要充分发挥宁夏回族文化的优势，加强与阿拉伯国家和中亚国家的文化交流。时代在变，文化也在不断地传承发展，回族文化要走出国门，不但要宣传回族文化的传统之美，更要展示新时期回族文化的时代之美，通过实施回族文化创新工程，使回族文化在交流中创新，在创新中发展。

四 制度建设与机制创新是宁夏"丝绸之路经济带"建设的运行保障

内陆开放型经济试验区建设不是特殊政策的叠加，其核心是通过政策

激励实现制度创新,所以,制度建设在内陆开放型经济试验区建设中的意义和价值不容忽视。当前,在"丝绸之路经济带"建设中,急需建立如下制度机制。

(一)建立与中央部委的沟通机制和与丝绸之路沿线省份联席会议机制,反映诉求,交流情况,避免重复建设和恶性竞争

丝绸之路沿线省份是"丝绸之路经济带"建设的重要参与者,为"丝绸之路经济带"建设提供了通道、平台、产业、文化等支撑,是"丝绸之路经济带"建设的重要力量。丝路沿线省份大都集中在西部,经济发展相对落后,发展的愿望迫切,希望借助"丝绸之路经济带"建设的东风,通过积极参与,争取国家项目支持,推动地方经济快速发展。当前丝路沿线省份总体经济发展程度不高,经济总量不大,如果不能争取到国家大的项目支持,就有可能成为东部产品、技术西进的通道,而无法从参与"丝绸之路经济带"建设中获益,这是目前丝路沿线省份最为担忧的。积极争取国家支持,特别是将一些重大项目放到本省区,是丝路沿线省份共同的追求,也是在国家规划未出台之前许多西部省份相继公布本省丝绸之路经济带建设规划,试图以此影响国家规划的原因。西部省份产业结构同质化程度较高,如果无序参与"丝绸之路经济带"建设,难免会出现重复建设和恶性竞争的现象,因此,建立中央部委与丝路沿线省份的对话沟通机制非常必要,同时,西部各省也要建立联席会议制度,加强合作与沟通,以集体的力量争取国家更大的支持。

(二)积极探索中阿博览会等大型平台服务经济建设能力机制,切实提高办会绩效

中阿博览会是中阿合作与交流的重要平台,也是宁夏参与"丝绸之路经济带"建设的重要载体,将中阿博览会提档升级,打造成为我国面向中东阿拉伯国家交流的窗口,是宁夏面临的一次重要机遇。所以,袁家军副主席提出,要抓紧深化和研究中阿博览会的顶层设计。中阿博览会的顶层

设计除完善办会机制外,我们认为还要在如何提高办会绩效上下功夫,在这方面,如何引进中阿双方民间力量参与,特别是双方企业的广泛参与是办会取得实效的关键。要真正提高办会效率,从某种意义上说,功夫其实在会外,制定符合中阿双方实际的优惠政策和法律法规,注重双方的利益诉求,着眼于双方的合作共赢,尊重市场经济发展的规律,是中阿博览会取得实效的基础性工程。

(三)建立宁夏企业走出去优惠奖励机制、宁夏产业优势和企业能力分析评价机制、企业投资风险评估机制,为宁夏企业"走出去"提供帮助与咨询服务,切实维护企业合法权益

"丝绸之路经济带"建设的基础是企业之间的广泛参与和合作,不管什么样的宏大规划,只有落实到双方的企业,才会产生实际的效应,否则一切都是浮云。鼓励宁夏企业"走出去",为它们"走出去"提供包括法律服务在内的一切服务,是政府的主要职责。鉴于目前丝绸之路沿线国家对中国企业的认同度和这些国家面临的恐怖威胁、大国地缘政治博弈等情势,我们认为应建立宁夏企业走出去优惠奖励机制、宁夏企业"走出去"能力评价机制、宁夏企业投资风险评估机制等,为宁夏企业"走出去"提供咨询服务,同时也是维护宁夏企业形象,增强市场竞争力的必然要求。

(四)要建立文化交流互动机制,保障文化交流项目落到实处

文化作为"丝绸之路经济带"建设的重要内容,在国家规划中已明确了实施项目,各省区也都制定了各自的文化交流项目与平台,如何实施这些项目,需要建立必要的机制;各省区如何科学有序地参与文化交流,也需要有一个遴选的机制以避免无序参与;另外,文化交流的主体、交流的内容、交流的平台和载体、交流的渠道等都需要通过一定的程序机制加以确认。总之,只有机制保障到位,文化交流才能落到实处。

五 建立在历史与文化传统之上的文化交流是"丝绸之路经济带"建设的桥梁和纽带

美国、俄罗斯等国都曾经从本国利益和地缘政治考虑提出过"丝绸之路经济带"建设的设想,但这些国家均不是历史上丝绸之路的开拓者、建设者和参与者。所以,历史与文化传统构成我国"丝绸之路经济带"建设的最大优势,从而使得文化交流与合作成为新丝绸之路建设的必然选择。

(一) 文化交流是丝绸之路"民心通"工程的重要载体

王毅外长在中阿合作论坛第六届部长级会议主旨发言中说,共建"一带一路",民生就业是关键,让更多的普通民众享受到合作的红利,从而为推进合作不断注入新的动力。民生工程是打动人心的重要力量。与此同时,建立在历史与文化传统之上的文化合作与交流,也是"民心通"工程的重要载体:只有加强文化交流,文明才能交流互鉴;只有文化交流,才能加深相互了解;只有加强文化交流,才能形成共识。所以,要实现"民心通",文化交流不可或缺。

(二) 文化传统是"丝绸之路经济带"建设的历史依据

合法性的追问是现代社会人们思考问题的一种方式,在现代社会,合法性不再单纯是一个法律问题,而是涉及社会发展的方方面面。在国际上,有许多声音质疑新"丝绸之路经济带"建设,实际上就是在追问新"丝绸之路经济带"建设的合法性问题。从丝绸之路的历史与沿线国家发展的现实出发,新"丝绸之路经济带"建设构想的提出,不但有现实的合理性,也有着深厚的历史积淀。丝绸之路沿线国家大都面临发展的要求,和我们一样有着迫切的发展愿望,双方的经济互补性强,只有通过合作,才能实现互利共赢,这可以说是"丝绸之路经济带"建设的现实依据。除此之外,古老的丝绸之路所产生的历史记忆、文化交流,构成"丝绸之路经济带"建设的历史依据。从张骞出使西域以来,中国和中亚、中东阿拉伯各国人民长达数千年的交往,这是世界上任何国家所没有的,也是无法企及的,历史文化传统成为我国在"丝绸之路经济带"建设的优势和特色。

(三)"丝路精神"是"丝绸之路经济带"建设的推动力量

习近平主席在中阿合作论坛第六届部长级会议开幕式上首次提出并阐释了"丝路精神"的科学内涵:文明互鉴、相互尊重、合作共赢、对话和平构成丝路精神的核心内容,涉及文明宽容、发展道路、经济利益、维护和平等诸多领域,其中,文明宽容是条件,发展道路是关键,经济利益是基础,维护和平是宗旨。丝路精神不但是对"丝绸之路经济带"建设的高度概括,同时也是推动"丝绸之路经济带"建设的重要力量,没有文明互鉴、相互尊重、合作共赢、对话和平,"丝绸之路经济带"建设就不可能向前推进。

(四)文化传承与发展是"丝绸之路经济带"建设的可靠保障

丝绸之路文化是"丝绸之路经济带"建设中文化交流与合作的重要内容,大力挖掘和开发丝路文化,传承丝路文化精神,是"丝绸之路经济带"建设文化交流与合作的基础。在新时期,在全球化的背景下,我们所面临的文化环境依然发生了许多变化,特别是丝路沿线国家的文化生态和几千年前已不可同日而语,我们将面临更加复杂的文化环境。这就要求我们在推进文化交流中,既要注重文化传承,更要注重文化创造,只有牢牢抓紧文化传承与文化发展这两条线,既立足历史,又面向现实和未来,我们的文化交流才会有较大的发展。当文化交流达到一定程度和水平时,就会发挥它增进了解、加深友谊、达成共识的功效,从而成为新"丝绸之路经济带"建设的可靠保障。

六 和谐的民族关系和稳定的社会秩序是宁夏"丝绸之路经济带"建设的基础

社会稳定是经济社会建设的基础,丝路沿线省份大都是少数民族聚居区,民族团结、宗教和顺、社会和谐稳定是建设"丝绸之路经济带"的重要条件。

(一) 丝绸之路建设对宁夏社会稳定的影响

"丝绸之路经济带"建设对宁夏而言,既是机遇也是挑战,而挑战之一就是来自宗教极端势力对宁夏社会稳定的影响。经济文化的交流是双向的,在对外交往的过程中,外来文化的影响不可避免。当前,在世界伊斯兰教整体向传统回归的大背景下,中东阿拉伯国家和中亚国家都面临极端民族主义和宗教极端思想的威胁,在宁夏向西开放的过程中,宗教极端思想的传播将对宁夏社会稳定构成严重威胁,其溢出效应在新疆已表现得非常明显,并对社会稳定造成严重影响,对此需要引起我们高度重视并积极采取应对措施。

(二) 从中亚、新疆看宗教极端势力发展的"三部曲"

宗教极端势力的发展并不是突然出现的,而是经历了一个较长的发展过程,在这个过程中它们会采取各种形式加以包装,特别是打着回归宗教传统、净化社会道德等旗号,极具欺骗性。从国外与新疆出现的暴恐事件看,宗教极端主义的发展一般是经历了以下三个阶段:第一阶段是民族文化的宗教化阶段,即在民族文化中夸大宗教文化的影响,甚至认为民族文化就是宗教文化,限制民族传统文化习俗,强调宗教文化身份而有意贬低民族认同与国家认同。哈萨克斯坦总统纳扎尔巴耶夫针对本国民族文化伊斯兰化的倾向,强调:"我们首先是哈萨克斯坦人,然后才是穆斯林,穆斯林是我们的第二身份",就是看到了民族文化宗教化的威胁与危害。第二阶段是宗教文化的原教旨主义化。以回归传统,净化道德的旗号限制人们过世俗的生活,宣扬回到穆罕默德的时代去,用宗教标准衡量一切价值,形成宗教化与世俗化之间的深刻对立,造成社会的撕裂与分化。第三阶段是从宗教原教旨主义发展到宗教极端主义。对不愿按照原教旨主义理念生活的群众采取暴力,并同民族分裂主义相互勾结,最终成为民族分裂势力的工具。考察宗教极端主义发展的历史,需要我们时刻警惕宗教极端思想在宁夏的发展,对宁夏出现的具有苗头性的思想倾向,要高度重视,对一些看似不重要的现象,要看到问题的本质,及早采取措施,以免宗教极端思想坐大,对宁夏社会稳定产生严重破坏。

(三) 文明对秩序的影响

宗教是一种文化现象,由宗教极端思想发展而来的暴力恐怖袭击,事实上就是文化对社会秩序潜移默化的结果。一种文化就是一种秩序形式。1993年,冷战结束后不久,美国著名政治学教授塞缪尔·亨廷顿就在美国《外交》季刊发表了《文明的冲突?》一文,后来,亨廷顿在此基础上撰写了《文明的冲突与世界秩序的重建》一书,按照亨廷顿的说法,其目的就是要"强调文化在塑造全球政治中的主要作用,它唤起了人们对文化因素的注意"。亨廷顿强调的是冷战结束后,文化因素成为影响国际秩序的重要因素。实际上,文化对国际政治格局和民族国家秩序的影响在冷战时期就已经得到很好的体现。如果说冷战是意识形态冲突的代名词,那么,意识形态本身就是文化的深层结构。所以,纵观人类社会,文化的秩序意义及其对不同民族国家政治结构和秩序形式的塑造,成为几千年来历史发展的重要内容,只不过正如亨廷顿所说,文化的这种价值"长期以来曾一直为西方的国际关系学者所忽视"。从历史上看,文化的传播往往是社会革命或变革的先导,社会变革最初的表现形态不是物质的,而是意识的或文化的,但其最终的结果却是确立了一种新的秩序或者变革了原有的秩序,是新秩序生成的价值基础。在当代,文化更是以其特有的方式重塑着世界和民族国家内部秩序,其中宗教文化的影响尤其巨大,那种单纯认为文化就是和平的使者,片面追求文化为经济服务的观念必须要加以廓清,要高度重视文化对社会秩序的影响,在全球化的时代更应如此。中央在经过深入分析研判后,将新疆问题定位为政治问题和文化问题,正是看到了文化特别是宗教文化对社会秩序的形塑能力。

(四) 依法治区是实现宁夏长治久安的根本途径

习近平主席在第二届新疆工作会议上强调,要增强"各族群众对伟大祖国的认同,对中华民族的认同,对中华文化的认同,对中国特色社会主义道路的认同",要牢固树立"国家意识、公民意识、中华民族共同体意识"。而要实现上述目标,除加强民族地区经济社会发展,提高群众生活水平外,加强法治建设,落实法律制度,树立法律权威,培育公民权利和义务意识是民族地区社会长治久安的根本举措。宁夏是民族自治区,改革开放以来,宁夏回汉人民群众的生活水平有了极大提升,回族文化等特色文化发展迅速,人民群众的权利意识有了明显的提高。但我们也应该清醒地看到,法治理念与法治思维的形成需要一个长期的过程,在权利爆炸的时代,权利观念与义务意识的不对称性愈发凸显,特别是守法义务的缺失是影响宁夏社会稳定的重要根源。在大力培育民族文化的同时,加强以宪法为核心的公民文化教育,培养合格公民,是新形势下增强国家认同,维护民族地区社会稳定的现实选择。

专题报告五　宁夏在"一带一路"建设中的定位、战略选择及合作[①]

2013年9月7日,习近平主席在出访中亚四国时在哈萨克斯坦提出共同建设"丝绸之路经济带"的战略构想,为欧亚地区的整体合作提出了创新思路,也为宁夏及我国丝绸之路沿线省区创造了新的历史发展机遇。

一　陆路"丝绸之路经济带"建设的内涵

丝绸之路是古代东西方经济、政治、文化交流的大动脉。"丝绸之路"(Silk Road)一词,最早来自1877年德国地理学家李希霍芬出版的《中国》一书,在该书中他将公元前138年西汉张骞出使西域开辟的贸易交通线誉为"丝绸之路",简称"丝路"。按线路有陆路丝绸之路和海上丝绸之路,陆路丝绸之路以长安(今西安)为起点,经宁夏、甘肃、新疆,到中亚、西亚

---

① 撰稿人:李文庆,宁夏社会科学院科研处,副研究员。

并连接地中海各国的陆上通道（这条道路也被称为"西北丝绸之路"，以区别另外两条冠以"丝绸之路"名称的交通路线）。因为中国是丝绸的故乡，在这条贸易通道中，中国输出的商品以丝绸制品最具代表性，故得此名。

（一）丝绸之路的概念和特征

"丝绸之路经济带"是以古丝绸之路为文化象征，以上海合作组织和欧亚经济共同体为主要合作平台，以立体综合交通运输网络为纽带，以沿线城市群和中心城市为支点，以跨国贸易投资自由化和生产要素优化配置为动力，以区域发展规划和发展战略为基础，以货币自由兑换和人民友好往来为保障，以实现各国互利共赢和亚欧大陆经济一体化为目标的带状经济合作区。

"丝绸之路经济带"这一概念具有历史性、国际性、综合性三大特征。从历史性特征来看，古丝绸之路为亚欧国家开展全方位合作提供了历史纽带和文化象征，这使得"丝绸之路经济带"传承历史、关照现在、开启未来，具有丰富的历史内涵；从国际性特征来看，"丝绸之路经济带"地跨亚欧两大洲，有多个国家和地区参与其中，辐射带动功能显著；从综合性特征来看，"丝绸之路经济带"以经济合作为基础，同时在基础设施建设、政治互信、军事交流、文化往来、环境保护等领域开展合作，具有广泛的包容性。由此可见，"丝绸之路经济带"作为一个长期的全局性战略构想，为亚欧国家提供了一种全新的合作模式。

（二）丝绸之路的路线

丝绸之路是一条商贸之路、文化交流之路、民族迁徙融合之路、中西合璧之路，包括陆路丝绸之路和海上丝绸之路，陆路丝绸之路又包括西北丝绸之路、草原丝绸之路和西南丝绸之路。通过丝绸之路，古代中国文明与西方文明交融交汇，共同促进了世界文明进程，同时使得古老的中华文明得以不断更新和发展。西北丝绸之路是陆路丝绸之路的主干道，也称为狭义的丝绸之路，是本报告的主要研究对象。

1. 陆路丝绸之路

(1) 西北丝绸之路

西北丝绸之路指西汉张骞开辟的中国古都长安（今西安）和洛阳为东起点，联结亚洲、非洲和欧洲的陆路商业贸易路线。它跨越六盘山和陇山山脉，穿过河西走廊，通过玉门关和阳关，抵达新疆，沿帕米尔高原通过中亚、西亚和北非，最终抵达欧洲。它全长7000余公里，在中国境内长达4000余公里。

(2) 草原丝绸之路

在欧亚大陆北纬40度至50度之间的尼罗河流域、两河流域、印度河流域和黄河流域之北的草原上，存在着一条由北方游牧民族开辟的不连贯的小规模贸易路线连接成的草原丝绸之路，开始于原始社会的中原与北方草原贸易，游牧民族的迁徙和战争促进了这条交通线路的发展，到公元前5世纪春秋战国时期，草原丝绸之路基本形成。具体是指从黄河流域的西安或洛阳向北穿过长城入塞外，西行蒙古草原、南俄草原、中亚西亚北部直到欧洲。到唐太宗被草原各部尊为"天可汗"，草原丝绸之路进入全盛期。草原丝绸之路屡次衰而复兴，直到民国初叶，延续数千年。我国北方的少数民族及中原地区向中亚、西亚及欧洲输出的主要是皮毛、粮食、丝绸、瓷器等，而中亚、西亚和欧洲向我国输入的主要是玉石、金银器、珠宝、琉璃制品、工艺品等，因此这条线路也被称为"皮货之路"和"珠宝之路"。

(3) 西南丝绸之路

西南丝绸之路始于公元前4世纪的春秋战国时期，张骞出使西域时看到从印度输入的四川蜀布和竹制品，上奏汉武帝打通从西南到印度的官道，由于西南少数民族的抵抗，仅打通了从成都到洱海的道路。到东汉明帝时，滇缅通道得以打通，通过缅甸又进入印度，官方的西南丝绸之路全线贯通。随着海上丝绸之路的繁荣，西南丝绸之路日渐沉寂，但人员往来、宗教交流、商贸活动、民族融合、军事活动等不曾中断，至今仍在发挥作用。第二次世界大战期间，沿古道的中、缅、印公路，是中国唯一的国际通道。通过"西南丝绸之路"，丝绸、茶叶、蜀布、竹制品、铁器、工艺品等输出到国外，国外的宝石、玉器、琉璃制品等输入到中国。

2. 海上丝绸之路

海上丝绸之路是古代中国与国外贸易的海上交通线，形成于秦汉时期，唐宋时期达到繁荣，特别是宋代以来，随着经济中心的南移、航海业的发展以及北方丝绸之路的阻断，海上丝绸之路显得更为重要。海上丝绸之路有南海和东海两条线路，南海起自扬州、泉州、广州等港口，途经东南亚，绕过马六甲海峡，到达印度半岛，再经印度洋、阿拉伯海、红海，最后到达地中海沿岸的欧洲，把中国和东南亚、南亚、西亚、欧洲和非洲连接在一起。东海线路起自登州，跨黄海、东海抵朝鲜、日本。海上丝绸之路的泉州已被联合国教科文组织确认为海上丝绸之路的起点。

（三）陆路丝绸之路的基本走向

陆路丝绸之路大体可以分为三段：东段指从长安（洛阳）到玉门关、阳关；中段（西域道）指从玉门关、阳关到新疆葱岭；西段（中国境外段）指从葱岭经中亚、西亚直至欧洲、非洲和南至巴基斯坦、印度的道路。丝绸之路基本走向和路线格局在两汉时就已形成，以后随着社会和自然条件的变化，线路时有变迁。

1. 丝绸之路东段：西安—敦煌段

丝绸之路东段可分为三条线路，即北线、中线和南线。

北线：西安、咸阳、乾县、彬县、泾川、平凉、固原、海原、靖远、武威、张掖、酒泉、安西、敦煌。北线路程较短，沿途供给条件差，是早期的路线。

中线：西安、咸阳、扶风、凤翔、陇县、天水、秦安、通渭、定西、兰州、武威、张掖、酒泉、安西、敦煌。

南线：西安、咸阳、扶风、凤翔、陇县、天水、甘谷、陇西、临洮、永靖、兰州、永登、古浪、武威、张掖、酒泉、安西、敦煌。

南线补给条件虽好，但绕道较长，因此中线后来成为主要干线。宁夏处于丝绸之路东段北线。

2. 丝绸之路中段：敦煌—新疆段

丝绸之路中段是指自敦煌出玉门关或阳关至新疆的路线，分为北道、中道和南道。北道是东汉时开辟，隋唐时成为一条重要的通道，南道和中道是西汉时开辟的。

北道：起自玉门关，经罗布泊（楼兰）、哈密、乌鲁木齐、吉木萨尔（北庭都护府）、伊犁，直到碎叶（吉尔吉斯斯坦）。

中道：起自玉门关，经罗布泊（楼兰）、吐鲁番（车师、高昌）、库尔勒、库车（龟兹）、阿克苏（姑墨）、喀什（疏勒），到帕米尔高原。

南道：东起阳关，经罗布泊（楼兰）、若羌（鄯善）、且末、民丰（尼雅）、和田（于阗）、叶城、塔什库尔干等，至帕米尔高原，也可以从叶城、莎车、喀什（疏勒）到帕米尔高原。

3. 丝绸之路西段：国外段

丝绸之路西段是指葱岭以西经中亚、西亚直至欧洲、非洲和南至巴基斯坦、印度的道路，其北中南三线分别与中段的三线对应相接，其中北线是唐朝开辟的。丝绸之路西段涉及范围较广，包括中亚、南亚、西亚和欧洲，历史上的国家众多，民族关系复杂，因而路线常有变化。

北线：吉尔吉斯斯坦、哈萨克斯坦、俄罗斯等地到伊斯坦布尔（土耳其）。

中线：起自帕米尔高原，中经费尔干纳盆地（乌兹别克斯坦、塔吉克斯坦和吉尔吉斯斯坦三国的交界地区）、撒马尔罕（乌兹别克斯坦）等中亚国家，到西亚的伊朗后与南线汇合。

南线：起自帕米尔高原，由克什米尔进入巴基斯坦和印度等南亚国家。或从白沙瓦（巴基斯坦）进入西亚，经喀布尔（阿富汗）、马什哈德（伊朗）、巴格达（伊拉克）、大马士革（叙利亚）等，到达欧洲、非洲。

（四）陆路丝绸之路经济带的空间范围

"丝绸之路经济带"是横贯亚欧大陆的新型区域经济合作模式，其目标是把亚欧国家打造成互利共赢的利益共同体。从空间范围来看，"丝绸之路经济带"可分为核心区、扩展区、辐射区三个层次。通过共建"丝绸之路经济带"，亚欧国家的经济联系将更为紧密，相互合作将更为深入，发展空间将更为广阔。

"丝绸之路经济带"横穿整个亚欧大陆，其空间范围可分为核心区、扩展区、辐射区三个层次，按照由近及远、由易到难的原则逐步开展建设工作。具体而言，"丝绸之路经济带"的核心区是上海合作组织和欧亚经济共同体的主要成员国，包括中国、俄罗斯和中亚5国，地域面积3069.92万平方公里，2012年人口规模为15.60亿，GDP总量为10.55万亿美元；"丝绸之路经济带"的扩展区是上海合作组织和欧亚经济共同体的其他成员国及观察员国，包括印度、巴基斯坦、伊朗、阿富汗、蒙古国、白俄罗斯、亚美尼亚、乌克兰、摩尔多瓦等9个国家，这些国家地域面积892.20万平方公里，2012年人口规模为15.87亿，GDP总量为2.87万亿美元；"丝绸之路经济带"的辐射区包括西亚、欧盟等国家和地区，并且可以联通日本、韩国等东亚国家，这些国家（地区）地域面积945.26万平方公里，2012年人口规模为9.24亿，GDP总量为26.82万亿美元。

基于合作基础和地缘政治等因素，"丝绸之路经济带"应有广义和狭义之分。狭义"丝绸之路经济带"包括核心区和扩展区，是"丝绸之路经济带"的主体和建设重点。狭义"丝绸之路经济带"所涉及的国家均为上海合作组织和欧亚经济共同体成员国（或观察员国），在相关国家的共同努力下，通过这两个组织加强合作，可以较为顺利地推进"丝绸之路经济带"建设。2012年，狭义"丝绸之路经济带"的地域面积为3962.12万平方公里，总人口31.47亿，GDP总量为13.42万亿美元，各国之间经济互补性强，并且大都属于发展中国家，有着巨大的市场规模和发展潜力。广义"丝绸之路经济带"包括核心区、扩展区和辐射区，这是"丝绸之路经济带"的发展目标和理想状态。2012年，广义"丝绸之路经济带"的地域面积为4907.38万平方公里，占世界陆地面积的32.94%；总人口为40.71亿，占全世界的57.42%；GDP总量为40.24万亿美元，占全世界的55.55%。[①]

[①] 白永秀、王颂吉：《丝绸之路经济带的纵深背景与地缘战略》，《新华文摘》2014年第12期。

由此可见，广义"丝绸之路经济带"具有无与伦比的市场规模和发展空间。如果广义"丝绸之路经济带"可以建成，将实现亚欧大陆经济一体化，促进整个世界繁荣发展。

（五）"丝绸之路经济带"建设的内涵

随着中国同欧亚国家关系的快速发展，丝绸之路日益焕发出新的生机与活力。2013年9月，习近平主席出访中亚四国，将古代中国与中亚各国的历史联系与当代中国和中亚各国发展现实需求紧密联系起来，提出建设"丝绸之路经济带"构想。2014年6月5日，习近平出席中阿合作论坛第六届部长级会议开幕式并发表重要讲话，强调"一带一路"是中阿互利共赢之路，提出构建"1+2+3"的合作格局，引发国内外高度关注，国内战略研究专家视为中国未来30年改革开放重要的战略目标和平台。"丝绸之路经济带"东牵亚太经济圈，西引发达的欧洲经济圈，被称为"世界上最长、最具有发展潜力的经济大走廊"。

随着我国同中亚、西亚及欧洲、非洲国家关系的快速发展，丝绸之路日益焕发出新的生机和活力。新丝绸之路，即新亚欧大陆桥，所经路线大部分与西北陆路丝绸之路重叠，又称现代丝绸之路，是横跨亚欧，连接太平洋和大西洋的最便捷的国际大通道。起自西安，经宝鸡、固原、天水、兰州、武威、张掖、酒泉、嘉峪关、哈密、吐鲁番、乌鲁木齐，再向西经新疆阿拉山口，进入哈萨克斯坦，途经俄罗斯、白俄罗斯、波兰、德国，到达荷兰鹿特丹港。沿线国家资源丰富，被誉为21世纪的战略能源和资源基地，它东边是亚太经济圈，西边是欧洲经济圈，是世界上最长、最具有发展潜力的经济大走廊。沿线国家经济互补性强，在交通、金融、能源、通信、农业、旅游等领域合作潜力巨大。

丝绸之路经济带，是在古丝绸之路上形成的一个新的经济发展区域。它的形成得益于世界经济的发展，呈现出地域性差异，在欧美经济持续繁荣的同时，亚洲经济正在迅速崛起，并逐步形成了亚太经济圈和欧洲经济圈。亚欧地区已经成为整个世界经济发展的重要引擎，然而在亚太经济圈和欧洲经济圈之间有一个巨大的经济凹陷带,这个经济凹陷带就是中国古代丝绸之路所经之处。丝绸之路经济带一头连着繁荣的东亚经济圈,另一头系着发达的欧洲经济体,处在东亚经济圈与欧洲经济体之间的凹陷带,虽然地域辽阔,有丰富的能源资源、矿产资源、土地资源以及古丝绸之路沿线众多的历史文物、文化遗迹、壮丽自然风光和多民族文化构成的旅游资源,但经济发展水平却与两端的经济圈存在巨大的落差,整个区域存在"两边高、中间低"的现象。

21世纪以来,贸易和投资在古丝绸之路上再度活跃,被称为21世纪战略能源和资源基地的中亚、西亚各国,希望与中国扩展合作领域,在交通、通信、纺织、食品、制药、化工、农产品加工、机械制造等领域对其投资,并在农业、沙漠治理、可再生能源、环境保护等方面进行合作。古丝绸之路因新时代的经济和人文合作,再度焕发生机,变身为"丝绸之路经济带"。

在经济全球化背景下和现代交通、通信、互联网信息技术飞速发展的今天,促进丝绸之路沿线区域经贸文化领域的合作发展,既是对历史文化的传承,也是对该区域蕴藏的巨大经济发展潜力的开发,21世纪正成为"丝绸之路经济带"建设的黄金时期。

(六)"丝绸之路经济带"建设的意义

通过丝绸之路,中国与中亚、西亚、南亚、欧洲、北非等地区建立起密切的商贸联系,促进了东西方文化交流和生产力发展。在商贸往来方面,从公元前126年张骞通使西域到陆上丝绸之路衰落前,中国的丝绸、瓷器、茶叶等商品通过陆上丝绸之路源源不断地输往西方,西方的皮毛制品、珠宝、香料、核桃、胡萝卜等物产输入中国,丰富了亚欧国家的物质文化生活。在文化交流方面,丝绸之路联通了古中国文明、古罗马文明、古伊斯兰文明和古印度文明等世界主要文明体系,西方的佛教、伊斯兰教、景教等宗教思想传入中国,中国的汉文化传播到西方,推动了人类文明的交流融合。在生产力发展方面,中国的造纸术、雕版印刷术等伟大发明传到西方,西方的天文历法、建筑工艺、制糖法、酿酒术等技艺输入中国,推动了沿途各国的经济社会发展和生产力水平的提高。尽管陆上丝绸之路在宋元之后逐渐衰落,但它作为亚欧大陆文明交流的典范,对当代亚欧国家的经贸合作仍有深刻影响。因此,在推动中华民族伟大复兴、实现"中国梦"的时代背景下,建设"丝绸之路经济带"就具有重要意义。

二 "丝绸之路经济带"沿线省区的战略定位和举措

"丝绸之路经济带"沿线陕西、甘肃、宁夏、青海、新疆根据自身情况提出了各自的战略定位和举措,陕西省提出打造"丝绸之路经济带"新起点,甘肃省提出建设"丝绸之路经济带"黄金段,宁夏回族自治区提出建设"丝绸之路经济带"战略支点,青海省提出建设"丝绸之路经济带"战略基地和重要支点,新疆维吾尔自治区提出建设"丝绸之路经济带"核心区(见表1)。

表1 西北5省区在陆路丝绸之路经济带建设中的定位

序 号	省 份	战略定位
1	陕西省	"丝绸之路经济带"新起点
2	甘肃省	"丝绸之路经济带"黄金段
3	宁夏回族自治区	"丝绸之路经济带"战略支点
4	青海省	"丝绸之路经济带"战略基地和重要支点
5	新疆维吾尔自治区	"丝绸之路经济带"核心区

根据各省区资料整理。

(一)陕西省

陕西省实施"一带一路"战略的基本定位是,打造"丝绸之路经济带"新起点,建设内陆改革开放高地。陕西将通过新起点建设,全方位加强与全国各地和中亚各国的合作,为共建"丝绸之路经济带"增添陕西活力、注入陕西能量。

1. 基本条件

陕西省简称"陕"或"秦",位于我国内陆腹地,居于连接中国东、中部地区和西北、西南的重要位置。全省总面积 20.85 万平方公里，2013 年末，全省常住人口 3763.7 万人，比上年增加 10.61 万人。其中，城镇人口 1931.15 万人，占 51.31%；乡村人口 1832.55 万人，占 48.69%。汉族占总人口的 99.5%。2013 年，全年生产总值 16045.21 亿元，比上年增长 11%。其中，第一产业增加值 1526.05 亿元，增长 4.7%，占生产总值的比重为 9.5%；第二产业增加值 8911.64 亿元，增长 12.6%，占 55.5%；第三产业增加值 5607.52 亿元，增长 9.9%，占 35%。人均生产总值 42692 元，比上年增长 10.6%。全年外贸进出口总值 201.27 亿美元，比上年增长 36%。其中，出口 102.24 亿美元，增长 18.2%；进口 99.03 亿美元，增长 61.1%。

陕西省历史源远流长，是中国古人类和中华民族重要的发祥地之一，十余个朝代和政权在陕西建都，是我国历史上建都朝代最多、时间最长的省份，省会西安是全国六大古都之一。陕西是中华民族历史文明最早走向世界的地方，古丝绸之路就是以古长安为起点，陕西省也成为我国对外开放的发源地，古城西安成为闻名中外的中西商贸集散地。

陕西省资源储量居全国前列的重要矿产有盐矿、煤、石油、天然气、钼、汞、金、水泥用石灰岩、玻璃石英砂等。陕西省石油化工资源优势突出，预测原油地质储量 120 亿吨，天然气地质储量 12 万亿立方米，是具有"半盆油、满盆气"的国家重要能源接替区。煤炭资源丰富，全省保有储量 1654 吨，位居全国第四，正在开发的陕北神府煤田是世界上少有的优质动力煤田。陕西省原盐产量可观，预测远景储量 19 万亿吨，占全国原盐储量的 1/3，位居全国第一。黄金储量居全国第五位，钼精矿产量占全国的 1/2。陕西省丰富的煤油气盐资源为石油和化学工业的发展提供了坚实的资源保证和广阔的发展空间。

陕西省山川秀丽、景色壮观、古迹荟萃，旅游资源丰富。目前省内有世界文化遗产 1 处：西安的秦始皇陵及兵马俑坑，国家级风景名胜区 5 处：华山风景名胜区、临潼骊山风景名胜区、宝鸡天台山风景名胜区、黄帝陵风景名胜区、合阳洽川风景名胜区。

陕西省根据资源优势和产业基础，基本形成了以"关中先进制造、陕北能源化工、陕南绿色产业"为主导的区域产业格局。近年来,为推进产业融合和区域错位协调发展,促进经济增长主要依靠第二产业带动向依靠第一、二、三产业协同带动转变,实现"陕西配套""陕西制造"向"陕西创造""陕西服务"转变,着力构筑高端化、优质化、高新化的产业结构,推进关中创新发展、陕北持续发展、陕南循环发展。

2. 主要做法

(1) 根据陕西位于全国几何中心的特点,着力打造通江达海的立体化交通枢纽

丝绸之路经济带基础在路。经过多年努力,陕西的交通网络日益完善,有 17 条国家高速公路过境,西安是全国八大铁路、航空枢纽之一。陕西省将根据共建的需要,进一步加快铁路、公路、机场和信息网络建设,全面提升承东启西、连接南北的能力。一是在国家高速路网基本建成的基础上加密、扩能、增网,再建 9 条高速公路,"十二五"末的通车里程达到 5000 公里以上。二是抓紧完善"两纵五横四个枢纽"的铁路骨架网络,进一步强化枢纽、扩容增量、提升运力,重点加快建设蒙华铁路、西银铁路、阳安复线、西安站改造等项目,两年内将营运里程从 4600 公里增加到 5500 公里,同时规划建设西安至包头、武汉、重庆等高铁项目。三是继续强化西安咸阳机场门户枢纽的地位,加快延安、榆林、汉中、安康等支线机场的改扩建,开通西安—阿拉木图、西安—莫斯科、西安—巴黎等航线,构建以西安为中心、连通国内外重要城市的空中丝绸之路。四是以国家在西安建设互联网骨干直联点、开展跨境电子商务试点以及三大移动通信运营商数据中心、三星电子闪存芯片项目投产为契机,把西安建成我国重要的信息产业和电子商务基地。

(2) 依托西安国际港务区和四个海关特殊监管区,积极探索内陆地区开展自由贸易的新模式

西安国际港务区是我国第一个不沿江、不沿海、不沿边的国际陆港,加上居全国前列的西安综合保税区、西安出口加工 A 区和 B 区、西安高新综合保税区,2013 年进出口总值已占全省一半以上。陕西省将重点抓好以

下几点：一是努力在金融服务、加工、物流、结算等领域与世界接轨，实现沿海港口服务功能内移。二是以大通关为目标，进一步加强与连云港、青岛、天津等地的合作，做到一次申报、一次查验、一次放行。三是加快落实西咸国际机场口岸72小时过境免签的配套措施。四是建设中亚五国能源交易、国际内陆港与航空港服务、商品展示交易和国际农产品分拨交易四个贸易平台。五是建设"中国—中亚经济合作园区"、特色出口商品基地等重点物流园区，并与哈萨克斯坦等国共同创建多式联运物流新模式。六是推动"长安号"国际货运班列常态运行。

（3）在扩大开放中打造新的支柱产业，实现结构优化与外向型经济发展的有机结合

全国油气当量第一大省和原煤产量位居全国第三，是陕西的产业优势，经济外向度较低是该省的一块短板。陕西省已确定把汽车、电子信息、航空及航空服务、文化、新材料和生物医药等作为结构调整的主攻方向，在以下领域与中亚国家具有广阔的合作前景。一是合作勘探开发中亚地区油气资源，与哈萨克斯坦共建水电、光伏和风电等项目，争取上合组织能源俱乐部落户西安。二是依托全省骨干企业，在智能制造、航空、汽车等领域与中亚国家共建产业园区。三是在扬凌农业高新技术产业示范区建设面向中亚的旱作农业国际合作中心，积极开展节水农业、良种繁育、生物工程和标准化生产等方面的合作。四是建立与中亚合作的内陆离岸金融市场与合作发展基金，争取上合组织开发银行、欧亚银行机构落户西安，建设区域性金融中心。

（4）围绕创新城市形态建设城镇群，努力提升经济社会发展承载能力

在建设丝绸之路经济带中，陕西省将按照以人为本、四化同步、科学布局、绿色发展、文化传承的要求，以构建城镇群为主要形态，全面加快新型城镇化进程。一是优化城镇布局，以西咸新区成为我国首个创新城市发展方式试验区为契机，建设以大西安为中心的关中城镇群，围绕区域性中心城市提高陕南陕北城镇化水平，积极推进重点示范镇和文化旅游名镇建设，形成布局合理、以大带小、功能互补的城镇群，引领大西北、辐射

新丝路。二是强化城镇基础设施。加快西安、咸阳轨道交通建设，尽快实施关中城际铁路建设规划，深入推进"气化陕西"工程，改造提升通信网络，统筹规划关中城市群水系，全面增强城镇综合功能。三是提升管理服务水平。在所有城市实施精细化管理，努力提高公共服务能力，形成与"丝绸之路经济带"新起点相匹配的城镇服务体系。

（5）以国际文化教育交流为重点，促进经济带沿线国家民心相连互通

开放、包容、合作是丝绸之路的核心精神元素，进一步促进不同国家、不同地区人民的心灵交融。陕西省将与沿线国家和兄弟省区共同推进丝路联合申遗，开展文物保护与考古研究，探索建立广泛的文化交流合作机制。将围绕塑造"丝绸之路经济带"国家广泛认同的历史人文品牌，开发旅游产品，建设好汉未央宫遗址、西安中央文化商务区、大唐西市丝绸之路风情街、丝绸之路博览园、欧亚文化博物馆群、张骞纪念馆等一批重点项目。将通过建设中亚教育培训基地、共建上合组织大学西安校区、组建与中亚各国大学合作联盟、建立西北大学与撒马尔罕大学校际合作关系等多种形式，促进经济带教育交流深入开展。

（6）顺应多层次沟通交流的需要，加快构筑务实互利的合作平台

一是政府对话平台，在西安成为欧亚经济论坛永久性会址的基础上，争取国家批准每年举办一次欧亚经济论坛，扩大"丝绸之路经济带"沿线城市市长圆桌会议规模，推动亚欧各国在陕西设立领事机构，在深化与土库曼斯坦、乌兹别克斯坦友好省州关系的同时与其他国家发展友好关系。二是经贸合作平台，重点办好中国东西部合作与投资贸易洽谈会暨丝绸之路国际博览会和扬凌农业高新技术博览会。三是多元文化交流平台，积极利用举办节会、演艺、画展、文学采风等活动形式，为"丝绸之路经济带"的文化交流提供载体。

（二）甘肃省

1. 发展条件

甘肃省位于我国地理中心，地处黄土高原、青藏高原、内蒙古高原和

西北干旱区、青藏高寒区、东部季风区三大自然区域的交会处,大致可以分为各具特色的陇南山地、陇中黄土高原、甘南草原、河西走廊、祁连山地、河西走廊以北地带六大区域。甘肃省总面积42.58万平方公里,甘肃省是一个多民族省份,有55个民族成分,人口较多的主要有汉、回、藏、东乡、土、满、裕固、保安、蒙古、撒拉、哈萨克等民族,其中裕固、保安、东乡是甘肃的独有民族。2014年末全省常住人口为2590.78万,其中,城镇人口1079.84万,占41.68%;乡村人口1510.94万,占58.32%。少数民族人口240万余人。2014年实现生产总值6836.82亿元,年均增速11.17%。其中,第一产业所占比重为13.18%,第二、三产业所占比重分别为42.80%、44.02%,可见区域经济结构中第一产业的贡献较低。①

甘肃省自然资源丰富,是我国矿产资源比较丰富的省份之一,全省已发现各类矿产173种,包括能源10种、金属矿产56种、非金属矿产105种、水汽矿产2种。甘肃省有10种矿产居全国第一位,即镍、钴、铂族(铂、钯、锇、铱、钌、铑)、硒矿、铸型用黏土等。甘肃省能源种类较多,除煤炭、石油、天然气外,还有太阳能、风能等新能源。其中,石油可采储量为6亿吨,天然气探明储量31.57亿立方米,集中分布在河西玉门和陇东长庆两油区。甘肃省旅游资源丰富多彩,中国旅游标志铜奔马和邮政标志驿使图,就出土于甘肃,众多的历史遗存、独特的历史风貌和浓郁的民族风情,形成了以特色旅游为基础的四条黄金旅游线路:丝绸之路旅游线、民俗风情和草原风光线路、黄河风情线路和红色旅游线路。甘肃省是新中国成立后国家重点投资建设工业体系的区域之一,初步形成了石油化工、冶金有色、装备制造、战略性新兴产业、农产品加工和现代农业等优势特色产业。

2. 主要做法

(1) 制定丝绸之路经济带建设总体方案

甘肃省计划利用拥有古丝绸之路贯穿境内1600多公里的战略通道优势,打造丝绸之路经济带的黄金段。2014年甘肃省人民政府印发《"丝绸之路经

---

① 《甘肃发展年鉴(2015)》,中国统计出版社,2015,第35、308、316页。

济带"甘肃建设总体方案》（简称《方案》），从交通、物流、能源、文化、农牧等多方面做出具体规划意见，以期推进甘肃省与丝绸之路沿线国家的交流合作，把甘肃打造成"丝绸之路经济带"黄金段。《方案》最初以打基础、攻难点为目标，将向中亚西亚进出口总值的预期目标确定为占甘肃省进出口总值的20%以上，此外还确立了未来实现直接投资、开展承包工程和外派劳务年均增长10%以上的目标；建立一批中外友好城市和驻外办事机构等具体目标。

（2）交通方面

甘肃省将推进综合交通枢纽建设，发挥甘肃省地处丝绸之路"咽喉"要道的优势，把兰州建成"丝绸之路经济带"重要的交通枢纽和陆路进出口货物集散中心。提升新亚欧大陆桥甘肃段通达能力，加速铁路、公路建设。加强与中亚西亚国家的点对点连接和直接交通，甘肃省将适时开通兰州至中亚、俄罗斯、欧洲货运定期班列，增强货物运输、换装和通关能力。此外，还要积极拓展国际航线，依托兰州中川、敦煌机场国际航空港建设，开辟兰州、敦煌直飞阿拉木图等中亚西亚国家城市的航班及货运航线。

（3）鼓励加强民间交流合作

完善与哈萨克斯坦、吉尔吉斯斯坦、伊朗等国家友好省州关系，继续在沿线国家新建10对以上友好省州。建立多层次合作机制，建立健全甘肃与周边省区的合作机制，加强"丝绸之路经济带"甘肃省沿线支点节点城市与周边省区及中亚西亚国家的对接联系。

（4）构建战略平台

着力构建兰州新区、敦煌国际文化旅游名城和"中国丝绸之路博览会"三大战略平台，重点推进道路互联互通、经贸技术交流、产业对接合作、经济新增长极、人文交流合作、战略平台建设等六大工程。

（5）为"丝绸之路经济带"建设提供有力保障

用足用好兰州新区、华夏文明传承创新区、循环经济示范区、生态安全屏障综合试验区建设的各项政策。通过国有资本金注入、投资补助、贷款贴息等方式，支持重大基础设施、能源资源开发利用、产业核心技术研发、战略合作平台建设。

(6) 优惠政策

对符合规定的涉外企业，甘肃省将实行税收减免、税收抵免和延期纳税，以及出口退税、出口信贷和信用保险等优惠政策。争取设立扩大开放和丝绸之路建设专项资金，重点用于支持优势产业在中亚西亚开展对外项目投资合作，引导社会资金参与项目资金。

(7) 精简行政审批

甘肃省将进一步精简行政审批事项，改革企业赴国外开展商务活动审批手续，简化出入境人员审批手续，缩短审批时间。加快退税进度，保障及时足额退税，为企业提供便利服务。

(三) 新疆维吾尔自治区

1. 发展条件

新疆维吾尔自治区，简称"新"，位于亚欧大陆中部，地处我国西北边陲，地形特征为"三山夹两盆"，总面积 166.49 万平方公里，占我国陆地总面积的 1/6。周边与俄罗斯、蒙古国、哈萨克斯坦、吉尔吉斯斯坦、塔吉克斯坦、巴基斯坦、印度、阿富汗等 8 个国家接壤，陆地边界线长达 5600 多公里，占中国陆地边界线的 1/4，是我国面积最大、陆地边界线最长、毗邻国家最多的省区。新疆沙漠广布，石油、天然气丰富，是西气东输的起点、我国西部大开发的主要阵地，也是古丝绸之路的重要通道。2014 年末总人口 2298.47 万，其中，城镇人口 1058.91 万，乡村人口 1239.56 万，城镇化率 46.07%。全年实现地区生产总值 9273.46 亿元，比上年增长 10.0%。其中，第一产业增加值 1538.60 亿元，增长 5.9%；第二产业增加值 3948.96 亿元，增长 11.2%；第三产业增加值 3785.90 亿元，增长 10.4%。按常住人口计算，人均地区生产总值 40648 元，增长 8.4%。对外贸易，货物进出口总额 276.69 亿美元，比上年增长 0.4%。其中，出口 234.84 亿美元，增长 5.5%；进口 41.87 亿美元，下降 20.9%。拥有 190 个贸易伙伴国家和地区，其中，对哈萨克斯坦进出口总额 101.30 亿美元，下降17.3%；吉尔吉斯斯坦40.98亿美元，下降1.8%；塔吉克斯坦20.12亿美元，增长26.9%。此外，对俄贸易增长，对美贸易下降①。

新疆是全国少数几个矿产资源配套程度较高的省份之一，已探明储量的矿产117种，其中居全国首位的有5种，居全国前五位的有24种，居全国前十位的有43种。新疆的煤炭资源预测总量为2.19万亿吨，占全国预测资源总量的40%，居全国首位；新疆石油储量现居全国第三位，油气资源总量为414亿吨；新疆的铁矿石资源总量为77.8亿吨，钢铁工业的主要原料锰、铬、钒、钛等新疆可用区内资源配套，我国紧缺的铬矿石，新疆已探明的储量和开采量居全国第二位。金、银、铂、钯、铱、钌、锇7种贵金属及铜、锌、铝、镁、镍、钴、钨、锡、铋、汞、锑等13种有色金属，新疆均有发现。新疆已发现有铍、锂、钽、铌、铷、铯、锆、锶共8种稀有金属矿，并探明有一定的储量，铍居全国首位，铯、锂、钽、铌分别列为全国的第二、三、八、十位。此外，新疆玉石有13类，和田羊脂白玉、绿玉、黄玉、墨玉驰名中外。

近年来，新疆积极应对国内外环境的复杂变化，加快推进重大基础设施建设、优势特色产业发展和重点民生工程建设，经济社会发展取得新成就。作为我国重要的能源基地，石油工业是新疆的第一大支柱产业，随着工业结构的调整，立足新疆资源优势，一大批煤化工、盐化工、装备制造、建材等产业规模稳步提升。目前，新疆已发展成为我国西部地区重要的石油化工基地以及重要的氯碱化工生产基地、氮肥生产基地以及中国最大的钾肥生产基地。今后，新疆将积极发展新能源、新材料、节能环保、生物制药、新能源汽车等战略性新兴产业，进一步加快煤电、煤化工、有色、机械装备制造、钢铁、建材、特色轻工等非石油工业发展，做大做强农副产品加工业。

2. 主要做法

由新疆维吾尔自治区发改委牵头，初步提出新丝绸之路规划草稿，明

---

① 《新疆统计年鉴（2015）》，中国统计出版社，2015，第3~5页。

确提出把新疆建设成为"丝绸之路经济带"的核心区,把新疆打造成能源资源陆上大通道及战略基地的目标。提出要建设丝绸之路经济带"五大中心",即重要的交通枢纽中心、商贸物流中心、金融中心、文化科技中心、医疗服务中心,成为"丝绸之路经济带"上的核心区。

(1) 总体思路

认真贯彻落实十八届三中全会、中央新疆工作座谈会、中央周边外交工作座谈会和第四次全国对口援疆工作会议精神,坚持"循序渐进、突出重点"的原则,全面推进自治区"五化"建设进程,进一步完善以中通道为主轴、北通道和南通道为两翼的综合交通运输体系,以多边贸易和生产要素的优化为动力,以加快沿线中心城市建设为依托,以中亚国家及周边国家为重点,积极创新区域合作模式,加快开放步伐,扩大开放领域,提高开放水平,深入推进新疆与"丝绸之路经济带"沿线国家在能源、经贸、金融、文化、科技、生态及旅游等相关领域全方位、多层次交流合作,将新疆建设成"丝绸之路经济带"上重要的国际性综合交通枢纽中心、商贸物流中心、金融中心、文化科技中心、医疗服务中心,建设成我国新兴的加工制造基地、国家能源资源基地和能源资源陆上大通道,进一步增强新疆在"丝绸之路经济带"上的影响力和竞争力,将新疆打造成"丝绸之路经济带"上的核心区,再创丝绸之路新辉煌,全面实现自治区跨越式发展和长治久安两大历史任务。

(2) 重点任务

一是建设"丝绸之路经济带"上重要的综合交通枢纽中心,充分发挥新疆地缘和区位优势,加快建设联通内地与中、西、南亚及欧洲、非洲的铁路、公路、航空、信息、管道综合交通运输体系,打造"丝绸之路经济带"上重要的综合交通枢纽中心。二是建设"丝绸之路经济带"上重要的商贸物流中心,依托现有的国际商贸物流体系,加快推进新疆与周边国家及内地商品聚集区的物流大通道建设,完善现代化商贸物流网络体系,将新疆建设成"丝绸之路经济带"上重要的商贸物流中心。三是建设"丝绸之路经济带"上重要的金融中心,从国家对外开放战略要求和周边国家发展实际出发,有效提高新疆的金融服务和保障能力,打造区域性国际金融中心。四是建设"丝绸之路经济带"上重要的文化科技中心,加强新疆与中亚国家的教育合作,重点支持有关科研机构开展中亚问题研究,打造"丝绸之路经济带"上重要的旅游大通道。五是建设"丝绸之路经济带"上重要的医疗服务中心,充分发挥新疆现有医疗硬件设施和诊疗服务水平的优势,进一步完善医疗服务基础设施建设,提高医疗服务水平,构建"丝绸之路经济带"上重要的医疗服务中心。

(四) 青海省

1. 发展条件

青海省地处青藏高原,是长江、黄河、澜沧江的发源地,故被称为"江河源头",素有"中华水塔"之誉。人们称青海有"大、小、穷、富"之特点,即从行政区域面积来看,青海很大,全省行政面积72万平方公里,居全国第4位;从人口总量来说,青海很小,2010年全国人口普查数据显示,青海省人口是562万余人,据其政府网站信息,2015年末,全省常住人口也只有588万余人,地广人稀是其人口分布特点;从能源矿产等自然资源来看,青海又很"富",全省已探明的129种矿产资源,其中有54种的储量居全国前10位,有23种的储量居全国前3位,有9种的储量居全国首位,盐湖资源、石油天然气资源、金属和黄金资源、非金属矿产资源和风能资源等均为有突出特色的资源;从经济状况来看,青海又是个"穷"省,据统计,2013年全省地区生产总值仅为2101.05亿元,经济规模不及沿海发达地区县级市,城乡人民收入也排在全国各省区的末位水平。

长期以来,青海省依托优势资源开发,形成水电、有色金属、煤炭和盐化工四大支柱产业。随着青海工业经济的快速发展,循环经济成为青海加快发展和产业转型的突破口,以柴达木循环经济试验区、西宁经济技术开发区和海东工业园区为依托,大力发展特色产业和战略性新兴产业,重点发展新能源、新材料、盐湖化工、有色金属及加工、油气化工、煤化工、装备制造、特钢、特色纺织、生物等十大优势产业。

2. 主要做法

（1）创新开放开发模式

近年来，青海将自信、开放、创新的"青海意识"有机融入新青海建设，以建设富裕文明和谐的新青海为目标，以主动融入、包容四海的精神积极参与"丝绸之路经济带"建设。创新开放开发模式，建立了"青洽会""中国青海国际清真食品用品展览会""环青海湖国际公路自行车赛""青海藏毯国际展览会"等开放平台。特别是"青洽会"平台自2000年开始已连续举办了14届，成为青海省对外开放和招商引资的重要抓手和主要平台。

（2）以招商引资推动经济结构调整

青海省从资源禀赋和生态条件出发，以缓解资源约束和建设生态文明为目标，以优化资源利用方式和提高资源利用效率为核心，把发展循环经济作为转变经济发展方式、实施生态立省的战略目标，努力探索高原区域性循环经济发展模式。

近年来，青海省以建设柴达木和西宁两个国家级循环经济试验区为契机，确定了新能源、新材料、文化旅游等新兴产业的发展目标。围绕培育特色优势产业，加大招商引资力度，开放合作对青海加快产业结构调整、构建现代产业体系、转变经济发展方式起到了积极的推动作用。

（3）"飞地经济"模式推动区域合作

近几年来，青海省启动"飞地经济"建设模式，力求通过这种互通有无的措施，助推青海经济快速发展。"飞地经济"就是打破原有行政区划限制，通过跨空间的行政管理和经济开发，实现两地资源互补、经济协调发展的一种区域经济合作模式。青海省鼓励果洛、玉树、青南等不适宜发展工业的地区，以及省内外有资金、技术、人才的地区把项目安排在海西、海东、西宁三个工业重点发展地区，培育自己的生产基地。通过"飞出地""飞入地"和企业三方共享投资效益，实现了资源和产业的有效对接，促进了青海省经济的快速发展。

（五）丝绸之路经济带的影响及相关省区的做法

"丝绸之路经济带"建设除陕西、甘肃、青海、宁夏、新疆等西北5省区外，还涉及重庆、四川、云南、广西等西部4省区市及河南等省。

1. 丝绸之路经济带对我国对外经贸关系的影响

改革开放30多年来，东部沿海一直是中国经济与世界发生联系的主要通道和外贸重心，随着"丝绸之路经济带"的崛起，这一情况正悄然发生着改变。截至2014年7月，我国已发往欧洲100列专列，包括电子、轻纺、汽车配件、机器人等商品，预计14天内途经哈萨克斯坦、俄罗斯、白俄罗斯、波兰等国，跋涉1万余公里，最终到达欧洲，中欧陆上物流通道的崛起正在加速已成为不争的事实。

据测算，到2020年，中欧贸易额有望达到1万亿美元。再加上沿途的中亚各国和地区，对于正在崛起的丝绸之路沿线省区而言，这意味着未来的机遇和发展空间巨大。这种建立在物流新通道之上的中欧、中亚经贸往来也正在悄然影响着中国经济的布局。目前，中欧班列已铺划东、中、西3条通道和重庆—杜伊斯堡，成都—罗兹，西安—鹿特丹、莫斯科、哈萨克斯坦阿拉木图，郑州—汉堡，苏州—华沙，武汉—捷克、波兰等6条线路，覆盖中国东、中、西部的主要铁路货运枢纽，特别是从西安出发的"长安号"班列成为"丝绸之路经济带"上的一条"黄金通道"。

受此影响，中国与世界经济联系的经贸格局正在发生深刻变化。长期以来需要经东部沿海进出关口的中西部地区，通过陆上丝绸之路可直通欧洲、中亚，成为最大的受益者。尽管东部沿海地区的外贸额仍然占据全国的大部分，但外贸增速低迷；而中西部地区的外贸则逆势强劲增长。外贸格局变动带来东部产业向中西部转移，"丝绸之路经济带"的崛起给中西部地区带来再一次发展良机。

2. 陆路"丝绸之路经济带"的国内起点之争

在"丝绸之路经济带"提出之后，国内相关城市和省份围绕"丝绸之路经济带"的起点及建设区域展开了激烈竞争，其实质是对经济发展机遇和政策红利的争夺。

对于古丝绸之路的起点，历来就有"长安（西安）起点说"和"洛阳起点说"之争，这一竞争在丝绸之路"申遗"过程中愈演愈烈。2006 年 8 月，在联合国教科文组织世界遗产中心和中国国家文物局召开的丝绸之路申遗国际协调会上，把西安和洛阳共同列为"丝绸之路中国段"的起点，但这并未消弭西安与洛阳的丝绸之路起点之争。在"丝绸之路经济带"提出之后，西安、洛阳等国内多个城市围绕"丝绸之路经济带起点"展开了激烈竞争。

西安作为古丝绸之路的重要起点和西北中心城市，具有历史文化、产业基础、区位交通、科技教育、开发开放等综合优势，因而能够在"丝绸之路经济带"起点的竞争中抢占先机。2013 年 9 月欧亚经济论坛期间，西安联合欧亚国家 13 个城市签署了《共建丝绸之路经济带西安宣言》，并把"丝绸之路起点"作为城市宣传名片，扩大了国际影响。与此同时，西安开通了直达中亚、欧洲的"长安号"国际货运专列，并积极向国家申报"丝绸之路经济带"自由贸易区，力图以打造"丝绸之路经济带"的物流中心、金融中心、商贸中心、文化交流中心、使领馆中心为依托，建设"丝绸之路经济带"起点和桥头堡。

洛阳作为汉唐时期的都城之一，与西安并列为古丝绸之路的起点，有 3 个遗产点入选中国丝绸之路首批申遗名单（共计 22 个），正是由于历史文化方面的优势，促使洛阳积极竞争丝绸之路经济带"起点城市"。但洛阳作为河南所辖地级市，其行政地位、产业基础和综合经济实力相对较弱，城市品牌也不够响亮，因此很难与西安、重庆等区域性中心城市进行竞争。

3. 陆路"丝绸之路经济带"其他相关省区的做法

"丝绸之路经济带"提出以来，国家尚未划定"丝绸之路经济带"在国内的建设区域范围，国内 17 个省份为融入"丝绸之路经济带"展开了竞争。陕西、甘肃、青海、宁夏、新疆等西北 5 省区在"丝绸之路经济带"建设中具有明显的地缘优势，并且与中亚国家有着良好的合作基础。2013 年 12 月，国家发改委和外交部共同主持召开了推进"丝绸之路经济带"和

"海上丝绸之路"建设座谈会，除西北 5 省区之外，重庆、四川、云南、广西等西南 4 个省份和江苏、浙江、广东、福建、海南等东部 5 省份的相关部门负责人参加了座谈会，西部 9 个省份被视为列入了"丝绸之路经济带"国内规划建设范围。以此为契机，重庆、四川、云南、广西等西南省份积极参与"丝绸之路经济带"建设。尽管河南、内蒙古、山东、山西、湖南、湖北、贵州等省份未能参加国家部委主持召开的"丝绸之路经济带"建设座谈会，但也为融入"丝绸之路经济带"建设展开了竞争。

重庆在"丝绸之路经济带"建设的竞争中表现得非常积极，2014 年全国两会期间重庆代表团希望中央把重庆定位为"丝绸之路经济带"的起点。重庆在"丝绸之路经济带"建设中的优势包括：一是重庆率先开通"渝新欧"国际铁路联运大通道，并实现了常态化运行，在中西部城市向西开放中处于领跑位置；二是重庆作为中西部地区唯一的直辖市，政治优势明显，城市建设和产业基础发展较好；三是重庆公路、铁路、水路、空运交通便利，具备联通全国的区位交通优势。河南省 2013 年 12 月联合亚欧 8 个国家召开了"丝绸之路经济带"中欧物流通道建设国际交流会，并计划于 2014 年开通郑州—阿拉木图、郑州—莫斯科、郑州—汉堡等三条通往亚欧国家的国际铁路货运班列，以此加强与亚欧国家的经贸联系。内蒙古作为中国参与"中亚区域经济合作组织"的重要项目执行区域，不断加大与中亚国家的合作力度。山东、山西、湖南、湖北、贵州、江苏等省份借助交通或者地缘优势，也各自提出了融入"丝绸之路经济带"建设的战略构想。

在市场经济体制下，"丝绸之路经济带"的建设区域范围应该是开放的。以西北 5 省区为建设重点，"丝绸之路经济带"的国内建设范围可以沿交通大动脉向东、向南、向北延伸，形成横贯东中西的对外经济走廊，全面提升中国经济对外开放水平。

三 宁夏在陆路"丝绸之路经济带"建设中的定位、战略选择及合作空间

宁夏回族自治区地处"丝绸之路经济带"建设的重要区位，宁夏特定

的民族人口构成、社会文化底蕴、经济发展态势和特殊资源环境，决定了其在"丝绸之路经济带"建设中可承担重要角色，而且本区域经济社会发展也将直接受到"丝绸之路经济带"影响，是宁夏发展中的重大历史机遇。

(一)"丝绸之路经济带"建设为宁夏带来的战略发展机遇

近现代以来，世界经济格局发生巨变，古代商路不再辉煌。随着世界经济全球化的进程，以及我国经济快速发展，势必要对中亚、西亚及欧洲经济进行连接，以求实现中国西部、中亚和西亚以及世界经济的共同繁荣。

在全国各省区市中，宁夏回族人口最多，比重最大，是我国最大的回族聚居区，被称为中国的"穆斯林省"。由于共同的宗教信仰和历史渊源，回族与中亚和阿拉伯国家民族心理相通、文化相近、习俗相同，且善于经商。以回族伊斯兰文化为纽带，大力发展与阿拉伯国家以及伊斯兰地区的双边关系与合作，宁夏具有其他省市无可比拟的优势。

宁夏人口少、市场小、资源较为单一，迫切需要拓展发展空间，释放经济增长潜力。加快融入"丝绸之路经济带"建设，将宁夏建成"丝绸之路经济带"中的战略支点，有助于承接国内外产业转移，扩大外需，充分利用"两种资源、两个市场"，引进国内外资本、技术、管理等要素，在更大范围、更高层次、更宽领域参与国际分工与合作，提升区域经济综合竞争力，有效扩大服务业需求，促进产业结构战略性调整，实现发展方式的根本性转变，为宁夏科学发展提供强大支撑。

(二) 宁夏在"丝绸之路经济带"中的战略定位

自古以来，宁夏就是稳定西北边疆和内蒙古西部的战略支撑点。红军长征以来，三军在西吉将台堡会师，翻越六盘山成为中国革命从胜利走向胜利的起点，著名的陕甘宁边区为新中国的建立做出了历史贡献。抗战时期，宁夏作为绥西抗战的大后方，为抗日战争做出了积极贡献。新中国成立后，"三线建设"、西部大开发为宁夏奠定了发展基础，宁夏也成为稳定西北的战略支撑点，成为我国重要的能源原材料生产基地、重要的商品粮基地和重要的生态屏障区。

在新的历史时期，宁夏要着力打造"丝绸之路经济带"中的战略支点，建设内陆开放型经济试验区、向西开放先行区、国家安全战略区、民族团结示范区、陆路丝绸之路通道区、生态保护屏障区、能源安全接续区和中转区、承接产业转移创新区、全面建设小康社会同步区。

宁夏处于西北地区的中间地带，是连接西北少数民族和内地的纽带，是东中部联系新疆、甘肃乃至中亚、西亚的桥梁，在保障国家生态安全、促进民族团结和边疆稳定等方面，都具有不可替代的战略地位。宁夏是连接欧亚大陆桥的战略通道，我国内地连接西北地区的主要通道，我国面向阿拉伯国家开放的重要战略平台。"美丽中国"建设中西北地区乃至全国的重要生态安全屏障，承接中东部产业转移的重要基地，我国能源基地和未来能源中转基地，特色农产品生产加工基地，清真产业集聚基地，面向阿拉伯国家和伊斯兰国家的旅游目的地。宁夏沿黄经济带发展基础较好，通过国家的支持和全区干部群众的共同努力，能够与全国同步实现小康社会的宏伟目标。

（三）宁夏在"一带一路"中的战略选择

习近平总书记关于"丝绸之路经济带"建设的战略构想以及在中阿合作论坛第六届部长级会议提出的"一带一路"战略框架，为宁夏在"一带一路"建设中的战略取向指明了方向。积极落实国家向西开放的战略布局，建设国家面向阿拉伯国家开放合作的战略平台，以"1+2+3"的合作战略为指引，积极发展与阿拉伯国家特别是支点国家的经贸文化交流与合作，在此基础上继续巩固与欧美国家的经贸关系，发展与中亚、东南亚等伊斯兰国家经贸文化往来，发展与蒙古国的经贸合作，将宁夏建设成为"一带一路"中的战略支点。

在国内"丝绸之路经济带"建设中，积极融入丝绸之路主干道，加强与陆路丝绸之路沿线陕西、甘肃、青海、新疆的区域合作，形成西北经济共同体，在此基础上发挥自身优势，在"丝绸之路经济带"建设中率先发展。发挥宁夏承东启西的区位优势，积极主动地加强与东中部地区经济、技术、文化、旅游、劳务、公共设施建设及金融服务等方面的交流与合作，重点加强与京津冀蒙等省区的经济合作，进一步加强闽宁合作，加强与粤港澳台经济合作。

继续推动基础设施建设，加大生态环境保护力度，大力促进信息化建设，打造"两优环境"，完善投资创业的政策扶持体系和公共服务体系，着力解决"一带一路"建设中的突出问题，主动承接国际和东中部制造业和服务业双重转移，在能源、农业、金融等领域和新兴产业吸收外资，促进新能源、新材料、装备制造、现代农业、纺织等轻纺产业、清真产业的快速发展，扩大金融、物流、商贸、会展、旅游、信息服务、医疗保健、高新技术等领域的开放合作。

（四）宁夏在陆路"丝绸之路经济带"建设中的合作空间

1. 对外开放中的合作空间

立足宁夏，主动参与"丝绸之路经济带"国外段的分工合作，全方位构建以面向阿拉伯国家合作为主的"四大合作圈"。特别要构建以我国内地为腹地，宁夏为战略支点，涵盖中东阿拉伯国家、中亚国家、北亚蒙古及俄罗斯组成的"中北亚经济圈"。

（1）以阿拉伯国家为重点的中东合作圈

中东地区的海湾6国及伊朗、土耳其等国家，国际化水平较高，国际贸易体系健全，贸易消费市场需求很大，同时又有旺盛的基础设施建设需求；伊朗是我国在中东地区的主要石油供给国，与我国外交关系长期友好，在能源、农业、生态等领域有较多合作；土耳其近年与宁夏进出口贸易持续上升，也具备合作前景。加大面向阿拉伯国家开放的力度，以中阿合作"1+2+3"战略为指引，以中阿博览会为平台，以沙特阿拉伯、阿尔及利亚、阿联酋、苏丹、埃及和伊拉克6个支点国家为重点，以企业为主体，以文化交流为切入点，推动企业、社团、科研机构、高校和民间组织之间的交流与合作，加强与阿拉伯国家在清真产业、机械装备制造、能源化工、新能源、旅游、农业开发、治沙和文化交流等领域的实质性合作，在中阿金融合作方面取得重大进展。

（2）中亚合作圈

中亚五国（哈萨克斯坦、土库曼斯坦、乌兹别克斯坦、吉尔吉斯斯坦、塔吉克斯坦）与我国同为陆上丝绸之路经济带沿线国家和上合组织成员，既有长期的经贸文化交往，也有紧密的能源合作，开展合作基础较好。以哈萨克斯坦等国家为重点，大力发展工程承包、劳务输出和加工贸易，开展农业、治沙、医疗、教育、旅游、清真产业、能源化工及新能源等领域的交流合作，拓展中亚市场。积极进口非石油类产业，形成农产品及清真产品的集聚和再加工中心。

（3）东北亚合作圈

加强与俄罗斯在能源、羊绒、木材、农产品等方面的合作，积极开展新能源领域的技术合作。加强与蒙古国在资源开发、通信、农业、化工、机械设备、工程承包等领域的合作交流。积极巩固韩国、日本等传统市场。

（4）南亚、东南亚合作圈

南亚次大陆的巴基斯坦与我国有着兄弟般的双边友谊，中巴双方政府合作共建中巴经济走廊，推动与巴的全方位合作条件成熟。加强与东南亚马来西亚、泰国、印度尼西亚等国家在清真产业、农产品加工、旅游等领域的合作，开拓东南亚伊斯兰国家外贸市场。

2. 国内"一带一路"的合作空间

（1）加强与陆路"丝绸之路经济带"沿线省区的合作

我国境内陆路"丝绸之路经济带"位于西北地区，陕西、甘肃、宁夏、青海、新疆五省区是我国向西开放的桥头堡。宁夏要加强与周边兄弟省区的合作，共促丝绸之路经济带建设，重点在能源化工、水利设施、文化旅游等关键性资源的联动开发，加强交通大通道、物流、互联网等基础设施的互联互通，加强生态环境保护方面的合作。宁夏要与陕西、甘肃、青海、新疆联合打造清真产业，联合构筑丝绸之路交通大通道，联合建设与中东、中亚等地区信息网络，联合提高物流水平，联合建设"丝绸之路旅游带"。

重点加强与新疆伊宁霍尔果斯口岸—乌鲁木齐为中心的北疆城市带在煤炭、天然气和基础设施等方面的开发合作；加强与西陇海兰新线为纽带的以西安—宝鸡为中心的关中城市带在高新技术等方面的合作，加强与银川—兰州—西宁为中心的城市带在水利、能源化工、环境保护等方面的合作；加强与西安、兰州、乌鲁木齐等节点城市物流业的合作。

（2）加强与"海上丝绸之路"节点地区的合作

发挥宁夏承东启西的区位优势，积极主动地加强与"海上丝绸之路"节点地区的合作，实现联动发展，合作共赢。天津港、连云港、黄骅港、唐山新港是宁夏联系华北和"海上丝绸之路"外贸出口的主要通道，重点加强能源化工、机械、清真食品、物流、贸易等方面的交流合作。加强与福建的闽宁合作关系，以"一带一路"建设为指引，加强与福州—泉州"海上丝绸之路"节点地区的联系，重点开展设施农业、特色产业、生态移民、劳动力转移培训等方面的帮扶项目建设，加强风、电、太阳能光伏装备等新能源领域的合作，大力推进闽宁镇建设，积极争取福建每个对口帮扶的县（区）在宁夏对口共建产业园区，大力发展劳动密集型产业和农副产品精深加工业。进一步加强与长三角、珠三角地区在能源化工、装备制造、高新技术产业、商贸流通、特色农业、职业教育、特色旅游等产业方面的经济技术合作和交流，重点加强与义乌、广州等地穆斯林用品及贸易方面的合作。

（3）加强与"丝绸之路经济带"其他地区的合作

重庆、郑州位于"丝绸之路经济带"的腹地，制造业及外贸、物流资源非常发达，加强在高新技术产业、商贸流通、特色农业、职业教育、物流、特色旅游等产业方面的合作。加强与毗邻地区的合作，重点加强宁东、鄂尔多斯和榆林三地能源化工"金三角"的合作，促进生产要素的合理流动和资源优化配置，为我国的能源化工发展做出贡献。加强与呼包银榆经济区的合作，以阿拉善左旗、乌海市、鄂托克前旗等毗邻地区为重点，加强与策克口岸的联系，在煤炭、火电、天然气、新能源（风、电、太阳能光伏装备等）、冶金、机械、化工、农牧业、生态环保等领域加强合作。加强与陕甘宁革命老区的联系，围绕能源、化工、新能源（风、电、太阳能光伏装备等)、装备制造、农业、农副产品加工、生态环保、交通物流和服务业等领域,开展陕甘宁三省区的交流与合作,率先消除绝对贫困现象。

四 宁夏加强"一带一路"建设区域合作的建议

(一)以国家顶层设计为统领,谋划宁夏"一带一路"建设方略

"一带一路"建设是一个系统工程,不是一个省区能够完成的,必须按照国家顶层设计的要求来推动"一带一路"建设,这就要求把宁夏放在全球化和国家战略的大格局、大背景中统筹谋划,国家将与阿拉伯国家交流的战略任务交给宁夏,将中阿合作融入"一带一路"倡议中,宁夏经济社会发展就要按照国家的总体要求和自身优势,谋划建设"丝绸之路经济带"战略支点的定位和布局,在通道建设、产业布局、商贸物流、人文交流、走出去战略、政策措施等方面制定切实可行的项目工程和保障措施,为宁夏全面推进"丝绸之路经济带"战略支点建设奠定良好的基础。

(二)加强与"一带一路"沿线国家的合作

近些年受美国"大中东"战略和国际金融危机影响,中东、北非相关国家出现了"阿拉伯之春",也引发局部动荡和内战,但阿拉伯国家和伊斯兰世界"向东看"势头不减。以中东为代表的阿拉伯国家和伊斯兰世界在提速发展,正处在基础设施建设的高峰期、服务需求的旺盛期、战略发展的关键期。宁夏应顺应并抓住这一重大战略契机,以"一带一路"沿线国家所需所求、宁夏所能所为,主动融入,积极作为,重点做好三个方面的务实合作:一是适应"一带一路"沿线国家特别是阿拉伯国家旺盛的基础设施建设需求,推动宁夏建筑建材、房地产、交通、水利等行业"走出去",参与"一带一路"沿线国家基础设施、房地产开发、道路交通、水利等重大建筑外包。二是适应"一带一路"沿线国家旺盛的服务、技术需求,加快推进医疗健康、跨国家政、工程设计、文化教育等服务贸易输出,扩大宁夏对阿防沙治沙、太阳能光伏等技术贸易输出规模。三是适应"一带

一路"沿线国家旺盛的货物贸易需求,转变以清真食品、穆斯林用品为重点的贸易合作思路,整合组织全国货物资源开展对阿多元化经贸往来,实现对阿贸易量的扩大、质的提升。

（三）深化"丝绸之路经济带"沿线省区经济合作,共同建设经贸共同体

"丝绸之路经济带"建设是国家战略,西北5省区要准确把握"丝绸之路经济带"的概念界定,既要避免地区泛化,又要避免西北5省区地方化造成的恶性竞争,要紧紧抓住来之不易的历史发展机遇。西北地区与重庆、郑州等外贸发展腹地相比,整体外贸实力较弱,必须深化西北5省区之间的区域经济合作,抱团出海。宁夏面积小、人口少、经济总量小,单独发展与中东、中亚等地区的经贸往来有一定的困难,积极融入丝绸之路主干道建设,发挥战略支点作用,加强与西北各省区之间产业政策、发展规划和重大项目的沟通协商,整合资源,实现共同发展。大力推动新能源、新材料、清真产业、生物医药等绿色产业发展,发挥清真食品认证优势,为周边省区服务,积极参与周边国家和省市举办的商业文化活动。

（四）融入"一带一路"建设,加强对外经贸合作

优化利用两种资源、两个市场,大力实施差异化经贸战略,扩大对外开放领域,加强与"一带一路"沿线国家的经贸合作。一是巩固货物贸易。借全区加快推动产业转型升级之机,加快发展加工贸易,提高自产商品生产规模,提高外贸出口比重,建设区域性贸易集散中转中心,重点发展转口贸易,运用风险投资、参股入股等工具进行贸易投资。二是发展服务贸易、技术贸易。重点抓好防沙治沙、电子信息、金融商务、建筑工程、文化旅游等技术输出、外包服务等服务贸易和技术贸易,促进与国际接轨,实现中阿贸易向多元化现代贸易转变。三是培育电子商务。加快推进传统贸易电子化改造,推动中阿贸易便利发展。加快发展物联网、云计算、大数据,坚定不移地加快建设西部云计算中心等重要基地,建设中阿务实合

作的数据中心。

（五）争取国家政策支持，不断完善丝绸之路大通道建设

在"丝绸之路经济带"战略支点建设过程中，必须加强综合交通体系建设规划，推进铁路、航空、物流、互联网信息技术等关键基础设施的建设。一是构建陆路丝绸之路铁路大通道，争取国家支持，在现有银西高铁已规划的基础上，加快谋划银川—兰州、银川—北京等方向的高铁项目，缩小与周边省区的差距。加紧谋划"宁亚伊"铁路通道：宁夏经新疆霍尔果斯—中亚土库曼斯坦、乌兹别克斯坦和哈萨克斯坦—伊朗，"宁巴伊"铁路通道：宁夏经新疆喀什—巴基斯坦—伊朗，构建"外煤进宁"公铁通道：蒙古国煤炭—策克口岸—宁夏中卫。二是构建空中大通道，在河东机场建成国际机场和获得第五航权的基础上，与相关国家达成开通新的国际航线协议，陆续开通银川直通伊斯兰国家的航班，或者将国内已经与一些伊斯兰国家开通的航班联通，如开通银川—吉达（沙特阿拉伯），或者联通吉达—银川—北京，便于国内穆斯林群众到麦加朝觐；开通或连接开罗（埃及）—银川—北京，伊斯坦布尔（土耳其）—银川—义乌，伊斯兰堡（巴基斯坦）—银川—上海等航线，逐步把银川建成面向西亚、中亚地区的重要航空门户。

（六）加强对外文化旅游交流

坚持互通有无、增进共识，全面加强宁夏同"一带一路"沿线国家的交流与合作。一是促进对外文化交流。加快发展文化产业，引进创意产业人才，大力发展文化创意、影视制作、演艺娱乐、文化会展和动漫游戏等各类文化产业，积极培育具有宁夏地域和民族特色的文化产业群，积极举办和参加各种形式的商贸洽谈会，开展多方位、宽领域的对外交流合作。二是积极开展与阿拉伯国家和伊斯兰国家（地区）的交流。充分利用宁夏中阿博览会平台，进一步扩大中阿国际文化、人才、技术、能源、原材料等方面的合作交流，全力搭建中阿双方国际性、永久性的经贸、能源、投资、金融、旅游和人员培训、经济技术和社会交流等领域务实合作的新平

台。充分发挥各类中介组织和驻外商务机构的桥梁和纽带作用，组建宁夏籍海外企业家协会，为企业提供及时、准确、丰富的信息，帮助企业开展对外交流合作。支持企业、个人赴境外开展商务活动和社会文化交流活动；鼓励外方来宁开展各类社会文化（文艺）、商务、学术、修学、高水平体育赛事等交流活动，逐步形成双边稳定交流机制。三是全面推进与国外友好省市的广泛交流。重点与阿拉伯国家和伊斯兰国家（地区）主要城市建立友城关系，不断拓宽交流渠道。巩固宁夏与意大利拉丁那省、挪威桑弗郡、日本岛根县、泰国北大年省、匈牙利佩斯州等地建立的友好交往关系，进一步推进经济、文化、科技、体育、医疗、教育等领域的全面交流与合作。四是打造特色旅游目的地。适时调整旅游发展策略，突出特色、寻求差异、对标国际、推动升级，高起点打造国际旅游目的地。应重视挖掘西夏文化、丝路文化潜质，借西夏王陵、丝绸之路申遗之机，重点抓好西夏王陵、贺兰山岩画等特色景区的保护性开发工作，打造"东方金字塔"、丝绸之路"旱码头"。全面推进六盘山生态文化旅游综合开发，引入阿拉伯主权基金投资开发面向阿拉伯国家的生态休闲避暑旅游胜地。

（七）加强金融合作，建立货币结算制度

加快建设对外金融交流平台，加强与"一带一路"沿线省区和国家金融合作关系，重点加强与海湾6国的金融合作，积极引进伊斯兰金融，共同建设区域性金融中心。在货币流通、市场准入、审慎监管和维护区域金融稳定等方面加强与"一带一路"沿线国家的合作，鼓励商业银行根据宁夏建设"丝绸之路经济带"战略支点的发展需求，积极接入人民币跨境结算系统，加大跨境人民币结算服务力度，逐步扩大跨境贸易人民币结算规模、覆盖面和影响力。稳步推进非金融机构办理个人本外币兑换特许业务，设立个人本外币兑换特许机构，为宁夏与"丝绸之路经济带"沿线国家人员往来提供金融便利。促进产业政策、财政政策与金融政策的协调配合，强化金融支持产业发展的激励机制和资源配置能力，加快构建服务于宁夏建设"丝绸之路经济带"战略支点的金融政策体系。

专题报告六 宁夏在"一带一路"建设中的观念转变[①]

观念是行动的先导,"一带一路"建设是在党的十八大和十八届三中全会召开后,我国推进的重大发展战略。行政体制改革、国家治理体系与治理能力现代化、市场在资源配置中的决定作用等是新时期改革的重要内容,也是观念革新的重要领域。如何以十八大和十八届三中全会精神为指导,推进"一带一路"建设,是宁夏丝绸之路经济带建设取得实效的前提。结合宁夏的实际,我们认为,思想观念的转变对新形势下推进宁夏丝绸之路经济带建设健康发展意义重大。

一 要准确理解和把握"一带一路"建设的科学内涵

从历史看,丝绸之路客观上表现为特定的线路进而与特定的区域相连,因此,"一带一路"建设往往容易被理解为特定区域的工作,当区域外的主体参与时,便就有了对"一带一路"建设主体泛化的担忧。由于客观上把国内"丝绸之路经济带"建设局限在古代丝绸之路沿线,且历史上这些区域大都属于传统的西部,因此也容易把"丝绸之路经济带"建设与西部大开发联系起来,认为"丝绸之路经济带"建设就是西部大开发在新时期的延续。上述观念在当前西部省份有一定的市场,一方面它体现了对丝绸之路经济带建设的排他心理,希望参加的主体越少越好;另一方面则希望将"丝绸之路经济带"建设与西部大开发捆绑起来,以便在政策支持下获取国家更多的项目。笔者认为,上述思想的产生有多种原因,有思想观念的原因,也有对国家政策与治理方式的路径依赖,但其中最主要的还是对"一带一路"建设作为国家战略理解不深、不透,甚至出现误解。从国家战略的高度看,国家是作为一个整体参与建设的,参与主体的多元化是必然趋

[①] 撰稿人:李保平,宁夏社会科学院法学社会学所所长、研究员。

势。从经济实力看,西部以外的省份参与"一带一路"建设不但对推动"丝绸之路经济带"建设作用重大,而且对促进西部发展也有着重要的影响。西部省份要找准在"一带一路"建设中的定位,通过积极努力、搭建平台、参与竞争加入"一带一路"建设,而非因地缘优势自然获取参与资格,享受建设成果。在"一带一路"建设中,如果西部省份获得了较大的参与份额,承接了东部的产业,在客观上将对西部发展起到积极的推动作用,但这种促进与定点发展西部的西部大开发有明显的不同。在中阿合作论坛第六届部长级会议上,习近平总书记提出构建"1+2+3"的合作格局,从该模式所包含的内容看,"丝绸之路经济带"建设不但承担着国家能源安全的使命,也承担着将东部发达的制造业和高科技产品向丝路沿线转移的重任,这些显然都是西部省份无法完成的。所以,就宁夏而言,只有在"一带一路"建设中找准目标定位,发挥优势,彻底摒弃"等、靠、要"思想,打消宁夏在传统丝路沿线上的优势心理,通过刻苦努力、科学规划、积极争取,才能搭上"一带一路"建设的顺风车,把国家发展战略优势转化为宁夏的发展优势。

二 "一带一路"建设要实现由政府推动向政府与市场双轮驱动的转变,更加重视市场的理念转变

我国传统的治理方式是政策推动,治理理念是行政主导,政府在经济发展中起主导作用,往往不同程度忽视了市场主体和其他社会组织的作用。政府主导可以充分发挥和调动各种资源,见效快,但政府主导最大的弊端是在缺失市场主体的情况下,这种运动式治理的方式不具有可持续性,往往声势很大,收效甚微。党的十八大特别是十八届三中全会明确提出要充分发挥市场在资源配置中的决定性作用,"一带一路"建设作为一项国家发展战略,市场主体应该也必须是"一带一路"建设的主力军。将"一带一路"建设看成是政府的事,倡导政府动起来,不同程度忽视市场主体和社会其他组织的参与,由政府唱独角戏,这种思维方式必须改变,在这方面我们也有一定的经验和教训需要汲取。由于"一带一路"建设是作为国家

倡议提出并实施的，政府作用不能忽视，特别是像宁夏这样的省份，政府在项目争取、规划制定、保障服务方面将发挥重要作用，但这也不应该成为忽视市场主体的理由，再好的规划也需要企业等市场主体去实施，实现"一带一路"建设中的政府与市场主体的双轮驱动，充分发挥市场主体的作用，制定出符合市场经济规律和宁夏实际的规划，是"一带一路"建设取得实效和可持续发展的基础。所以，规划的基础应该是谁参与和如何参与，而非单纯宏大的发展目标。

三 "一带一路"建设要从突出经济建设向经济、文化发展并重的理念转变

在信息化发展的新阶段，社会各领域的发展关联度越来越高，经济建设早已超越单纯的经济发展思维，而与政治、社会、文化、生态融为一体，形成一种和谐共生、相互促进的关系。所以，"一带一路"建设，不单纯是发展经济，也要协调推进社会各领域的发展。古老的丝绸之路既是一条商贸之路，也是一条文化交流之路，在新丝绸之路建设中，文化交流是推进新丝绸之路经济建设的重要推手，文化合作构成新"丝绸之路经济带"建设的重要内容。历史文化资源是西部省份参与"丝绸之路经济带"建设的优势，也是在"丝绸之路经济带"建设中西部可以发挥重要作用的领域，可以与东部的产品输出、技术输出形成有效的互补。在文化与经济的关系上，我们长时期实行文化为经济服务的政策，倡导"文化搭台、经济唱戏"，这种将文化交流功利化的做法，不但使文化失去了原有的意义，被庸俗化，也使文化的交流停留在表层，无法实现文化交流的真正价值，发挥其影响。"一带一路"建设中，文化建设是目的而不是手段，和经济交往一样，文化交流构成"一带一路"建设的重要内容。特别是在地缘政治复杂的中亚、中东、南亚地区，文化交流对"一带一路"建设意义重大，它不但是经贸交流的重要保障，也凸显了"一带一路"建设和平共荣的理念。在《中国—阿拉伯国家合作论坛2014年至2016年行动执行计划》中，文化合作的内容达到10项，如果把文明对话、教育合作、科技合作、新闻出

版合作、民间合作都纳入文化交流的范畴，文化合作内容多达30项，凸显了新"丝绸之路经济带"建设中文化交流的地位，这在我国与周边国家或集团所签订的区域合作协定中是独一无二的。宁夏是我国唯一的省级回族自治区，与中东中亚国家有着悠久的历史交往和文化交流传统，人文优势明显。《中国—阿拉伯国家合作论坛2014年至2016年行动执行计划》中明确了文化交流的领域与合作的项目，宁夏应在此基础上抓紧制定文化合作与交流规划，参与国家文化交流项目，大力开展宁夏与中东西亚各国文化合作交流项目，为夯实"一带一路"建设的文化基础做出宁夏应有的贡献。

四 "一带一路"建设要实现由以我为主的单向型思维方式向树立互利互惠、合作共赢的市场理念转变

在对外开放和交流的过程中，人们往往容易陷入一种单向思维定式，以自己为中心去判断、度量别人的需求，并依此设定目标、方法，而未能站在对方的角度看待问题。它遵循的是我有什么（输出）、我需要什么（引进）的逻辑，追求的（或更多考虑的）是自己的发展和利益，不同程度地忽视了对方的感受，从而给双方的经济合作造成困难。在中阿合作论坛第六届部长级会议开幕式上，习近平主席明确指出："中国追求的是共同发展。我们既要让自己过得好，也要让别人过得好。"互利互惠、合作共赢的理念不但体现了中国在推进"一带一路"建设中的全新思维，也为同"一带一路"沿线国家的合作奠定了坚实的基础。2010年以来，宁夏通过中阿经贸论坛和中阿博览会推动了宁夏同阿拉伯国家的经贸合作，取得了一定的成果。在今后的工作中，如何遵循市场经济发展的规律，站在市场的角度看待问题，审视我们的优势与不足，制定切实可行的发展规划，是宁夏打造内陆开放型经济试验区，推动"丝绸之路经济带"建设取得成效的重要条件。从目前阿拉伯国家的产业结构特征看，宁夏可以利用自身优势，优先同这些国家开展科技农业、畜牧业、清真牛羊肉产业化方面的合作，将宁夏的比较优势与西亚国家的发展短板结合起来，形成有效的互补，只有如此，才能夯实双方发展的基础。

专题报告七 以内陆开放视角看"一带一路"建设[①]

"一带一路"支点建设有其特定的理论支撑和思考,从内陆开放视角看"一带一路"建设有不同的切入点,可获得更为理性的思想空间和解决问题的路径。

一 内陆地区经济地理特征:密度、距离、分割

密度是指人口密度和经济密度,代表着市场规模大小和生产要素集聚程度,对外商直接投资选址布局具有非常重要的影响。距离是指落后地区与发达地区或市场繁荣地区的距离,代表着运输成本。经济学意义的距离是指商品、服务、劳动力、资本、信息和观念穿越空间的难易程度。分割是指市场的分割,代表着边界的不可穿越性以及货币与规则的差别。

地方层次的首要特征是密度,其中土地是核心要素,应该通过城市化、迁移、投资流动和贸易推进加快集聚。国家层次的首要特征是距离,应该加速劳动力和人口向发达地区迁移。国际层次的首要特征是分割,应该通过自由贸易区协定等促进国际贸易投资便利化。

促进区域一体化的政策根据具体情况会有三种选择:公共制度、基础设施、激励措施。

表2 地理标度与发展特征

	地理标度		
	地 方	国 家	国 际
重要性排序	密度>距离>分割	距离>密度>分割	分割>距离>密度
核心生产要素	土地	劳动力	中间生产投入
经济力量	集聚	迁移	专业化
一体化政策重点	1. 公共制度 2. 基础设施 3. 激励措施		

[①] 撰稿人:段庆林,宁夏社会科学院副院长、研究员。

二 中国内陆地区三种发展模式分析

全世界有 43 个内陆国家,中国有 13 个内陆省、自治区、直辖市。而中国的沿边地区,从亚洲视角看也是内陆地区。内陆地区对外开放严重滞后,远低于沿海地区,也低于沿边地区。

中国内陆地区发展可以分为三种类型,一是临海型,如安徽、江西、河南等,靠近沿海地区,距离和密度都不是问题,最便于承接沿海地区产业转移。区域一体化政策实施不考虑空间因素的公共制度即可。二是都市型,深处内陆的重庆、四川、陕西等省份,具有特大型区域中心城市及其广阔的市场腹地,便于吸引外资,但同样面临距离的制约,需要实施公共制度和基础设施来弥补。三是临边型,如宁夏、甘肃、青海等省区,密度小、距离远,再加上国际分割和国内分割,需要公共制度、基础设施和激励措施三管齐下。

表3 内陆地区发展类型

	密度	距离	分割
临海型	√	√	×
都市型	√	×	×
临边型	×	×	×

注:√表示优势,×表示劣势。距离是指与沿海地区的距离。

1. 都市型

中国内陆地区的重庆、四川、陕西等省份,在密度上具有优势,但也同样面临距离的劣势。重庆很好地解决了内陆地区产品生产进项物流、出项物流和保税物流的问题。

2009 年,重庆市提出发展笔记本电脑产业。当时惠普的生产基地主要布局于上海、深圳、江浙等沿海地区,黄奇帆市长与笔电产业龙头惠普谈判,提出三个概念。① 第一个概念,全球笔记本电脑产量将翻番,新增的

---

① 刘亮、张桂林:《黄奇帆详解"欧亚大通道"》,《财经国家周刊》2011 年 11 月。

产量应布局在重庆。预测笔电产量 3 年内从 1.6 亿台增加到 3 亿台，希望 1 亿台能够在重庆生产。惠普的答复是，将生产基地设在重庆，零部件如果从上海、广东等地运来，运输时间长、物流成本高。第二个概念，重庆承诺吸引零部件厂商到重庆来。如果 3 年内不能做到 80% 的零部件在重庆本地生产配套，重庆包赔企业增加的成本。实际上只要龙头企业生产规模足够大，则为之配套的企业自然会跟过来建厂。第三个概念，通过渝新欧铁路降低运输成本。惠普的笔记本电脑主要销往欧美地区，在内地生产势必增加运输成本。运往美国的产品，从重庆还是上海到美国的运输成本差不多，主要通过航空运输解决。重庆提出利用亚欧大陆桥铁路来解决欧洲市场问题，惠普说 10 年前他们就曾想把货物通过南线欧亚大陆桥从上海运到欧洲去，但他们发现存在运费高、时间长、货物不安全等诸多问题，这条线基本行不通。在重庆市努力下，沿线六国海关和重庆联合签署便捷通关协议，开通了"五定"班列，成立了"渝新欧"铁路联运公司。渝新欧铁路使运往欧洲的时间从海运的 40 天缩短到铁运的 16 天，大大节约了运输时间和财务成本。如果解决回程物流问题，则非常具有竞争力。

重庆的招商模式不同于一味以提供优惠条件为代价的传统招商方式。一是重视产业链招商，建立了笔记本电脑等产业的品牌商+整机+零部件生产的全流程产业链，有效降低了进项物流成本。二是通过大力发展航空物流、铁海联运，开通"渝新欧"国际铁路联运大通道等方式，解决了内陆地区出项物流的问题。三是充分发挥重庆西永综合保税区和两路寸滩保税港区的作用，发挥了保税物流作用。

2. 临边型

临边型地区经济密度一般较低，劳动力缺乏，市场狭小，制约了吸引外商投资。河南等是人口大省，地方政府还需要为富士康解决招工难问题，这样的巨型企业在甘宁青等西北地区会难以生存，宁夏发展羊绒工业也长期面临招工难问题。所以，临边型地区想学习都市型地区大力发展劳动密集型产业也会受到密度的制约。

宁夏能否学习"渝新欧"物流模式？本来西北地区具有向西开放的区位优势，但亚欧大陆桥就在我们脚下，重庆那么远都可以利用，而我们却没有可以西运的货物，主要是我们缺乏外向型产业体系，西北地区只有陕西有能力开通长安号货运，而其因缺乏与西欧的传统贸易关系，首期也仅仅开通了西安到阿拉木图的货运，甘宁青蒙则更缺乏物流来源，应该通过加强合作解决向西物流问题。宁夏银川市到新疆阿拉山口铁路运距是2837公里，比到天津港的1460公里还远，无论向西开放还是向东开放，距离始终是制约因素。

以资源换投资模式。"以资源换投资"是西部地区典型招商模式，大型企业一般把配置煤矿、土地等资源作为投资条件。把资源优势转化为经济优势，是西部地区发展的基础。宁夏是资源初加工地区，与国内外的贸易联系也主要是提供能源及煤炭等资源初加工产品。但宁夏煤炭、土地等资源配置具有不可持续性，注重产业链招商和特色优势产业集群发展，通过产业配套和循环经济，降低企业间运输成本，是发展方向之一。临边型地区的发展，应该转变发展思路，创新内陆贸易开放模式。

积极承接产业转移。宁夏在招商中也具有能源等优势，承接东部产业转移以高载能产业为主，也有部分劳动密集型产业。如山东如意宁夏生态纺织产业示范园区，首期入园企业宁夏如意时尚产业有限公司一期投资75亿元建设纺纱、面料、衬衫等项目。其选址影响因素，一是能源优势，宁夏工业电价比山东便宜，还允许企业建设自备热电厂。二是保税物流，可以充分利用银川保税区节约资金成本，从澳大利亚进口棉花可以避免进口配额限制。三是区位优势，可以便利从新疆、中亚等地获得棉花资源。四是产业配套，宁夏是全国羊绒产业集聚区，如意集团计划在宁夏建设100万吨聚酯纤维及其加工项目，并与宝塔石化年产120万吨PTA项目对接，加速与本地优势产业对接。五是气候优势，西北地区气候干旱，没有梅雨季节，有利于纺织业控制质量。六是人才优势。石嘴山市等地的技术工人富集也是招商引资的优势之一。当然也面临节能减排、污染治理和招工难等问题。

目前东部沿海地区正在进行产业转型升级，宁夏应该把承接产业转移作为重点工作，围绕宁夏特色优势产业及资源优势，重点开展产业链招商。

3. 临海型

临海型地区毗邻沿海地区，具有区位优势，其主要开放经验如下。

一是大力承接产业转移。江西省委、省政府出台《关于全面扩大开放加快开放型经济发展升级的意见》，建立昌九扩大开放试验区，大力促进与周边省份的开放合作，协调推进赣粤产业合作区、赣闽产业合作区、吉泰走廊加工贸易重点承接地、赣浙闽皖开放合作区、赣湘经贸合作示范区等开放平台建设，共建赣闽粤原中央苏区联动发展新模式。河南省按照"大项目—产业链—产业集群—产业基地"的思路，依托180个省级产业集聚区，开展国家和省级承接产业转移示范区创建活动。

二是加强出口基地建设。河南省申建了许昌、南阳、洛阳等5家国家级出口基地，许昌经济技术开发区、南阳市被认定为国家科技兴贸创新基地，洛阳市被命名为国家摩托车及零部件外贸转型升级示范基地，省里命名认定了22家省级出口基地。江西省上饶茶叶基地、鹰潭眼镜基地、南昌市针织服装基地、赣州市家具基地成功入选国家外贸转型升级专业型示范基地名单。安徽省涌现一批以名牌家电企业为龙头的大规模工业园区，形成以合肥、滁州、芜湖为主体的家电研发、生产、销售、物流及相关配套企业集群的产业体系，汽车整车出口已连续8年列全国第一。

三是加快转型升级。河南省引进以富士康为代表的电子信息产业，使郑州航空港成为全世界最大的智能手机生产基地；通过引进一系列制冷企业，冷藏汽车市场占有率全国第一；机电产品、高新技术产品占出口比重分别达到了61.5%和49.2%。安徽省着力支持汽车、家电、装备制造、电子信息、新材料、资源能源、生物医药等重点产业进出口梯队，招商引资的大项目支撑作用明显，加工贸易进出口增势迅猛，推动了一大批高附加值产品走向国际市场。

三 破解内陆地区经济地理劣势的政策建议

(一) 构建内陆开放型经济核心区

一是充分重视沿黄经济区及其大银川都市区作为宁夏试验区核心区的地位。沿黄经济区是宁夏内陆开放型经济的核心区，大银川都市区是核心区的核心区。未来的区域竞争是城市群之间的竞争，应该加快沿黄经济区经济发展，吸引人口向沿黄城市带集聚，充分发挥沿黄经济区作为整体的竞争优势和产业承载能力。积极建设大银川都市区，提升宁夏核心功能，增强辐射带动能力。打造以银川综合保税区为中心的临空经济区。应该加快新型城镇化建设，逐步改变人口密度较小的劣势。

二是进一步优化沿黄经济区和清水河发展带产业布局。沿黄经济区产业布局是"一轴两边"，以109国道或包兰铁路为轴心，主要是发展总部经济、高新技术产业、现代服务业、装备制造业、现代农业等。重化工业等主要布局于太中银（正线和副线）铁路沿线丘陵地区和贺兰山东麓地区，即工业向南北两边上山布局。清水河发展带主要布局绿色农产品及其加工业、清真食品和穆斯林用品、生态文化旅游业、先进制造业等支柱产业。

三是加强新型城镇化建设。移民是缩短距离最自然的方式，要促进贫困地区人口向经济发达地区移民，加快实现新型城镇化。按照中央要求加快户籍制度改革，全面放开各县建制镇和小城市落户限制，有序放开吴忠、石嘴山、中卫、固原等中等城市落户限制，合理确定银川市落户条件，促进人口合理流动。建设银川—贺兰—永宁组团、大武口—惠农—平罗县城组团、吴忠—青铜峡—灵武组团三个组团式大城市。为实现规模经济，工厂必须足够大，但所在地则不必很大。只要运输成本合理，小城镇也足以启动内部的规模经济。中宁县就是实现"地方化"经济的典型代表。但城市化经济则必须以一定人口规模为基础，所以，沿黄经济区应该以工业经济为主，而大银川都市区应该以高新技术和现代服务业为主。把固原市建设成为宁南区域中心城市，加强基础设施建设。随着全国招工难现象的出现，以及房地产进入饱和期，城市之间人口争夺战将越演越烈，个别缺乏本地就业机会的市县人口规模将大幅度缩小，山区大县城建设应该把资金投入急需的基础设施和医疗、教育、扶贫等民生项目上，不要在县城房地产及铺摊子上过多用力。

（二）努力缩短经济距离

内陆地区运输距离远、运输成本高，改善一个地区的经济增长的前景在很大程度上取决于缩短经济距离。宁夏位于"丝绸之路经济带"运输大通道的边缘地区，尽快把宁夏融入国际大通道，是当务之急。

一是加强与周边地区互联互通。着力构筑连接内外、通江达海的对外开放大通道。宁夏最主要的外出通道是西安、兰州、北京和天津港。银西高铁年内开工，工程计划5年内完成，届时银川至西安铁路运时将从14小时降低到4小时。内蒙古额济纳到新疆哈密的铁路2015年12月正式开通运营，将已经建好的巴彦淖尔到额济纳铁路衔接成三北捷道，大大缩短新疆与华北运输距离。北京到呼和浩特的高铁在建之中，包头到银川、兰州到银川的高铁还在计划之中。宁夏目前正加快包兰、宝中及银川至定边等铁路项目的前期工作，甘武铁路也将年内开工。公路方面，加快青银、京藏、西线、东线等高速通道建设，过境宁夏固原的青兰高速等进展较慢，而北部内蒙古乌海与石嘴山的道路则存在断头路，加强与周边省区的协调非常重要。航空方面，利用航权开放政策，抓好河东国际机场三期扩建工程，组建宁夏基地航空公司，争取开辟银川至中亚、中东、东南亚等国家的国际航线。

二是完善物流园区功能。宁夏物流业基本形成了三大口岸、九大物流园区、十大专业批发市场的综合物流体系，对发展开放型经济起到重要作用。但部分园区功能还不够完善。如惠农陆路口岸货运量连年锐减，2012年比上年发货量减少21%，2013年又下降40%，主要是受国际经济危机影响。但口岸职能也不够完善，尚未取得危险品运输仓储运输资质、国际船级社认证资质，没有银行、报关行等办事机构，企业无法在惠农口岸一次性办结通关业务。没有建立与电子口岸相匹配的公共数据中心，无法实现互联互通。"五定"班列没有获批，铁路无法直达天津港，到塘沽需要二次"倒短"，影响物流效率。两年内铁路运费吨公里上涨30%，比汽车运输高60~80元/吨，汽车运输抢了铁路往返运输生意。中宁物流园区选址在太中银铁路线，而企业物流则主要使用运费更低的包兰铁路，物流园区与工业园区中间还隔了一道黄河大桥收费站，使中宁口岸不能发挥职能。因此，必须对物流园区进行整顿升级改造，以完善相应功能。

三是充分利用运输成本降低实现专业化生产。运输成本的降低密切了毗邻地区的贸易关系，而非远距离地区间的关系。高铁建设将大大缩短宁夏与西安、兰州、北京等地交通运输时间，规模经济将取代自然禀赋差别，日益成为贸易的基础。宁夏与周边地区的劳动力流动、旅游客流等将大幅度增加，与周边地区的煤化工等产业竞争则会加剧。贸易的地方化遥遥领先于全球化，加强与西北周边地区、与全国其他地区、与中亚等周边国家的贸易，显得非常重要。

（三）切实破解市场分割

市场分割可以划分为国际市场分割、国内市场分割等。参与国际贸易最大的障碍来自贸易制度壁垒。创新开放模式，降低交易费用，是内陆地区扩大开放的重要举措。

一是实行全方位开放。赋予沿海、内陆、沿边地区同等开放机会，促进优势互补，形成相互协调的通关机制。以向西开放形成西部地区开放新优势。

二是放宽投资准入。继续扩大开放领域，有序推进金融、教育、文化、医疗、商贸、物流等服务业领域开放，进一步推进一般制造业开放。内陆地区应该积极探索服务贸易等规避区位劣势制约的形式。

三是加快企业走出去步伐。确立企业和个人对外投资主体地位，鼓励重化工业到境外能源资源地投资建立生产基地，提升对外承包工程和劳务合作的质量。内陆地区特色优势产业需要提高国家化经营能力。

四是加快实施自由贸易区战略。始终高举自由贸易大旗，切实提高政府和企业掌握和有效运用国际贸易规则的能力。促进中海自由贸易区谈判，加快与周边国家的经济一体化。内陆沿边地区要在区域、次区域合作中发挥作用。

专题报告八　中阿丝绸之路的机遇与挑战[①]

2014年6月5日，习近平主席在中阿合作论坛第六届部长级会议上讲话《弘扬丝路精神，深化中阿合作》中，明确了中阿合作在"一带一路"建设中的突出地位，中阿合作提速为宁夏打造"丝绸之路经济带"战略支点指明了方向，是宁夏的重大发展机遇，将有利于进一步提升中阿博览会在中阿合作中的战略地位。宁夏回族自治区政府也提出了"1+2+3"的重点任务框架。即打造中阿博览会战略平台，中阿空中丝绸之路和中阿网上丝绸之路两条纽带，建设中阿人文交流合作示范区、中阿贸易投资便利化示范区和中阿金融合作示范区。[②]

宁夏已经成功举办三届中阿经贸论坛和两届中阿博览会，初步成为我国向西开放的战略平台，对加强中阿经贸合作和扩大宁夏知名度等都起到了重要作用。但由于宁夏区情特别是区位劣势等制约，宁夏在中阿贸易投资合作中还没有取得突破性进展。宁夏在中阿合作中机遇与挑战并存，必须破解宁夏密度、距离、分割等劣势对其参与中阿丝绸之路建设的制约。

一　打造中阿丝绸之路：货物贸易还是服务贸易？

（一）发展服务贸易是宁夏内陆开放型经济试验区的突破口

宁夏内陆开放型经济试验区已经不是20世纪80年代意义上的"特

[①] 撰稿人：段庆林，宁夏社会科学院副院长，研究员。
[②] 袁家军：《学习习近平主席深化中阿合作重要讲话精神，加速推进中阿丝绸之路经济带战略支点建设》。

区",而是适应当前国内国际贸易发展的"试验田",必须把适合内陆地区对外开放的制度创新作为重点,必须充分发挥宁夏试验区先行先试政策优势,探索内陆开放新模式。

在外向型产业体系尚未形成时,宁夏货物贸易不可能大幅度增加,可以把服务贸易作为宁夏试验区的突破口。同时,积极发展实体经济,建设中阿产业合作示范区、中海合作产业园等,打造外向型产业体系,增强货物贸易能力。

服务贸易是指服务的输入和输出的一种贸易方式。国际服务贸易项目大致可以分为三种类型,第一类是同国际货物贸易直接相关的古典国际服务贸易项目,第二类是同国际直接投资密切相关的要素转移性质的国际服务贸易项目,第三类是相对独立于货物贸易和直接投资的新兴产业的国际服务贸易项目。WTO服务贸易总协定12个服务部门是商业、通信、建筑、分销、教育、环境、金融、社会、娱乐、文化、运输、其他未包括的服务等。宁夏发展服务贸易,应该从中阿版权贸易、教育合作、文化创意产业、空中经济走廊、中阿金融合作、伊斯兰风格建筑设计等入手。

发展国际服务贸易,一是可以为改变中国服务贸易发展滞后做出贡献,二是服务贸易可以规避内陆地区运输距离大等弊端,三是可以充分发挥宁夏人文优势等。

(二) 打造四个丝绸之路

宁夏应该打造四个丝绸之路,即以货物贸易为主,积极探索陆路丝绸之路,开辟新兴市场;充分利用海上丝绸之路,维护传统贸易关系;以服务贸易为主,积极打造空中丝绸之路和网上丝绸之路,规避内陆开放劣势,培育竞争新优势。

1. 探索陆上丝绸之路

建设"丝绸之路经济带",主要是打造陆上丝绸之路。宁夏目前向西物流还很少,应该把基础设施建设、培育外向型产业体系、发展丝绸之路文化旅游产业等作为重点。加强与周边地区互联互通,充分利用欧亚大陆桥便利条件，发展与沿线国家和地区的货物贸易。

2. 对接海上丝绸之路

宁夏对外货物贸易，主要是通过海洋运输来承担，这是目前宁夏国际物流主通道，我们不能够因为强调陆上丝绸之路而忽视海上丝绸之路。应该积极维护传统市场关系。海上丝绸之路经过的东南亚、南亚、中东、北非的许多地区都是穆斯林地区，从宋元开始我国与阿拉伯国家的贸易就是主要通过海上丝绸之路，应该加强与东部沿海港口的战略合作。

3. 打造空中丝绸之路

宁夏银川市位于中国大陆几何中心，银川市是我国西北地区建立重要航空港的理想区位。银川河东机场处于"雅布赖"国际航路。宁夏应该充分研究内陆地区航空运输的特点，积极加强银川国际航空港建设，建立宁夏股份制航空公司，积极建设西北航空物流中心和货运中转基地，积极开通国际航空线路。充分利用航权开放政策机遇，将银川建设成为面向中东、中亚和东南亚国家的航空门户城市。

4. 打造网上丝绸之路

宁夏能源丰富、电力充足、气候寒冷、靠近市场，最适合建设云计算基地。大数据是云计算服务的基础，宁夏应该通过中阿博览会等平台，并大力发展跨境电子商务，形成关于中阿经济合作的大数据，鼓励大数据开发利用。把宁夏建设成为国内重要的电子商务出口基地和云计算服务输出地，建设网上丝绸之路。打造网上丝绸之路，要考虑阿拉伯国家消费习惯，切忌盲目投资。

二 宁夏参与中阿丝绸之路建设的政策建议

（一）打造中阿博览会战略平台

中阿博览会是我国向西开放的战略平台，必须切实创新中阿博览会办会机制，完善中阿共办、部区联办、民间协办的办会机制，加快与中阿合作论坛的机制对接。

中阿现代服务业是宁夏中阿博览会的支撑，中介人是宁夏在中阿经贸合作中的角色。要在中阿翻译队伍基础上，培养一批熟悉国际经济特别是阿拉伯国家和世界穆斯林地区经济事务的贸易、金融、法律、财会、认证等中介服务人才。宁夏人要走西域、闯中东、下南洋，政府能做的就是为他们提供教育等公共服务。当宁夏中阿经贸合作中介队伍形成规模，则中阿博览会才会开得有支撑、开得有价值、开得更理直气壮。

（二）建设中阿贸易投资便利化示范区

根据《中国—阿拉伯国家合作论坛2014年至2016年行动执行计划》，宁夏应该积极鼓励企业对接项目。充分利用中阿博览会机制，创新和推动中阿贸易投资便利化。支持宁夏电力企业共同投资建设电力能源项目，加强可再生能源合作，交流节能环保技术，鼓励宁夏石油炼化企业参与中阿石油合作。加强农业合作，交流节水技术，开展沙漠化防治和干旱治理的培训。充分利用阿拉伯国家成为中国公民组团出境旅游目的地政策，把宁夏建成中阿旅游合作的重要窗口。鼓励民间交流，促进民心相通。

（三）建设中阿金融合作示范区

金融是现代经济的核心，宁夏参与中阿金融合作要选准切入点，因为资本是逐利的；还需要符合中国金融开放政策，选准突破口。国家正在合作建立中国阿联酋共同投资基金，主要投资高端制造业、基础设施和清洁能源等领域；邀请阿拉伯国家参与亚洲基础设施投资银行筹建。争取国家将"中国—阿联酋共同投资基金""阿拉伯投资风险基金"设立在宁夏。宁夏应该把西部大开发的基础设施建设、大型文化集团的投资等作为重点。支持阿拉伯国家和穆斯林地区企业及机构在宁夏设立商会等商务服务机构、金融分支机构。大力促进离岸金融和人民币跨境结算业务发展，宁夏应积极争取使宁夏成为我国面向阿拉伯国家和世界穆斯林地区的离岸金融业务试点区域。

(四)建设中阿人文交流合作示范区

宁夏应该努力克服区位劣势,把宁夏建设成为中阿文化交流和国际版权交易的龙头省区。应该进一步加强宁夏与阿拉伯国家和穆斯林地区文化交流,加大中阿翻译出版、阿语软件、地方特色动漫设计、特色旅游纪念品工艺品,中阿音乐、舞蹈、影视等文艺交流,把银川市真正建设成为中国回族文化中心。积极争取宁夏承担中阿典籍互译出版工程任务,在宁夏进行出版业开放试点,把宁夏建成中阿版权贸易的龙头平台。

在义乌、广州等地大批的民办阿语学校毕业生承担着阿拉伯客商的翻译、商务服务等工作,也有许多受过高等教育或留学的青年在国家机关、文教机构等从事对阿外事工作,宁夏试验区规划把宁夏定位为我国阿语人才培训基地。目前宁夏有4000多名在校学生学习阿拉伯语。2014年,在中国—阿拉伯国家合作论坛第六届部长级会议上,习近平主席鼓励中阿更多青年学生赴对方国家留学或交流,2014年以后,我国将为阿拉伯国家再培训6000名各类人才。宁夏应该积极承担互派留学生、教育合作、职业培训、中阿艺术家互访交流、中阿文化机构开展对口合作、邀请阿拉伯文化艺术人才来华研修等任务,积极培养中阿经贸、科技、商务管理、工程等方面的人才。

专题报告九 中国西北地区"一带一路"建设中的战略分析[①]

2013年9月习近平主席访问中亚四国时提出共同建设"丝绸之路经济带"的倡议,内涵是加强政策沟通、道路联通、贸易畅通、货币流通、民心相通。2014年5月,国家发改委起草的《丝绸之路经济带和海上丝绸之路建设战略规划》,上报国务院常务会议讨论。2015年3月,国务院授权国

---

① 撰稿人:段庆林,宁夏社会科学院副院长、研究员。

家发改委、外交部、商务部联合发布了《推动共建丝绸之路经济带和21世纪海上丝绸之路的愿景与行动》。提出把新疆打造成丝绸之路经济带核心区。发挥陕西、甘肃综合经济文化和宁夏、青海民族人文优势，打造西安内陆型改革开放新高地，加快兰州、西宁开发开放，推进宁夏内陆开放型经济试验区建设，形成面向中亚、南亚、西亚国家的通道、商贸物流枢纽、重要产业和人文交流基地。"丝绸之路经济带"发展战略为我国西北地区提供了难得的发展机遇。

中央"一带一路"倡议提出后，各地积极响应。概括起来，各省、自治区、直辖市建设"一带一路"的思路和举措有如下方面。

一是各地积极抢先确定本省在实施战略中的定位。陕西提出打造"丝绸之路经济带"新起点，甘肃提出打造"丝绸之路经济带"黄金段，新疆提出建设"丝绸之路经济带"核心区，其新起点、黄金段、核心区定位，均形象而重要。河南、重庆等省市也在积极确定新起点定位。

二是积极发展特色优势产业。陕西西安市提出建设"一高地六中心"，其中特别提出建设能源储运交易中心。甘肃比较注重文化旅游产业开发，新疆将建设成为周边国家服务的医疗服务中心，宁夏更加注重发展现代服务业。

三是各省份基本形成独特的开放平台。值得注意的是甘肃将兰洽会更名为中国丝绸之路博览会。陕西举办欧亚经济论坛已经多年，并已经召开西洽会暨丝绸之路国际博览会。宁夏对阿拉伯国家、新疆对中亚、青海对土库曼斯坦，均有重点联系地区。宁夏有内陆开放型经济试验区，陕西有西咸新区，甘肃有兰州新区，青海有生态文明先行区等机制和政策。

四是大通道建设是当务之急。作为"丝绸之路经济带"互联互通的战略通道，甘肃、新疆和青海是"铁公机"项目最多的省区。青海将成为连接西北与西南地区的交通枢纽。内蒙古则建设哈密—额济那—巴彦淖尔铁路，这条三北捷道建设将大大缩短新疆与华北的运输距离。

五是打造战略合作支点。陕西提出建设"丝绸之路经济带"自由贸易园区，新疆提出建设中国—中亚自由贸易园区，宁夏应该积极争取建立中阿自由贸易园区或中国—海合会自由贸易区地方经济合作示范区。宁夏提出建设中阿丝绸之路、中阿互联网经济试验区和中阿金融合作试验区，打造中阿博览会平台。

表4　中国西北地区丝绸之路经济带定位

	定位	大产业	大平台	大通道
陕西	打造"丝绸之路经济带"的新起点和桥头堡	西安市着力打造"丝绸之路经济带"开发开放高地和金融商贸物流中心、机械制造业中心、能源储运交易中心、文化旅游中心、科技研发中心、高端人才培养中心	欧亚经济论坛 西洽会暨丝绸之路国际博览会 西咸新区 丝绸之路经济带自由贸易园区	建设西安国际化大都市 "长安号"国际班列 西兰高铁
甘肃	打造"丝绸之路经济带"黄金段	把甘肃建设成为丝绸之路的黄金通道、向西开放的战略平台、经贸物流的区域中心、产业合作的示范基地、人文交流的桥梁纽带。重点推进道路互联互通、经贸技术交流、产业对接合作、经济新增长极、人文交流合作、战略平台建设等六大工程	三大战略平台：兰州新区、敦煌国际文化旅游名城和"中国丝绸之路博览会" 敦煌行·丝绸之路国际旅游节 在白俄罗斯、中亚设立甘肃产业园	打造兰州国际物流中心 兰新高铁 成兰高铁 兰渝高铁
宁夏	打造"丝绸之路经济带"战略支点	建设丝绸之路战略支点"1+2+3"任务框架：打造中阿博览会战略平台、建设中阿空中丝绸之路和网上丝绸之路两条纽带，建设中阿人文交流合作示范区、中阿贸易投资便利化示范区和中阿金融合作示范区	宁夏内陆开放型经济试验区 中国—阿拉伯国家博览会	打造中阿空中丝绸之路 银西快铁
青海	打造"丝绸之路经济带"上的战略基地、重要支点和人文交流的桥梁和纽带	打造柴达木循环经济试验区、海南生态畜牧业国家可持续发展试验区和西宁国家级太阳能光伏产业区3大经济先行区	青洽会 中国（循化）—土库曼斯坦经贸论坛 国家生态文明先行区 在土库曼斯坦建设中国撒拉尔大巴扎	打造连接我国西北与西南两大经济区的交通枢纽。三大交通线：格尔木—库尔勒铁路、格尔木—成都铁路、格尔木—拉萨高速公路

续表

	定位	大产业	大平台	大通道
新疆	建设成"丝绸之路经济带"上的核心区	努力将新疆建设成"丝绸之路经济带"上重要的国际性综合交通枢纽中心、商贸物流中心、金融中心、文化科技中心和医疗服务中心，建设成国家大型油气生产加工和储备基地、大型煤炭煤电煤化工基地、大型风电基地和国家能源资源陆上大通道	中国—亚欧博览会 中国—中亚自由贸易园区	加快推进中吉乌铁路、中巴铁路等项目 三条疆内铁路建设：额济纳至哈密、将军庙至哈密、库尔勒至格尔木

为了更好地建设丝绸之路经济带，我们提出如下建议。

一 借"丝绸之路经济带"东风破解西北地区工业化难题

改革开放以来，中西部地区劳动力通过劳务输出参与沿海地区外向型经济，但全国劳动力市场还存在两大分割，一是城乡二元结构。传统的二元结构还没有彻底打破，体制和社会结构壁垒制约人的城镇化，农民工融入城市步履艰难。二是内地—边疆结构。我国边远地区如西藏、新疆，内蒙古和青海的草原地区，六盘山区、秦巴山区等集中连片特贫地区，受资源条件制约还处于工业化初期，尤其是少数民族受语言、习俗、技能等制约，很少参与内地劳务输出，边疆地区工业化现代化问题突出。

为了解决内地—边疆结构，2014年召开的第二次新疆工作座谈会，提出新疆将建立劳动密集型产业发展专项基金，重点支持纺织服装产业发展，实施百万人就业计划，并在南疆支持一批"短平快"项目，培育一批民营企业带动就业。包括央企在内的所有驻疆企业、政府投资以及各类援疆项目，70%以上的新增用工指标需用于吸纳当地劳动力就业。推进就业失业实名制管理，消灭"零就业"家庭。有序扩大新疆少数民族群众到内地接受教育、就业、居住的规模。

建设"丝绸之路经济带"，可以使西北地区充分发挥其区位优势、人文优势、资源优势等，积极承接产业转移，解决城乡二元结构和内地—边疆结构，实现工业化和现代化。

西北地区受水资源制约严重，加快南水北调西线工程和大柳树水利枢纽工程，是解决西北地区发展问题的关键措施，将为西北地区参与"丝绸之路经济带"建设提供水资源保障。西北地区目前的支柱产业——农业和能源是耗水大户，当务之急必须相应调整产业结构。

一是大力发展节水型农业和特色农产品加工业，通过水权转换等增加工业、城镇、生态用水，西北地区适当减少农业比重，发展劳动密集型产业，提高西北边疆人口承载能力，东部地区适当增加农业种植，减少劳动密集型产业。二是适当控制高耗水的能源和重化工产业发展，发展新能源以优化能源结构。三是适当发展劳动密集型产业，解决当地居民就业，尤其是如果"丝绸之路经济带"成功开辟中亚、中东、东欧新兴市场，则西北地区完全可以利用区位优势发展轻工业。四是积极发展旅游业等现代服务业。五是通过教育、职业培训等提高少数民族的汉语等技能，提倡多元化就业，把内地与边疆一体化作为打造"命运共同体"的第一步。

二 加大对各地国际物流大通道的整合

我国参与向西开放的国际物流大通道，目前除了重庆到德国杜伊斯堡的渝新欧铁路线路之外，已经开通的还有四川成都到波兰罗兹的蓉欧快铁线、陕西西安到哈萨克斯坦阿拉木图的长安号、河南郑州到德国汉堡的郑新欧线、湖北武汉到捷克梅林克的汉新欧线。东部沿海地区和内陆的重庆、四川、河南、湖北等省市，由于已经存在的与欧洲传统市场的关系，往往能够抢得向西物流的先机。宁夏开辟中阿号，重点开展中国—中亚—西亚经济走廊合作。

其特点，一是具有富士康等外向型产业支撑，二是把欧亚大陆桥作为欧洲传统市场的更便捷运输渠道，三是回程货源问题普遍没有解决，四是地方政府存在大量财政补贴的初期支持。

应该以"长安号"为统一标示，整合欧亚大陆桥沿线国内各省区的西向国际物流，对于带动甘宁青新等省区发展有积极意义。也鼓励沿海或重庆等地区，能够确实通过欧亚大陆桥来降低出项物流成本。宁夏应该尽快建设银西快铁，争取银川与兰州、呼和浩特市等地的高铁建设。

建设"丝绸之路经济带"，主要目标应该是充分发挥西北地区的区位等优势，利用国际国内两种资源两个市场，实行全方位开放。这并非海洋战略受挫后的折中选择，而是西部大开发升级版。西北地区也不仅仅是充当通道，而应当是建设"丝绸之路经济带"的重点地区。我国目前主要从中亚地区输入石油、天然气、矿产品、棉花等，中国产品在中亚、中东还缺乏竞争力，必须把培育西北地区外向型产业体系作为重点任务，努力提高产业产品档次，开辟新兴市场是长期任务。

三 把西宁—兰州—银川经济区建成"丝绸之路经济带"的开放前沿

历史经验表明，喀什—兰州是稳定西北的战略线，其中兰州是中原与西域经济政治联系的咽喉要地。从新疆经过河西走廊进入内地，第一块精华地带就是宁夏沿黄城市群、甘肃兰白核心经济区、青海海东城市群。

一是为了加强喀什与内地的交通往来，应该建设西宁—若羌—和田—喀什铁路。形成包兰—西喀线与陇海—兰新线的交叉运输网络。当中巴经济走廊建成后，宁夏可以开辟宁夏—巴基斯坦—阿拉伯国家的海铁联运国际大通道。

二是提高中卫作为"丝绸之路经济带"铁路货运枢纽战略地位。兰新高铁建成后，西宁客运地位上升，原来河西走廊普通铁路将主要作为货运线运行，中卫作为连接新疆与内地最为便捷的交通枢纽，我国西气东输重要节点，其应该成为华北、华东、西南等方向的货运中转地。

三是西兰银经济区是向西开放的战略前沿。西兰银经济区处于资源与市场交接地带，具有土地、水资源、产业等优势，也具有宁夏试验区、兰州新区等政策支持，应该积极承接产业转移。应该强化西兰银经济区在"三线建设"时期形成的装备制造能力。

建设西兰银经济区不是提倡政府间签协议、办会议、搞规划等。《全国主体功能区划》已经把宁夏沿黄经济区和西宁—兰州地区作为 18 个重点开发区域，应该加强互联互通，协同发展。积极发展特色优势产业集群，为建设"丝绸之路经济带"奠定基础。

四 实施人力资源开发计划

西北地区的区位和密度不利于招商引资，没有大规模输出商品的资源条件。没有大规模生产就没有大规模物流，也就没有过高的外贸依存度。但人口少的劣势换个视角就会成为优势，近些年来宁夏许多单项工作走在了全国前列，就是小省区容易解决问题，我们没有过多的包袱。应该转变发展思路，在输出商品的同时更多地输出人才，应该紧紧抓住以人为本的核心，加大人力资本投资，大力开发人力资源，积极促进充分就业，努力提高城乡居民收入水平，激发各类人才的创新能力。宁夏要学习以色列，走技术创新发展之路；而不应是学习沙特阿拉伯，仅依靠卖资源致富。要把宁夏人力资源开发计划作为一个整体思路，提高到战略高度来认识。

一是实施十二年义务教育。目前教育资源仍然处于短缺状态，而且初等教育优质教师资源也早已向大中城市流动，由于中考、高考竞争激烈，缺乏良好教育资源的农村子弟大部分过早地失去了升学的机会。宁夏农民工以初中学历为主，通过接受高等教育来改变农村子弟的社会地位，是人口城市化最为稳妥的途径，减少农民工是彻底解决农民工城市融入问题的关键。知识改变命运，应该实施有收入差别的教育支持方案，率先实施十二年义务教育。实施公共服务均等化，将教育资源向农村、山区倾斜。

二是建立现代职业教育体系。实施就业优先战略，以建设现代职业教育体系为突破口，对教育结构实施战略性调整，发展多层次职业教育体系。转型的中心问题是课改，注重培养经济建设急需的科技、理工、工商等实用人才，强化职业素质和职业技能，强调动手能力，培养应用型高技能人才。

三是实施宁夏人走出去战略。中国实施企业走出去战略，宁夏要实施宁夏人走出去战略。宁夏许多人缺乏资金、技术和闯荡精神，在本土"等、靠、要"思想严重。宁夏人走出去，不是简单地发护照推出去，也不是搞境外创业基金花钱鼓励出去，而是要加强培训。对农民工要加强职业技能培训，如青海的"拉面经济"就可以学习。应该重点鼓励到欧美发达国家留学，也适当增加阿拉伯国家经贸专业的留学生。走出去才能开阔眼界，结交更多商业伙伴，寻找更多市场机会。通过老乡带老乡模式，使更多宁夏人走出去。

四是实施人才强区战略。尊重劳动，改革收入分配制度，推行工资集体谈判机制，保护劳动所得，确保劳动报酬随劳动生产率同步提高；尊重知识，加强知识产权保护，强化权力制约机制，淡化"官本位"思想；尊重人才，实施人才强区战略，充分发挥本地人才优势，引进和用好急需人才；尊重创新，完善科技创新激励机制，激发创新活力。

专题报告十
干部群体对"一带一路"倡议相关问题认知调查[①]
——基于宁夏调研问卷数据分析[②]

干部群体对"一带一路"的认知会直接影响该倡议的推进状况和宁夏战略支点建设的成功实施。构建本书围绕宁夏参与"一带一路"的调查问卷总样本量虽然不大，但是鉴于县处级干部对地方事务决策和区域整体政策执行影响的重要性，笔者仍然试着分析了这一群体对参与"一带一路"建设的认知、想法等极为重要的信息，问卷中反映出的一些问题值得重视。

[①] 撰稿人：周竞红，中国社会科学院民族学与人类学研究所，研究员。
[②] "丝绸之路经济带构建中的宁夏发展战略研究"课题组分别于 2014 年 5 月、7 月到宁夏回族自治区五个市进行调查，其间与自治区和五市的工商、发改、政研、经济开发区等部门干部座谈，由此获得地方政府的干部群体对"丝绸之路经济带"建设战略及其实施相关情况的信息，随机发放 48 份问卷，回收 48 份，问卷回收率 100%。受访者基本信息：处级干部比重 81.25%，87.50% 具有大学以上教育程度，汉族干部占 77.08%，回族占 18.75%，受访者年龄构成中 40 岁以上占 68.75%，30~39 岁的占 18.75%。

一 问卷统计及基本情况

对所获问卷信息的基本统计显示，97.91%的受访者关注"一带一路"建设的信息，他们中91.66%的受访者肯定"丝绸之路经济带建设给宁夏带来战略机遇"的说法，只有6.25%的受访者不完全同意这一说法，还有2.08%的受访者对这一判断"说不清"。81.25%的受访者认为宁夏参与"丝绸之路经济带"建设具有经济优势，10.42%的受访者否定宁夏具有这样的优势，8.33%的受访者选择"说不清楚"。

向西开放的目标国家选择是影响宁夏参加"丝绸之路经济带"建设战略定位和发挥作用的一个关键因素。从问卷信息统计来看，31.25%的受访者关注中东和中亚所有国家，16.67%的受访者同时关注中亚和中东国家，只关注中东国家的占35.42%，只关注中亚国家的占12.50%，由此可见，受访者总体更关注中东，而不是中亚。从而为宁夏支点战略实施提供了一个客观的参考。

参与"丝绸之路经济带"建设的路径选择或先行突破的选择或切入点在何处，对此人们有着不同的想法。在调查问卷中给定的6个可能选项中，受访者有着不同的判断和选择。27.08%的受访者将问卷给定的6个选项全部选出，可见选择者思考这一问题时没有重点观念，认为给定的6个选项都属选择范畴；10.42%的受访者只选其中的一项，分别涉及服务于向西开放的体制机制改革、金融和投资合作、伊斯兰金融人才培养；选两项的受访者占12.50%，受访者所选各项涉及服务于向西开放的体制机制改革和宁夏对外开放大通道建设、宁夏对外开放大通道建设和清真食品用品加工；14.58%的受访者选三项，涉及具体内容包括了给定的6个选项，其中频度最高的是旅游业，其次是清真食品用品加工、服务于向西开放的体制机制改革，金融和投资合作、宁夏对外开放大通道建设、伊斯兰金融人才培养选择频度相同；25.00%的受访者选择四项，按频度由高至低依次为宁夏对外开放大通道建设、旅游业、金融和投资合作、服务于向西开放的体制机制改革、清真食品用品加工、伊斯兰金融人才培养；

12.50%的受访者选五项,依被选频度由高至低分别为金融和投资合作、宁夏对外开放大通道建设、清真食品用品加工并立首位,其次是服务于向西开放的体制机制改革、伊斯兰金融人才培养、旅游业。本题有第7个选项属于开放性选择,期待受访者针对本市县基本情况提出有针对性的切入点,但是受访者无一选择此项。原因可能与受访者不主持本区域参与宁夏支点战略核心决策相关。

内陆开放型经济试验区是宁夏改革开放体制机制改革的重要实践,宁夏在争取国家政策支持、中央政府各部委政策支持措施方面已十分明确,宁夏先行先试也取得了一定的进展,从问卷显示的信息统计判断,受访者对此项改革了解程度还不能令人满意。肯定"了解"试验区建设主要内容的受访者只占37.50%,"了解一些"的占58.33%,"不了解"的占4.16%,也就是说全面"了解"试验区建设主要内容的受访者还不到40%;"了解"试验区经济架构的只有25.00%,"了解一些"的占64.58%,"不了解"的占10.42%。受访者对于宁夏内陆开放型经济试验区先行先试措施的了解程度也较低,其中54.17%的受访者空置此题,14.58%的受访者提到保税区建设,明确写出"不清楚"或没有的受访者占4.17%,受访者正确地提到"8+1"工程的占2.08%,单项提到规划、金融、第五航权、机构、清真产业、政策等具体措施的占25.00%。受访者对宁夏内陆开放型经济试验区的战略定位给予了高度肯定,93.75%的受访者认同宁夏定位为"国家向西开放的战略高地""清真食品和穆斯林用品产业集聚区"符合宁夏实际,肯定"国家重要的能源化工和能源储备基地"定位符合宁夏实际的占受访者的68.75%,认为"国际旅游目的地"符合宁夏实际的占受访者的64.58%,62.50%的受访者认为"承接产业转移的示范区"符合宁夏实际。

人才问题是西部各省区发展面临的具有共性的问题,但是各区域人才缺口有共性也有具体特性,各级干部对此应有更清晰的认知才有利于人才成长机制的创新。受访者对问卷关于本区域急需人才选项排序中,首位选择比重最高为经营管理人才,达45.83%;其次为专业技术人才,占

33.33%；最后是行政管理人才，占12.50%。末位选择比重最高的是行政管理人才，占72.92%；其次是专业技术人才，占12.50%；最后为经营管理人才，占6.25%。中位选择比重最高的是专业技术人才，占45.83%；经营管理人才占39.58%，行政管理人才只占6.25%，干部们对本区域经营管理人才、专业技术人才缺乏认可度较高，意见较为一致。

  作为民族自治地方，宁夏有其法定的政策优势和政策空间，受访者对此也有明确的意识，33.33%的受访者认为"民族区域自治制度可为宁夏参与丝绸之路经济带建设提供更多政策支持和发展空间"；47.92%的受访者认为所提供的政策支持和发展空间不太多；持完全否定态度的占12.50%；选择"不了解"的占4.17%。62.50%的受访者认为"民族区域自治立法"更有利于加强宁夏参与"丝绸之路经济带"建设；22.92%的受访者认为"地方立法"更有利于加强宁夏参与"丝绸之路经济带"建设；6.25%的受访者表示不清楚两者哪个更有利。

  问卷统计也显示，受访者中不了解丝绸之路周边国家的政策法律情况的十分普遍，占受访者的25.00%，了解有限的占70.83%，了解较多的只有4.17%。受访者不了解中央及国务院有关"丝绸之路经济带"建设相关政策的也较多，占18.75%，了解一些的占77.08%，了解较多的只有2.08%。人们对于以伊斯兰文化为纽带加强宁夏与中亚、西亚、北非等地区经贸文化往来会给当地稳定带来负面影响有疑虑，31.25%的受访者表示有些担心，66.67%的受访者不存在这类担心。

  认为参与"丝绸之路经济带"建设宁夏具有人文优势的占受访者的64.58%，持否定态度的占29.17%，还有6.25%的受访者说不清楚宁夏是否有人文优势。对宁夏可具体利用的人文优势和对外开放活动的两个调研题目的缺失信息最高，分别占受访者的22.92%、56.25%；也有受访者提到穆斯林文化、黄河文化、区位优势、阿语人才、阿博会、回商大会等，对已开展活动的评价不是很高，认为很好的有18.75%，比较好的有35.42%，一般的有37.50%，没有完全否定性的评价。

二 问卷信息反映出的主要问题和相关建议

从调查信息来看，宁夏参与"丝绸之路经济带"建设的宏观定位明确，决策层对于相关信息的关注度也非常高，但是仍存在一些亟待解决的问题。其中最主要的有以下几类。

1. 宁夏关于参与"丝绸之路经济带"建设的战略安排细化及其对干部的政策意识和政策知识影响还有待强化。"8+1"工程①被作为宁夏内陆经济试验区的突破口，对每个市县的影响都有直接作用，问卷中开放性的几个相关题目信息的缺失直接反映出相关战略安排尚未深入人心。宁夏仍然有必要强化干部培训，使各相关部门都充分了解自治区的战略安排，从而在日常的管理中落实战略精神和具体战略措施及项目。

2. 本区域内各市县在参与"丝绸之路经济带"建设中的角色和战略安排有待细化。虽然没对问卷进行交叉分析信息的支持，但是依据座谈和对各不同市县自然资源、文化资源、经济发展状况等观察，问卷中反映人们高度关注"丝绸之路经济带"建设，但是行动并不十分活跃，这表明宁夏本身的战略布局尚不明确，应依据各县市的具体情况予以明确定位，以便相互配合协调。

3. 从问卷信息统计来看，人们已认识到宁夏参与"丝绸之路经济带"建设的主要优势，但是这些认识仍然表现出宏观化和表面化，各级政府对本区域经济、文化方面的优势家底不清是问卷和座谈信息反映出来的一个主要问题。在明确战略定位的同时，各地还需要清楚自己的家底，这些家底包括人们参与"丝绸之路经济带"建设的民间主体、意愿、行动、可能条件，政府可能提供的政策支撑及对可能要面临的新挑战等有明确的意识。

4. 宁夏或西北诸省份为参与"丝绸之路经济带"建设进行着积极的准备，但是整体而言，宁夏在相关战略和工作安排中，对市场主体，特别是

---

① "8"为高标准办好中阿博览会、高起点建设试验区核心区、加快建设对外开放通道、高效益建设宁东能源化工基地、建设中国清真产业园、高品质建设国际旅游目的地、建设银川综合保税区、固原示范区建设；"1"为创造性推动重点领域改革和重大政策突破。

小企业和民营企业等主体关注还不够，特别是对于民间交流的意愿、主体、民间主体的基本人口构成状况等缺少应有的关注，因此，在民心相通等方面便难以有更具针对性的措施和更有成效的工作。

5. 应尽快选择好丝绸之路重点目标国家，并对相关国家进行深入研究，使具体工作部门的干部或相关机构透彻地了解丝绸之路相关国家的政策、法律、制度等，保障"政策沟通"更有目标、更有深度、更有效率，也使"贸易畅通""货币流通""民心相通"有良好的政策和制度依托。

总之，在"一带一路"建设过程中，围绕"政策沟通""道路联通""贸易畅通""货币流通""民心相通"，宁夏还有很多细化的工作要做，需要深入观察和讨论。

专题报告十一　构建与发展：固原市"一带一路"建设思路观察[①]

宁夏回族自治区固原市是位于古代丝绸之路东段北道的重要节点，有"丝绸古镇"之誉。固原也号称"苦甲天下"，是宁夏著名的干旱和贫困区，联合国粮农组织称之为"不适于人类居住的地方"，也是有名的国家重点扶贫"三西"地区之一。著名的"西海固"[②]构成今天固原市行政区的大部分区域。为摆脱贫困，各级政府和民间社会都展开了积极努力，也取得了一定成果，但是仍然需要解决深度贫困问题。随着改革开放的深入，中央提出建设"丝绸之路经济带"和"21世纪海上丝绸之路"愿景并积极行动，借助既有的行之有效的区域合作平台，依靠中国与有关国家已有的双多边机制，在和平发展目标的引领下，光大古代丝绸之路的历史符号，积极推进国际经济合作，共同打造政治互信、经济融合、文化包容的利益共同体、命运共同体和责任共同体。这为固原市进一步转变和拓展发展思路

---

① 撰稿人：周竞红，中国社会科学院民族学与人类学研究所，研究员。
② 西吉、海原、固原、隆德、泾源、彭阳6个贫困县的总称。

提供了新机遇和更为广阔的视野。固原市也成为观察和研究民族地区基层参与"一带一路"建设的个案。

一 发展状况与基础条件

固原市地处宁夏南部山区，2002 年撤地设市，行政面积 1 万余平方公里，2004 年辖 4 县 1 区（即西吉县、隆德县、泾源县、彭阳县、原州区）。据统计，2013 年，固原市户籍总人口 154.19 万，其中，农业人口 125.46 万，回族人口 71.88 万，回族人口占总人口的 46.6%。[1]

固原市是个穷地方，其贫困之深曾名动全国名扬"国际"。人地矛盾突出、干旱缺水、发展基础弱是固原深陷贫困的重要原因。20 世纪 80 年代初，固原有 70% 以上的农民生活得不到温饱[2]，1983 年，这里被列为全国第一个区域性农业扶贫开发工程，各级政府投放相应的政策推动西海固脱贫步伐，同时还得到联合国粮农组织的粮食支持。历经差不多 20 年专项资金[3]扶持以及对口支援等措施的实施，固原经济社会面貌有很大转变，人们生活不断得到改善。但 2009 年全市仍有 50 万人生活在贫困线（人均年纯收入 1350 元）以下，贫困人口占宁夏回族自治区贫困人口的一半。[4] 2015 年，全市农民人均可支配收入提升到 7002 元，贫困人口减少到 26.7 万人，贫困发生率下降到 17.8%。[5]

固原作为一个贫困人口集中分布，同时承担繁重自然环境生态治理任务的地级市，在推动本地区发展进程中，探索以草畜、马铃薯、劳务、旅游为支柱的产业发展路径，整体上改善了固原绝对贫困的经济面貌。

经济发展增速提质。2013 年，固原市经济发展呈现出更为突出的特点：

---

[1] 固原市人民政府网站，http：//www.nxgy.gov.cn/article/201406/18231.html，2014 年 11 月 23 日。
[2] 《固原市志》，宁夏人民出版社，2009，第 2682 页。
[3] 资金来源于银行贴息贷款、扶贫专项贷款、农业建设专项资金。
[4] 《固原年鉴（2011）》，甘肃文化出版社，2011，第 620 页。
[5] 蔡文刚：《固原：树状精准扶贫拔穷根》，《时事报告》2016 年第 8 期。

第一，经济发展速度加快，质量提升，地区生产总值、固定资产投资、农业增加值、工业增加值、第三产业增加值、地方公共财政预算收入、城镇居民人均可支配收入和农民人均纯收入等八项指标增幅均居全区五市首位。特色农业、工业经济、旅游产业得到产业支持，形成良性的产业支撑力。特色农业以基地建设和市场营销为抓手，主打六盘山农产品品牌，"中国马铃薯之乡""中国冷凉蔬菜之乡""天然中药材宝库"等名号为六盘山农产品品牌加分增色。第二，城乡建设统筹推进，特色明显。对本区域生态文化资源挖掘和利用成效显著①，2013年，固原市在旅游业融合与创新论坛暨最美中国榜发布会上被评为"最美中国·特色魅力旅游目的地城市"，2014年固原市再次荣登"2014旅游业最美中国榜"，并获得"最美中国·文化旅游民俗（民族）风情目的地城市"殊荣。同时，固原市对外开放步伐加快，2013年在中阿博览会期间与阿联酋皇家投资局达成建设六盘山旅游国际休闲度假区项目，项目占地面积817公顷，由休闲度假区和狩猎场两部分组成，项目落成后主要有疗养健身、商务会议、休闲避暑、娱乐文化、狩猎运动等功能，将极大提升固原旅游服务接待档次，项目已进入全面实施阶段。②

城镇发展有亮点。作为宁夏回族自治区副中心城市，固原是唯一非沿黄城市，在宁夏五市中处于发展中位，经济发展提升速度加快，经济总量实现突破性跨越，农业发展保持较好势头。据2011年城市综合评价结果，固原在宁夏五个市中排第三位，但宁夏五个市中除银川在本区域排首位、在全国排157名，其他几个市均排在200名以后，固原为279名。③ 2013年，固原市政府投入9.1亿元，推进区域中心城市、县城和中心镇建设，城市控制性详规和城市道路、供排水、供热、供气专项规划等修编评审工作

---

① 《政府工作报告》（固原市第三届人民代表大会第二次会议），http://xxgk.nxgy.gov.cn/article/szf/201402/26237.html，2014年11月23日访问。
② 《"六盘山国际旅游休闲度假区开发项目"进入论证阶段》，《新消息报》2014年10月18日。
③ 《中国城市科学发展综合评价报告（2012年）》，中国社会科学出版社，2012，第179页。

完成，城镇基础设施建设日益完善，宁南区域中心城市功能日趋完善，宜人景象正在形成。①

挖掘相对优势资源有特色。固原自然资源和经济文化资源优势并无绝对优势，但是在发展驱动下，需要因地制宜推动各类产业的发展，打造属于固原市自身的业态，挖掘相对优势资源有成果、有特色。固原市基本自然资源构成中，首先，矿产资源丰富，已探明煤炭储量30亿吨，远景储量130亿吨以上，是宁夏第二大煤田；岩盐探明储量26亿吨，远景储量100亿吨以上；石油探明储量2396万吨，远景储量5亿吨。其次，与宁夏区内其他市相比较，固原自然生态有其不可替代的独特性。境内以六盘山为南北脊柱，将全市分为东西两壁，而六盘山国家森林公园使这个名声在外的贫困之地，拥有一个天然氧吧，为其挖掘特有自然资源，打造相关产业提供了条件。以突出"高原绿岛、长征圣山、丝路重镇、回乡风情"四大旅游品牌为目标的旅游业发展战略，使其成为最具魅力的旅游发展之地，全市旅游接待人次和旅游社会总收入每年以20%的速度递增。2013年接待国内外游客193.89万人次，实现旅游社会总收入8.13亿元。②

交通基础设施有大改观。随着六盘山机场、宝中铁路、福银高速公路建设，固原现代化立体式交通网络逐渐形成，保障了宁夏对外交通基本条件。固原地处西安、兰州、银川三个省会城市中心地带，相距均为300公里左右，是全国179个公路交通枢纽之一，固原市也有良好的区位优势。

作为西北干旱区一个有着贫困之名的地级市，固原的各方面优势极为有限，其劣势十分明显，对经济发展约束最显著的是发展水平低、总量小、集中连片贫困、自然资源丰裕度差、人口整体文化素质还难以满足驱动经济发展的要求。直到2011年固原市农民人均收入1350元以下的贫困人口还有45万人，占全市农业人口的34.7%，且65%的贫困人口居住在生态失

---

① 《政府工作报告》（固原市第三届人民代表大会第二次会议），http://xxgk.nxgy.gov.cn/article/szf/201402/26237.html，2014年11月23日访问。

② 固原市人民政府提供数据。

衡、干旱缺水、偏僻分散的山区。① 2013 年全市生产总值 182.95 亿元，而浙江台州仙居县 2011 年生产总值就达到相同水平。因此，固原市仍处于一个较低发展水平，主要问题包括投资运行中存在的问题，新开工项目不足，全社会固定资产投资总量和投资增幅在自治区五市中均居最后一位，劳动就业人口逐年增加，仅在推进城乡一体化、加快城市化的进程中，每年就有近 30 万人的农村富余劳动力需要转移就业，就业结构性矛盾突出，劳动力总体素质偏低，文化素质和技能状况与市场需求有较大差距。② 对于固原市而言，参与"丝绸之路经济带"建设需要面对本市实际，提升经济实力，才能将丝绸之路古镇转型为新"丝绸之路经济带"上的明珠。

二 政府决策层选择和工作重点

面对人民提升经济文化质量诉求和本区域发展劣势，如何借助改革开放特别是国家丝绸之路战略之机推动本市全面发展，成为固原市决策层需要系统处理的重大问题。从政府发布的信息来看，决策层有其特定的重点方向。

"坚持全面开放与深化改革相结合，开放与开发相结合，以创新体制机制为引领，以政策突破为重点，以民生为根本，以规划为龙头，以生态为依托，以文化为灵魂，加快推进产业结构调整、城乡统筹、生态移民和扶贫开发，加强基础设施和生态建设，更加注重民生改善和社会管理，以开放促进区域发展，以区域发展带动扶贫开发，推进固原经济技术开发区、六盘山生态文化旅游度假区和特色农产品基地示范区建设，不断提升特色产业竞争力、中心城市吸引力、生态环境承载力、文化旅游影响力、社会和谐凝聚力，实现机会均等、社会公平、成果共享。"③ 在这些信息中，作

---

① 《宁夏六盘山集中连片贫困地区计划未来 10 年基本消除绝对贫困》，http://news.xinhuanet.com/society/2011-08/10/c_121841325.htm，新华网，2014 年 11 月 23 日访问。
② 《中国城市科学发展综合评价报告（2010 年）》，中国社会科学出版社，2010，第 560~561 页。
③ 固原市人民政府 2014 年 7 月提供文件。

为观察者我们看到当地政府立足本地实际,对参与"丝绸之路经济带"战略有着通盘的安排,在改革开放深化发展的大背景下,以创新体制机制为引领是必然的路径。政策突破的目标则较为引人费解,其指向不明确,在改革的年代,各地的确有政策突破带动创新或突破政策释放资源的说法和经验,政策的相对稳定和可调整性决定了政策具有可突破空间,但是突破政策的目标需要审慎提出,且应明确的是盘活本级政策资源,申请上级政策倾斜可能更为实际,单纯提出突破政策利少弊多。

在工作重点选择上,政府对民生、规划、生态、文化各要素定位准确,产业结构调整、城乡统筹、生态移民和扶贫开发是面对现实的实际选择。这些目标分化为具体经济建设目标则由三部分构成,即以发展适于本地自然环境和生产水平的农畜产品为核心的产品基地示范区建设、以挖掘自然生态及历史文化资源为核心的生态园林和旅游休闲度假区建设、以推动工业发展为核心的固原经济技术开发区建设,此三项建设呈现给我们的还只是一个粗线条的方向,每个建设目标中都有具体的项目支撑。

产品基地建设主要是发挥高原气候冷凉、生态绿色的地理环境优势,打造"六盘山"农产品品牌,生产冷凉蔬菜产业基地,不同县份各有特色,其中西吉葫芦河流域为高原芹菜,彭阳县红河、茹河流域为越夏辣椒,隆德县渝河流域为露地喜凉蔬菜,原州区清水河流域则发展设施蔬菜。据报道,隆德县招商引进兰州介实农产品有限公司投资兴建的千亩喜凉蔬菜项目,投资1000万元,建设面积1041亩,分布于神林乡辛平、神林、双村三个行政村。基地由政府统一配套水、电、路等基础设施,公司流转土地,建设集蔬菜储藏、冷链加工、包装销售于一体的产、供、销体系。农户将土地流转给企业,每亩流转费500元;基地雇用当地100多名农民进行田间管理,年人均劳务收益超过6000元,预计两项总创收超过112万元,实现企业产业化运作与带动农民增收的双赢。公司还与周边种植积极性高的农户签订订单种植合同,为农户提供种子、种苗、种植技术,联系销售市场,解决农民分散种菜销售难的问题,提高农民参与订单种植的主动性和积极性,为农民务工创收和学习搭建了平台,带动全县发展露地喜凉蔬菜3.9万亩，推动全县喜凉蔬菜产业快速发展。① 此外，构成固原农畜产品开发的项目还有六盘山百万头肉牛养殖和清真牛羊肉生产基地项目。固原所选择的农畜产品的开发和生产是务实的，也是对市场需要的适应，是可以直接惠民的基础项目，借助良好的政策引导从长远来看可推动西北农业现代化的稳步发展。当然，这是固原面向中东及阿拉伯国家生产和出口清真产品"绿色通道"的必由之路。

生态园林和旅游休闲度假区建设。充分发掘本区域自然生态资源，提升服务品质，适应国内国际旅游市场需求，参与国内国际旅游市场竞争是在开发中求发展的固原必然选择之一。近年来一些基础设施建设水平的提升，特别是水、路、生态环境保障能力的提升，城市功能的日益完善，以及在旅游业发展探索中形成的"高原绿岛""长征圣山""丝路重镇""回乡风情"发展重点，都为进一步深度实施生态园林和旅游休闲度假区建设奠定了基础。

固原经济技术开发区建设。以已有的盐化工循环经济示范区、西部轻工业产业园、西兰银综合物流园三个园区为载体，承接技术成熟、附加值高、产业链长的产业。煤电铝项目、盐化工、中药材加工和回药产业链打造及物流产业等，都是固原工贸发展的重要内容。

三 固原市参与"丝绸之路经济带"战略仍需努力

固原市地处宁南黄土高原丘陵中部和六盘山山地东北部，集民族地区、革命老区和连片贫困区于一身，在经济基础、自然资源、成熟产业，以及人才、技术、资本等方面都缺少明显优势，其与全国各经济中心城市关系亦缺少明显产业连接的紧密性。与古代丝绸之路畅通过程中的古萧关地位相较，今天的固原显然缺少其关键性和节点优势。在各种劣势条件下努力打造"丝绸之路经济带"战略大局中的一个有力的参与者仍是固原所期待

---

① 《隆德县千亩喜凉蔬菜基地建设效益初显》，http://www.moa.gov.cn/fwllm/qgxxlb/nx/201307/t20130711_3523160.htm，中华人民共和国农业部网站，2014年11月23日访问。

和努力的目标。

第一，政府决策层的驱动和谋划积极有效。固原政府决策层对自身的劣势有一定的认识："一是支撑经济快速增长的动力不足，产业层次低，规模以上企业少，缺乏打基础、利长远的大产业项目。二是城市建设中旧城改造项目建设成本高，征地拆迁难度大，投资发展环境有待优化。三是民间借贷不规范且风险加大，社会治理有待加强，影响社会治安的恶性案件易发、多发。四是民生改善需求大、财力弱，应对自然灾害的能力不强，扶贫攻坚任务艰巨。五是政府工作推进中还存在落实不到位，办事效率不高，行风评议靠后等。"要从容应对这五大劣势没有简单的方案，亦非朝夕可完成，固原人还是需要拿出钉子精神，结合对内对外开放的有利环境，立足本市实际，逐步解决问题。

在寻求经济快速增长推动力提升产业层次方面，既要注重基本产业升级改造，又需注重改善产业结构。近期措施应加强技术投入和体制机制创新，充分利用市场上人们对自然生态产品的需求，以固原特色农畜产品为核心，提升农畜业产业层次，切实努力打造"六盘山"农畜产品品牌，固原市政府2014年助推特色农业增效措施对此有直接的推动作用，市政府规划以建设国家农业科技园区为抓手，安排2000万元，按照"一县一业"和"产加销"一体化模式，发展草畜、马铃薯、冷凉蔬菜、中药材和特色农产品加工五大产业集群。从长远的角度采取措施应高度关注对广大农民的普遍、有序生产技术和技能培训，使之在基本技能和基本素质方面能够适应农业产业上层次的基本要求。

在产业结构改善方面，既要引进与本地资源相关的工业项目，又应保证审慎承接工业项目转移，严格抓好环评等环节的工作，确保不对固原生态环境造成大的破坏，以免从根本上影响农畜产业层次的提升。市政府2014年助推工业经济扩容安排了3000万元资金，重点发展能源、节能环保新材料、农产品加工、战略性新型产业四大主导产业集群。此外，旅游业的推进和发展还需要在基础设施和营销方面加强投入，在景区基本设施和服务品质方面还应有更为积极的措施。

在城乡社会治理方面还需要转变观念、抓基层、抓落实、抓服务、强法制。比如政府决策层认识到的民间借贷问题，在固原市影响已非一日，早在2008年就有相关的调查，并有专家建议："将民间借贷纳入监管范畴，尽快制定管理民间借贷业务的规定，以法律形式规范民间借贷活动，保护民间借贷双方的合法权益，净化民间资本市场。"这项调查指出是由于金融机构网点的减少、正规金融机构支农贷款缺乏难以满足农村经济发展需求才导致高利贷盛行，并危害社会。在贫困地区应发展正规的金融服务，用法律法规来引导、调整和规范、保护合法的、正常的民间借贷，打击高利贷活动。①

对于经济不发达地区，感受财力不足或受财力不足约束是其生活的常态，民生改善、抗灾、扶贫和基础设施建设处处需要相应的财力支持。产业发展和经济活力的增加将为改善地方财力创造良好的条件，更为宽松、良好的经济环境才是固原进一步改善财力的基本保障。与此同时，充分利用上级政府各项政策，驱动本市发展也考验着政府相关部门的能力。

第二，非公企业参与丝绸之路战略有其特有优势。近年来，固原非公企业发展取得了一定成绩，2013年宁夏表彰的优秀非公有企业中就有固原市的16家，包括宁夏第四建筑工程公司、隆德巨能热力有限公司、惠盈企业集团公司、华祺集团、福苑实业有限公司、福宁广业有限公司、佳立生物科技有限公司、彭阳县荣发农牧有限责任公司、荣味斋实业有限公司、味园商贸有限公司、明德中药饮片有限公司、固原老百姓医药有限公司、泾源县荣盛建筑工程有限公司、隆德县生资定点屠宰场、单家集牛羊产业有限公司等，这些企业为当地经济发展做出了重要贡献。据报道华祺集团董事长何学虎就是从阿语翻译起步，进而发展成为实业家。近年来，他的企业解决了当地农村剩余劳动力和城市待业人员500余人的就业问题，向国家缴纳税款近千万元，支持当地各项公益事业数百万元，先后被各级政府及部门评为优秀企业、就业再就业先进集体、价格诚信单位、旅游行业优

---

① 武勇：《宁夏固原民间高利贷危害严重》，《经济参考报》2009年8月11日。

质服务单位、食品卫生 A 级单位、安全生产先进单位、境外人员管理先进单位等荣誉称号。① 固原非公企业在对外开放中有先行者，他们中一些企业经营活动已面向阿拉伯国家。非公企业以其特有的灵活性和对市场需要更敏感的特性，在参与"丝绸之路经济带"战略中，特别是向阿拉伯国家开放的进程中有特别的优势。如农民企业家马升科的宁夏六盘山贸易有限公司自 2007 年至 2013 年向马来西亚、中东、韩国、德国等国家及地区出口销售马铃薯 3740 吨、蔬菜 670 吨，创汇 270 多万美元；并与马来西亚、中国香港签订常年销售协议，马铃薯产品已打入东南亚等国际市场，公司在阿联酋、沙特阿拉伯拓展了业务。可见，固原市还需要出台较为宽松的支持政策，鼓励非公企业走出去，向西发展，从而带动本区域民生的改善和经济的发展。此外，马俊海、马江、赫小连等都成为固原向阿拉伯国家开放中获得发展机会的成功企业家。

第三，大力推动农村基础教育发展，整体提升本区域人口文化素质，有序开发阿拉伯语教学，培养相关人才。

据统计，2009 年固原市中小学学生总计 269835 人，教职工 16593 人，其中，乡村中小学学生 169186 人，占全市学生总数的 62.7%，中小学专任教师 15591 人，其中乡村中小学专任教师 9454 人，占全市专任教师总数的 60.6%。② 基础教育需求大部分仍然在农村，特别是山区农村，一些相关的调查也显示，固原农村人口识字率低、受教育水平低等仍然是困扰其发展的重要因素，基础教育持续有效投入仍然是固原可持续发展的不二选择。

与吴忠等地相比，固原在培养阿语人才方面也落后一步，虽然有出身固原的阿语人才在市场上竞争成功，但是固原本身的阿语教育却并不发达。据调查，固原阿拉伯语学校教育始于 2008 年，由西吉职业中学创办，2010 年有 2 个教学班，在校生 50 人，利用宁夏师范学院外语系的师资力量和硬件优势，在外语系设立阿语专业，培训高端的阿语翻译人才。在市县职业

---

① 《民族团结进步先进个人事迹简介》，http://www.nxgy.gov.cn/article/201208/15898.html，固原市人民政府网站，2014 年 11 月 23 日。
② 郝文武主编《西部教育报告》（2012 年总第 2 卷），教育科学出版社，2012，第 15 页。

技术学院（学校）挂牌开展阿语职业教育，在回族人口集中的县区由劳务部门开设阿语培训班，集中培训输出型劳务技能人才，把阿语培训与职业技能教育、劳务输出、劳务移民和农民增收致富结合起来。① 阿语人才的培养对"民心相通"将产生重要的正面影响。

总之，固原市积极参与"一带一路"建设，在劣势中寻求自身特长，转换观念，积极行动，打造自身实力。固原寻求发展之路仍然充满挑战，一方面要搞好本区域经济发展和社会治理，另一方面要充分利用已有的人才和资源，将网络技术和思维运用到经济、教育、人才发展等方面的工作中，动员各方面力量共同参与并形成合力，在发展中创造更多的机会。

专题报告十二　加快完善六盘山区域生态补偿机制的建议②

六盘山区域是六盘山集中连片特殊困难地区的核心区，是"丝绸之路经济带"重要生态屏障，对"丝绸之路经济带"沿线陕西、甘肃、宁夏等省份的经济社会发展有重要影响。中国社会科学院国情调研基地项目"丝绸之路经济带中的宁夏发展战略研究"课题组在六盘山区域调研时发现，由于生态补偿机制不完善，六盘山区域生态建设存在一些亟待解决的问题。

六盘山区域是典型的革命老区、民族地区、贫困地区，六盘山核心区及其外围生态保护区总面积超过 300 万亩，是宁夏及周边省区重要的水源涵养地，是西北地区东部的重要生态屏障，由此发源的泾河、葫芦河是黄河的二级支流，下游途经甘肃、陕西两省，养育着沿线近 200 万回汉人民群众，其水源涵养、水土保持、调节气候、保护生物多样性等巨大生态功能对所在地区和周围广阔地域及下游的生态环境有着十分重要的意义。

---

① 冯刚：《固原市阿拉伯语人才培训工作调研报告》，《固原日报》2010 年 8 月 30 日。
② 撰稿人：方勇，中国社会科学院民族学与人类学研究所党委书记、教授。

近年来，国家高度重视六盘山区域生态建设，实施了退耕还林、退牧还草、天然林保护等重大生态建设工程，加大生态补偿资金投入力度，分别于2004年和2005年开始对六盘山区域实施国家重点公益林和地方森林生态效益补偿金制度，使六盘山地区的生态环境保护和建设取得了一定成效。受自然、历史和人类活动等因素的影响，该区域生态环境形势依然严峻，特别是国家现行公益林生态补偿标准低、补偿范围小、生态建设与保护的投入和收益不平衡等问题表现仍很突出。

一是国家造林补助标准偏低。由于六盘山区域水资源总量明显不足，而且水资源的时空分布、地域分布极不平衡，有效降雨季节与农作物生长季节极不协调，林草成活率偏低，治理难度大，生态建设投入很大。按目前六盘山区域市场价估算，营造1亩乔木林成本为800元，1亩灌木林为500元（均选用小苗，且不包括林木抚育管护费用）。国家造林补助金为乔木林300元/亩、灌木林120元/亩，国家造林补助偏低，造林资金严重不足。

二是生态补偿范围小，标准低。固原市是六盘山区域的核心区，其森林总面积300多万亩，保护区核心区面积107万亩，固原市得到国家公益林补偿的面积不足100万亩。退耕还林补助标准为每亩每年160元，公益林平均补助标准为每年每亩5元，集体和个人所有的公益林补助标准为每年每亩10元。自固原市实施公益林补偿10年来，全市99万亩国家级公益林累计得到国家补偿资金6000多万元，而全市10年的整体林木管护支出达6.2亿元以上，国家补偿资金不足管护支出的10%。这一补偿标准不仅偏低，而且只补偿了管护费用，森林的营造、抚育等费用没有给予补偿，所有者或经营者更没有得到应有的补偿。

三是生态补偿模式单一。不同地域、区位、地类和质量的公益林，其管护成本和生态价值并不相同，比如，不同区位的重点公益林，其生态价值存在较大差异；受自然地理条件不同等因素的影响，不同区域和不同管护难度的公益林实际管护成本差异也比较大；不同经营主体由于实施的管护模式不同，投入水平和管护成本相差较大，如重点保护区的管护投入为每年30元/亩，国有林场和集体林地的管护投入为每年20元/亩，而个人林地的管护投入为每年10元/亩。因此，当前实行的"一刀切"补偿模式和标准，不能满足公益林管护需求。

党的十八大将生态文明建设纳入"五位一体"发展战略格局，并明确提出要推进体制机制创新，建立生态补偿机制。建立生态补偿机制，有利于推进资源的可持续利用，加快环境友好型社会建设，实现不同地区、不同利益群体的和谐发展。为此建议根据国家《中国农村扶贫开发纲要（2011～2020年）》政策，将六盘山区域列为"国家级生态补偿示范区"，由中央财政每年转移支付专项资金，定期投入六盘山区域生态环境巩固保护和当地群众基本公共服务的改善等方面。

一是扩大生态补偿范围并提高补偿标准。建立生态补偿机制，把六盘山核心区及其外围生态保护区全部纳入公益林补偿范围。根据区域生态的重要性和脆弱性，综合考虑森林质量、地位级差、管护难度等指标，对现有重点公益林进行分类补偿：河流源头、重要水库和事关国土生态安全与民生大计的公益林，建议按照每年每亩100元给予补偿；河流两岸、国道两边、防护林带按照每年每亩50元给予补偿；水土流失严重地区的重点公益林由于人烟稀少，管护相对容易，建议按照每年每亩30元给予补偿。主要用于提供生态效益的防护林和特种用途林的森林资源、林木的营造、抚育、保护和管理。

二是扩大退耕还林面积并提高补助标准。逐步扩大六盘山区域退耕面积，将包括生态移民迁出区在内的15°以上坡耕地和宜林荒山荒沟实施退耕还林。将退耕还林补助标准由原来的每亩每年160元提高到每亩每年300元，并将补助期限由8年延长为10年。同时，建议提高造林补助标准，将乔木林造林补助标准由目前营造每亩补助300元提高到800元；灌木林由营造每亩补助120元提高到500元。

三是积极开展生态补偿试点。按照试点先行、因地制宜、整体推进的原则，将六盘山生态核心区域的泾源县、隆德县列为全国生态补偿示范县，将台地、坡地全部实施退耕还林或造林封育，并在总结示范县建设成功经验的基础上，逐步推进。

四是建立"生态环境财政"。中央财政设立支持六盘山区生态建设的专项资金，并列入财政预算，设立生态补偿专项资金。加大对生态补偿和生态环境保护的支持力度，根据生态环境保护的总体要求和责任，按照事权与财力相匹配的原则，进一步调整优化财政支出结构，着重向重要生态功能区、水源地和自然保护区倾斜，逐步增加生态保护重点县、乡的财力。优先支持生态环境保护作用明显的区域性、流域性重点环境保护项目。

专题报告十三　宁夏在"一带一路"建设中人文优势研究[①]

2015年3月28日，经国务院授权，国家发改委、外交部、商务部联合发布了《推动共建丝绸之路经济带和21世纪海上丝绸之路的愿景与行动》暨国家"一带一路"规划纲要。其中第六部分"中国各地方开放态势"对西北各相关省份在"一带一路"建设中的定位做了具体规划，即：发挥新疆独特的区位优势和向西开放重要窗口作用，深化与中亚、南亚、西亚等国家交流合作，形成"丝绸之路经济带"上重要的交通枢纽、商贸物流和文化科教中心，打造"丝绸之路经济带"核心区。发挥陕西、甘肃综合经济文化和宁夏、青海民族人文优势，打造西安内陆型改革开放新高地，加快兰州、西宁开发开放，推进宁夏内陆开放型经济试验区建设，形成面向中亚、南亚、西亚国家的通道、商贸物流枢纽、重要产业和人文交流基地。

国家积极出台"一带一路"规划，旨在充分发挥国内各地区比较优势，实行更加积极主动的开放战略，加强东中西互动合作，全面提升开放型经济水平。"经济带"是"一带一路"的概念核心，其内涵是中国经济与世界经济的高度关联。在"一带一路"建设中，经济的相互关联以"共商、共建、共享"为基本原则，其战略实施的重要途径是"区域合作"。因此，对

---

① 撰稿人：马艳，中国社会科学院民族学与人类学研究所，博士，副研究员。

于各区域而言,如何充分发挥自己的区位竞争优势将最终决定其在"一带一路"建设中的地位。

区位优势既可以是狭义的经济优势,在更广泛的意义上亦指区域的综合比较优势,即包括区域政策、自然地理位置、基础设施建设、产业基础、地域文化等要素在内的综合考量。仅从经济角度来看,宁夏作为一个内陆型、资源匮乏、人口稀少、地域狭小的省份,在古丝绸之路中发挥过重要作用。在新"丝绸之路经济带"中,相较其他沿途区域,无论其内在经济社会发展基础还是经济的外向型程度都不具备显著的竞争优势。但若从更为客观的综合比较的视角出发,尽管通道优势和经济优势并未构成宁夏在"一带一路"建设中区位优势的主体,但其区位优势仍不可小觑。究其原因,一是宁夏作为回族自治区,穆斯林人口占总人口的1/3强,与"一带一路"沿线的伊斯兰国家和地区构成了紧密的人文和宗教联系,具有显著的民族人文优势;二是宁夏首府银川市现已定为中阿博览会的永久会址,其所构建的经济文化交流平台将关涉"一带一路"经济发展的具体布局和导向;三是宁夏不仅地理位置处于"丝绸之路经济带"陆路通道沿线,且其长期以来对外货物贸易主要通过海运来承担,并构成了宁夏对外经济的传统市场关系,因此,其同"一带""一路"具有双关性。

如何在"一带一路"中发挥宁夏的区位优势,中国社会科学院民族学与人类学研究所与宁夏回族自治区社会科学院共同申请承担了2014年中国社会科学院重大国情调研课题"丝绸之路经济带中的宁夏发展战略研究",该课题由中国社会科学院民族学与人类学研究所现任党委书记方勇主持,组织了15人的专家团队,历时近1年展开了3次大型调研,调研地涉及宁夏、甘肃、陕西、青海、新疆、内蒙古6个省份,开展了1次大型国际研讨会,最终完成了20万字的调研报告,对宁夏如何在建设"丝绸之路经济带"中承担重要角色,如何在加快向西开放中全面深化改革,谋求本区域经济社会全面发展的战略规划设计、体制机制保障等方面给出了积极的建议和意见。本报告系该项课题调研基础上的研究成果,旨在通过对宁夏在"一带一路"建设中民族人文优势的实证研究,为"一带一路"倡议的相关区域发展及定位研究提供更为客观的视角。

一 "宁阿"合作传统及其在"一带一路"战略布局中的转变

宁夏拟发展同阿拉伯国家及穆斯林地区互通经贸合作关系的构想由来已久,早在20世纪80年代就已提出向西开放暨建设银川伊斯兰内陆经济特区的设想。2006年,宁夏开始举办中国(宁夏)国际清真食品穆斯林用品节暨宁夏投资贸易洽谈会(简称"宁洽会"),旨在打开与阿拉伯国家和穆斯林地区间的经贸文化往来。2008年,《国务院关于进一步促进宁夏经济社会发展的若干意见》正式提出宁夏要发展内陆开放型经济。为进一步明确宁夏发展内陆开放型经济的具体导向,2009年宁夏组织专家开展了题为"宁夏内陆开放型经济问题研究——面向穆斯林世界的开放战略"的大型研讨,其研究仍以"向阿拉伯国家和穆斯林世界开放的发展定位问题"为主旨,其基本结论是:大力发展与阿拉伯国家和穆斯林地区的经贸文化交流是宁夏内陆开放型经济发展战略的重点。2010年,历时四届的"宁洽会"正式更名为"中国—阿拉伯国家经贸论坛"(简称"中阿经贸论坛")。2012年9月国务院批准建立"宁夏内陆开放型经济试验区"并设立"银川综合保税区"。2013年,经国务院批准,"中阿经贸论坛"更名为"中国—阿拉伯国家博览会"(简称"中阿博览会")。

2013年和2014年,对宁夏来说,是与阿拉伯国家经贸合作以来合作关系发展进程中的一个重大分水岭。2013年,在宏观政策方面,国家提出了"一带一路"的构想。在中阿经贸合作的实质性进展方面,召开了第十次中阿高官会、第五届中阿企业家大会暨中阿文明对话研讨会、第四届中阿友好大会等一系列旨在推进中阿深度合作的会议。2014年6月5日在北京召开的中阿合作论坛第六届部长级会议上,习近平总书记发表了重要讲话,明确了中阿合作在"一带一路"建设中的重要地位,提出了近期、中期中阿合作的原则、定位、布局、领域和内容。中阿双方将在"论坛"框架下进一步深化"全面合作、共同发展"的战略合作关系,在各自关切的核心和重大利益问题上相互理解、相互支持,维护双方的利益,促进世界和平、稳定和发展。同年,《中国—阿拉伯国家合作论坛 2014 年至 2016 年行动执行计划》(简称《执行计划》)出炉,标志着宁夏与阿拉伯国家和穆斯林地区发展经贸合作关系从务虚的桌面洽谈开始向具体的落实执行迈进。《执行计划》从"论坛"机制、政治合作、经济合作、能源合作、环境保护合作、防治荒漠化合作、农业合作、旅游合作、人力资源开发合作、文化合作、文明对话、教育合作、科技合作、卫生合作、新闻出版合作、民间合作、其他领域合作,到生效及有效期的规定等共 18 条,对中阿合作的领域、内容和形式做了全面深入的规划。

从"宁洽会"到"中阿博览会",从国家提出宁夏"发展内陆开放型经济"到确立宁夏为"内陆开放型经济试验区",从"一带一路"倡议的正式提出到国家层面对中阿合作在"一带一路"建设中重要地位的肯定,宁夏与阿拉伯国家及穆斯林地区经贸合作关系的发展从传统意义上的区域发展定位被纳入国家整体战略定位当中。在经历了 10 多年的努力之后,尽管具体到建设中国伊斯兰金融中心、中阿能源合作、国际旅游目的地、清真产业、中阿概念房地产等诸多合作意向及项目都未得到深入推进,但宁夏在搭建与阿拉伯国家及穆斯林地区经济文化交流平台、疏通民间文化经济往来渠道、阿拉伯语人才培训与输出产业化发展等方面都已经走到了国内中阿合作领域的前沿。这也为宁夏在"一带一路"建设中构建自己的区位优势打下了深厚的基础。

二 中阿合作深化与民族人文资源整合

在很大程度上,宁夏在"一带一路"建设中的整体定位仍将秉承宁夏与阿拉伯国家和穆斯林地区以往合作的传统,即经贸、投资与金融合作,人力资源开发与教育合作,文化合作与民间合作。随着"一带一路"建设的逐步实施和中阿合作的不断深化,《执行计划》将对传统意义上宁夏民族人文资源的重新整合进行规范和指引。

首先,《执行计划》在经济合作领域的具体协议如下。(1)继续举办贸易和投资促进活动,积极参加在对方举办的展览会、投资贸易洽谈会等活动,鼓励互相投资，介绍双方的投资机会、投资法律法规和优惠政策。鼓励双方企业家开展互访和交流。（2）继续完善经贸合作领域的法律框架，进一步推动中国与阿拉伯国家之间商签、避免双重征税和防止偷漏税协定、基础建设合作协定、劳务合作协定等，为双边企业合作提供法律支持。（3）欢迎2015年在黎巴嫩共和国举行第六届企业家大会暨第四届投资研讨会。（4）加强双方在国际经贸领域的协调，加强双方在国际经贸组织和机构，特别是在世界贸易组织框架下的合作，支持阿拉伯国家加入世界贸易组织的谈判。（5）鼓励中国与阿拉伯国家建立联合商会。（6）根据双方各自法律法规，继续为双方人员往来提供便利，扩大双方互免入境签证的范围，为对方人员办理入境签证、工作证、居留证等手续提供便利。（7）努力在双边和集体层面建立解决双方贸易摩擦的机制，其中包括解决根据国际法的相关原则提起的针对双方产品的倾销案件等贸易问题。（8）利用好已建立的贸易争端解决机制，鼓励双方通过调解和仲裁的方式解决商事纠纷。在双边和集体层面逐步建立贸易争端预警和贸易救济合作机制，妥善解决贸易争端。（9）加强中阿政府质检部门间的合作，积极落实双方业已签署的备忘录和合作协议，开展检验检疫监督合作，采取必要措施打击进出口假冒伪劣商品的行为，以保护双方文化遗产、传统工业的纯正性，共同努力保证进出口产业的质量和安全，保护双方消费者的健康与安全。（10）深化中阿贸易、投资和金融领域的战略合作关系。积极发挥中国和阿拉伯国家现有经贸合作机制作用，促进双方经贸部门之间的交流和磋商，共同探讨提升中阿贸易合作水平的方式和途径。强调应加快消除中国与海合会自贸区建设过程中的阻碍，为建设中国与阿拉伯国家自由贸易区做准备。（11）告知在毛里塔尼亚伊斯兰共和国经济首都努瓦迪布建立自由区。（12）继续推动双方海关的交流与合作，特别是在稳步推进双方贸易便利化、货物贸易统计等领域。（13）加强双方金融领域的互利合作，包括根据各自法律法规互设银行业机构，鼓励双方金融机构为投资、工程承包和贸易活动提供金融支持和便利。

对经贸、投资与金融合作的诸多领域，《执行计划》出台了上述13项细则，不仅在中阿传统的贸易互动领域，更在双方贸易合作的国际公共领域加深彼此间的合作、互利与互助。这意味着今后一段时期，中阿经贸合作将在《执行计划》的推动下展开新的篇章，即从中阿合作的双边平台走向更为广阔的国际化舞台，从中阿双方间的互动延展至中阿以共同利益伙伴关系来共同面对国际经济环境及组织应对相关事务的诸多经济活动。针对中阿经济活动从合作机制到合作方式不断向国际化转变的新趋势，宁夏将不得不对中阿经贸合作的整体资源平台进行全面的提升。也就是说，宁夏若想在更为国际化的中阿合作平台开展经贸深度合作，就需要进一步整合自身的区位优势资源，并在此基础上构建更为务实的政策平台及更为流畅便捷的交流互动平台。

总的来说，《执行计划》在人力资源开发和教育合作方面出台的所有相关规划都更具实操性。但从另一个角度来看，相关规划对中阿合作所需的人力资源提出了更高的要求。具体到《执行计划》的相关细节：中方将举办针对阿拉伯人才的培训班，根据阿方需求，在2015年至2017年继续在双方商定领域为阿方培训6000名人才。而在教育交流与合作方面，中阿双方将积极推动建立校际联系，鼓励双方高校开展历史文化、科技应用以及区域和国别研究等领域的联合科研；支持中阿间人才培养合作，扩大双方学生流动规模，逐步增加政府奖学金名额，扩大研究生比例，拓展专业领域；通过增加奖学金名额、在阿拉伯国家开设孔子学院等方式，支持阿拉伯国家汉语教师的培养计划；通过在建立职业教育院校、职业培训中心领域交流经验，鼓励双方在职业教育领域合作，鼓励双方该领域负责人进行互访，支持在职业教育、职业培训领域实施联合计划或联合项目。

据《执行计划》，自2015年至2017年3年间，中方将每年至少为阿拉伯国家培养2000名各类技术人才，以在职业教育和培训领域加强合作。而这样大规模的职业教育培训需要大量具有一定阿拉伯语水平的职业培训学校和相应的教师团队，普通的职业学校往往难以承担。孔子学院的开设作为中国向阿拉伯国家和穆斯林地区传播汉文化的一扇窗口，同时也需要具有一定阿拉伯语水平和素养的教师团队。此外，中阿双方还将在高等教育领域加大互派留学生的规模，并在社会科学研究的诸多领域加强合作研究，其将对阿拉伯语言文化方面的高端人才提出一定需求。总而言之，《执行计划》在人力资源开发和教育合作方面对我国阿拉伯语人才培训和人才资源平台的发展与整合提出了新的挑战。宁夏只有进一步加大阿拉伯语人才培训产业的发展力度，才能最终在中阿文化全面深入合作领域分得一杯羹。从这个层面上看，宁夏首先要将以学习伊斯兰宗教文化为主阿拉伯语语言技能为辅的人才培训模式、以培养宗教从业人员为主导的传统教育模式向外向型、专业型、实用型和国际化的复合人才的培养方向转变。不仅如此，针对从普通实用型人才到高端专业型人才再到掌握深厚中阿双语文化底蕴的研究型人才的多样性需求，宁夏阿拉伯语人才培训产业还需加深对其产业布局、体系架构等诸多方面的改革。

此外，《执行计划》还涉及中阿文化合作和民间合作。其包括国家层面的文化互动和民间文化往来。两者在组织上存在差异，其实质内容都是民族传统文化的交流。前者包括轮流在双方举办"阿拉伯艺术节"和"中国艺术节"，组织中阿双方文化官员、文化机构（包括博物馆、图书馆、美术馆）等的合作互动及交流，后者则包括举办"中阿城市论坛"，拟举办"中阿青年论坛"及"中阿妇女论坛"等文化交流活动。总之，文化合作及民间合作活动的开展有着极为广阔的领域和拓展空间，不仅如此，随着中阿合作的战略性提升，中阿民间的交流与互动也将随之发生实质性的变化。

无论中阿国家层面、区域发展抑或是民间互动，人力资源开发都将是中阿合作最为基础性的领域，任何经济的、文化的、科技的以及政治上的合作，都需要以人员的往来与互动为基础，都需要具有专业性的人才去落实。因此，今后一段时期，中阿全面深入合作对阿拉伯语人才的需求，不仅将在数量和规模上不断扩大，且多层次、多领域、多样性的专业型人才也将受到瞩目。届时，宁夏阿拉伯语人才培训产业将在"一带一路"建设中进入新的历史发展轨道。

三 区位民族人文资源平台的构建——阿拉伯语人才培训

自 20 世纪 90 年代至今的 20 多年间是国内阿拉伯语人才培训产业快速发展阶段。改革开放后我国东南沿海地区贸易经济的蓬勃发展极大地促进了中阿贸易的繁荣,市场对掌握阿拉伯语技能的外贸人才的需求一度井喷,市场需求又极大地带动了国内阿拉伯语培训业的兴盛,并使阿拉伯语培训产业与东南沿海中阿外贸企业之间形成了积极的互动。经地方政府、阿拉伯语学校经营者,以及阿拉伯语学校师生们的共同努力,在 21 世纪最初的 10 年里,阿拉伯语学校的毕业生、师生之间构建起不同规模层级的关系网络,凭借这一层层的关系网络资本,阿拉伯语学校的毕业生得以源源不断地从我国中西部内陆来到东南沿海地区从事外贸翻译行业。之后,受金融风暴、中东地区政局动荡等国际因素影响,中阿贸易尤其是民间贸易出现了滑坡和萎缩,直接影响到阿拉伯语人才市场的稳定。就目前国内阿拉伯语人才市场整体状况来看,处于东南沿海规模最大相对集中的阿拉伯语人才市场已基本饱和并逐渐萎缩。而在这一轮外贸行业重新洗牌的过程中,传统外贸行业受到跨国电子商务等新兴产业的冲击,其人力资源市场需求也发生了重大转变。现今,具有民族宗教优势和初中级阿拉伯语交流能力的阿拉伯语学校毕业生,较之具备较高专业化水平和综合素质,从事经济、贸易、金融及电子商务等专业学习并掌握一定外贸英语技能的大学毕业生,在中阿贸易领域竞争中处于一定的劣势。

这一轮贸易行业的重新洗牌也对内地传统阿拉伯语人才培训产业的发展提出了新的挑战。根据笔者 2010 年和 2014 年进行的两次专题调查,到目前为止,宁夏阿拉伯语学校在数量上没有发生重大变化,但教学理念和培训导向的分化已经引发了业内的自然分层和格局变化。

总的来看,宁夏现有 1 所公立伊斯兰教经学院,3 所公立阿拉伯语专业学校,18 所民办阿拉伯语专业学校,并拥有目前国内规模最大的阿拉伯语语言培训中专院校。与国内其他省份相比,宁夏阿拉伯语培训学校在数量和规模上都占有绝对优势。不仅如此,自 1985 年第一所公立学校——宁夏伊斯兰教经学院建校以来，宁夏阿拉伯语人才培训业已完成了集群化建设、体系化构建，初具产业发展规模。面临新的人才市场的发展变化，部分院校出现发展停滞、业务萎缩现象，但与此同时，个别院校异军突起完成了跨越式发展。可以说，尽管宁夏阿拉伯语培训产业的调整已迫在眉睫，但凭借优越的人文环境和良好的发展基础，其仍旧为"一带一路"倡议实施构建了可资使用的人力资源发展平台。对此，笔者于2010年和2014年对宁夏阿拉伯语学校基本情况进行了两次相关调查，具体见表5和表6。

表5反映了2010年统计的宁夏11所阿拉伯语学校的基本情况。表6系2014年11月调查并汇总的宁夏阿拉伯语学校的基本情况。由表6可见，在2010年之后新建的阿拉伯语学校只有宁夏大学阿拉伯学院和同心西寺男校两所。表5与表6相比较，表5的统计相对不够完整。2010年应该有20所左右的阿拉伯语学校，其中9所左右没有被统计。关于毕业生的统计，表5统计的是当年毕业生的数量，表6统计的是22所学校从建校至2014年累计毕业生的总量。此外，表5没有统计当年招收新生的情况，表6收集到11所学校当年招收新生的基本情况。除此之外，调查显示，表5中的11所学校基本上在2014年统计时都还存在，之所以在表6中没有完全体现出来是因为大部分都已经更名，比如：表5中的堡伏桥阿语学校在表6中更名为银川兴庆区阿拉伯语职业技能培训学校；表5中的宁夏国际语言学校在表6中更名为宁夏穆斯林国际语言学校；等等。表5与表6的统计时隔5年，由于调研及统计的条件不同，其统计结果也存在一定差异。但时隔5年两次数据采集结果的对比却可以较为直观地反映出宁夏阿拉伯语培训产业发展格局上的变化，亦可以进一步对相关人才市场状况做较为精准的分析。

由表5和表6可见，2010年宁夏11所阿拉伯语学校在校生人数共计2000人左右。2014年22所阿拉伯语学校在校生人数共计5800人左右，其中可以统计到新生人数的11所学校当年招收新生总人数1950人，占22所院校在校生总人数的33.62%。由此可见，2014年宁夏阿拉伯语学校整体招生情况较好。2010年11所阿拉伯语学校平均每所在校生人数在182人左右，2014年这个数据是264人左右，5年间在校生增长幅度为45%，整体增长

表 5 宁夏阿拉伯语学校 2010 年基本情况一览（以创办时间先后排序）

序号	学校名称	创办时间	地址	师资情况	学生人数	毕业生人数	就业情况
1	堡伏桥阿语学校	1990 年	银川市	28 人（女校 13 人，男校 15 人）	350 多人（男女生混校，分开授课）	80 人左右	少部分到义乌打工，现已有近 1000 名学生、20 多位老师在义乌就业
2	老牧寺中阿学校	1993 年	同心县韦州镇	8 人	120 多人（男女生混校）	20~30 人	大部分到义乌打工
3	石嘴山市中阿学校	1995 年	石嘴山清真大寺内	6 人	50 人（全部女生）	10 人左右	个别人到义乌打工
4	东阳女校	1996 年	同心县韦州镇	10 人	120 多人（全部女生）	30 人左右	少部分到义乌，早婚使学生流失严重
5	杏园女校	1998 年	同心县韦州镇	8 人	100 多人（全部女生）	20~30 人	部分到义乌打工
6	同心县清北寺中阿女校	2004 年	同心县	6 人左右	70 多人（全部女生）	10~20 人	部分到义乌打工
7	吴忠市早元阿语学校	2005 年	吴忠市	10 人	120 多人（全部男生）	20 人左右	大部分到义乌打工
8	同心女校	2005 年	同心县	15 人	300 多人（全部女生）	40~50 人	少部分到义乌打工，学校办学崇旨侧重培养穆斯林女性的思想品质
9	同心县预海阿语学校	2006 年	同心县	7 人左右	80 多人（全部男生）	20 人左右	大部分到义乌打工
10	宁夏国际语言学校	2007 年	永宁县	30 人左右	2008 年招生 500 多人（男女生混班，一起授课）	2010 年尚无毕业生	—
11	吴忠市中阿女校	2009 年	吴忠市	12 人	200 多人（全部女生）	2010 年尚无毕业生	—

资料来源：笔者根据调查编制。

表 6 宁夏阿拉伯语学校基本情况一览（2014 年统计）

序号	学校名称	创办时间	地址	师资情况	学生人数	毕业人数（累计）	就业情况
1	宁夏伊斯兰教经学院（公立本、专科）	1985 年	银川市	教职员工 51 人，一线教师 28 人	460 人（本科生 180 人、学历班 280 人），男女混校	毕业结业共 3206 人	不到 5% 学生从事宗教事业，其余大部分到广州、义乌从事翻译行业
2	宁夏大学阿拉伯学院（公立本科）	2011 年	银川市西夏区	11 人	本科生 160 人（男女混校）	200 人	公务员、事业编、特岗教师、村官占比比较小，外贸行业占比比较大
3	宁夏民族职业技术学院（公立专科）	2005 年	吴忠市	6 人	50 多人（全部女生）	230 人	公务员、事业编、特岗教师、村官占比比较小，外贸行业占比比较大
4	同心阿拉伯语学校（公立中专）	1985 年	同心县	20 人	300 多人	2800 人	少部分继续深造（如出国留学）和从事阿语教学，大部分从事工作
5	宁夏穆斯林国际语言学校（民办中专）	2007 年	永宁县	130 人（其中外教 36 人）	1500 人（其中新生 600 人），男女混校	1200 人	其中 600 多人到阿拉伯国家留学，就业，300 多人到广州、义乌翻译商贸等工作，100 多人自主创业
6	宁夏鲁格曼职业技能培训学校（民办中专）	2006 年	吴忠市利通区郭家桥乡	15 人左右	300 人（其中新生 160 人，女校）	570 人左右	少部分继续深造（如出国留学）和从事阿语教学，大部分从事阿语翻译或商贸服务等工作

续表

序号	学校名称	创办时间	地址	师资情况	学生人数	毕业人数（累计）	就业情况
7	银川兴庆区阿拉伯语职业技能培训学校（民办中专）	1990年	银川市兴庆区	30人左右	400人（其中新生230人，男女分校）	1000人左右	有100多名毕业生先后进入北京大学、北京外国语大学和北京第二外国语学院进修；20多名考入中国伊斯兰教经学院；30多名考入埃及爱资哈尔大学；10余名考入马来西亚伊斯兰大学和伊斯兰学院；5名考人泰国亚拉大学；60余名学生考入苏丹非洲大学；20名学生考入巴基斯坦国际伊斯兰大学。100余名学生从事高等、中等职业教育及幼儿教育工作。其余均在广州、义乌、上海、深圳以及中东和非洲等国家或经营国际贸易或自主经营外贸公司
8	石嘴山中阿学校	1995年	石嘴山市惠农区	6人	80人（其中新生50人，女校）	180人左右	少部分继续深造（如出国留学）和从事阿语教学，大部分从事阿语翻译或商贸服务等工作
9	吴忠市早元中阿学校	2003年	吴忠市板桥乡	20人左右	300人（其中新生200人，男女分校）	600人左右	少部分继续深造（如出国留学）和从事阿语教学，大部分从事阿语翻译或商贸服务等工作

续表

序号	学校名称	创办时间	地址	师资情况	学生人数	毕业人数（累计）	就业情况
10	吴忠市中阿女校	2009年	吴忠穆民村	15人左右	280人（其中新生160人，女校）	500人左右	少部分继续深造（如出国留学）和从事阿语翻译或商贸服务等工作
11	吴忠鸿乐府经学院	1992年	吴忠金鸡镇	22人	180人	300人	教职人员和部分翻译人员（国外留学就业）
12	同心县洪岗子经学院	2000年	同心火车站	12人	100人	220人	教职人员和部分翻译人员（国外留学就业）
13	同心县豫海阿拉伯语翻译培训学校	2006年	同心豫海镇	13人左右	80人（其中新生50人，男女分校）	200人	少部分继续深造（如出国留学）和从事阿语翻译或商贸服务等工作
14	同心西寺男校	2013年	同心豫海镇	10人	300人	无	—
15	同心西寺女校	2005年	同心豫海镇	16人左右	600人（其中新生300人，女校）	800人	少部分继续深造（如出国留学）和从事阿语翻译或商贸服务等工作
16	同心北寺女校	2002年	同心豫海镇	8人左右	180人（其中新生100人，女校）	500人	少部分继续深造（如出国留学）和从事阿语翻译或商贸服务等工作
17	同心南寺女校	2003年	同心豫海镇	6人左右	60人（其中新生40人，女校）	300人	少部分继续深造（如出国留学）和从事阿语翻译或商贸服务等工作

续表

序号	学校名称	创办时间	地址	师资情况	学生人数	毕业人数（累计）	就业情况
18	同心韦州镇老坟寺中阿学校	1993年	同心韦州镇	7人左右	80人	200人	少部分继续深造（如出国留学），大部分从事阿语翻译或商贸服务等工作
19	同心韦州镇东阳中阿学校	1996年	同心韦州镇	12人左右	130人（其中新生60人，女校）	300人	少部分继续深造（如出国留学），大部分从事阿语翻译或商贸服务等工作
20	同心韦州镇枣园女校	1998年	同心韦州镇	10人	90人	260人	少部分继续深造（如出国留学），大部分从事阿语翻译或商贸服务等工作
21	固原市鸿翔阿语职业技能培训学校	2009年	固原市原州区	6人左右	70人	100人左右	少部分继续深造（如出国留学），大部分从事阿语翻译或商贸服务等工作
22	固原市南河滩女校	2000年	固原市原州区	5人左右	60人	150人	少部分继续深造（如出国留学），大部分从事阿语翻译或商贸服务等工作

资料来源：笔者根据调查编制。

幅度不大。而就个别学校比较来看，校际间在校生人数增长幅度有显著差异，如堡伏桥阿语学校 2010 年在校生 350 多人，2014 年 400 人，在校生人数净增长 50 人，增长率 14.29%；同心西寺女校 2010 年在校生 300 多人，2014 年 600 人（当年新生 300 人）在校生人数净增长近 300 人，增长率近 100%。再如宁夏穆斯林国际语言学校 2014 年 1500 人（当年招收新生 600 人），在校生人数净增长 900 人，增长率 150%。3 所学校 5 年间在发展规模上拉开了不小的差距。由此可见，2010~2014 年宁夏阿拉伯语学校虽然在总体数量上变化不大，但个别学校间的发展却拉开了一定差距。究其原因，诸学校在历史背景、办学理念、地理位置、资金支持等基础条件上的差别不同程度上影响了学校的发展。

整体上看，宁夏阿拉伯语院校体系构建没有统一的规划和分层，基本上各个院校都是在充分整合自己的资源办学。如：宁夏大学阿拉伯学院是公立本科，其生源是高考学生，以培养阿拉伯语高等教育人才为目标；宁夏伊斯兰教经学院是公办专科院校，传统上以培养专职宗教从业人员为目的，目前学校的业务主要有两块，即阿拉伯语语言技能培训和宗教从业者宗教业务培训；堡伏桥阿语学校，虽已更名为银川兴庆区阿拉伯语职业技能培训学校，但学校在职业技能培训方面还没有完全转型，目前课程设置和培训导向兼顾阿拉伯语语言技能和宗教教育；宁夏国际语言学校在诸多院校中异军突起，7 年间发生了跨越式发展，其前身是宁夏穆斯林职业技能培训学校，2007 年开始建校，后更名为宁夏穆斯林国际语言学校，2010 年 7 月由自治区教育厅批准为一所以阿拉伯语教学为主的民办中等职业学校。目前，宁夏穆斯林国际语言学校已发展成为国内规模最大的阿拉伯语语言培训学校。其办学理念是"以就业为导向"，主要培养面向生产、建设、服务和管理第一线的语言类技能型人才。由此可见，大部分阿拉伯语培训学校都是在自己的历史发展背景基础上生发出各异的培训导向和教学理念，并以不断整合和深化各自的资源优势得以生存发展。

从数量分布及规模发展来看，宁夏阿拉伯语学校具有显著的地区层级分布特点。同心县阿拉伯语学校最多，有 10 所，但大部分规模较小，在校生超过 300 人的仅 3 所；吴忠市阿拉伯语学校共 5 所，在校生超过 300 人左右的 2 所；石嘴山市 1 所和固原市 2 所阿拉伯语学校规模都较小，在校生人数不足百人；银川市 3 所，永宁县 1 所，永宁县距离银川市仅十几公里，基本可以算作一个片区，4 所学校中除了宁夏大学阿拉伯学院，其他学校在校生人数都在 400 人以上，宁夏穆斯林国际语言学习在校生人数 1500 人，占 22 所学校在校生总人数的 1/4 强。总体上，银川市片区的 4 所学校在校生人数占到宁夏阿拉伯语学校在校生总人数的 43.44%，不仅规模大，而且生源较广，基本能接收到全国范围的生源。

上述宁夏阿拉伯语学校在地区分布和发展规模上呈现出的分化特点，在很大程度上表明了宁夏阿拉伯语培训体系在自我构建的过程中有其内在发展规律，即以银川市为中心向下属各市县辐射，全国范围的生源以及宁夏区内的大部分生源首先选择银川市公立学校或发展规模较大的学校。下属市县的学校虽然数量多但规模较小，基本上以满足宁夏区内各地方穆斯林家庭的需求为主。其基本构成了以银川市公立学校和规模型学校为产业发展主体，下属市县学校构成补充和分流的格局。这种体系构建和层级分布一方面可以满足学员的多样性需求，另一方面也使部分起点较低的学员可以以下属市县学校为跳板逐渐向更高层级的学校流动，构成阶梯式培训模式。

总之，宁夏阿拉伯语培训业在全国整体范围内发展最为成熟、体系最为完备。宁夏回族自治区的区域历史和民族人文优势构成了其发展基础和主要基调。目前，在全国范围内，宁夏阿拉伯语学校数量最多、规模最大、生源来自全国、在校生人数最多、年毕业生数量及毕业生累积数量最多、办学理念更多样化、公立和私立学校兼备。因此，就现今宁夏阿拉伯语培训业整体发展状况来看，其基本完成了集群化建设、体系化构建，形成了较为成熟稳定的产业化规模。其已然从区位、学校、师资、在校生及毕业生软硬件两方面为"一带一路"战略布局搭建了有力的文化交流平台和人力资源平台。

四　人文优势凸显——阿拉伯语人才输出

宁夏阿拉伯语学校就生源来看，大部分是宁夏区内穆斯林，外地穆斯林占比相对较小，鲜有非穆斯林尤其是汉族生源，凸显区位民族资源优势。就发展历史来看，宁夏阿拉伯语学校与传统经堂教育一脉相承，这在穆斯林民族内外已达成广泛共识。但实际上，阿拉伯语学校毕业生从事宗教事业的人数非常有限。就拿宁夏伊斯兰教经学院来说，其办学的初衷就是培养宗教从业者，但自建校至今 30 年间只有不到 5% 的学生最终从事宗教事业，其余大部分学生都选择到东南沿海一带从事翻译行业。因此，尽管宁夏阿拉伯语学校各自的教学理念不尽相同，但最终殊途同归——大都以阿拉伯语人才输出为主。

由表 5 可见，11 所学校中 6 所学校的创建或重新挂牌是在 2004 年前后，2004 年恰好是东南沿海地区中阿民间贸易发展的一个高峰期，市场对阿拉伯语翻译人才的需求就在那个时期达到了井喷。这一发展趋势基本上延续到了 2010 年。表 5 在 2010 年统计的 11 所学校毕业生中，有 9 所学校的毕业生选择去东南沿海地区打工，其中包括 3 所学校的大部分毕业生、2 所学校的部分毕业生、3 所学校的少部分毕业生选择了去义乌打工。由此可见，宁夏阿拉伯语学校毕业生为东南沿海地区中阿贸易行业提供了大量的人员补充。2010 年毕业生中出国留学的人数相对很少。表 5 与表 6 相比，自 2010 年至 2014 年，22 所学校毕业生选择出国留学的人数激增，构成毕业生群体一股不小的分流。同时，选择去东南沿海从事外贸翻译行业的人数明显减少。对此，笔者对宁夏穆斯林国际语言学校 2010 年至 2015 年毕业生基本情况做了较为详细的调查，具体如表 7 所示。

表 7 显示，自 2010 年至 2015 年，宁夏穆斯林国际语言学校毕业生人数共计 897 人，其中出国留学人数为 454 人，占毕业生人数的 50.6%；国外就业人数 38 人，占比 4.24%；国内就业人数 272 人，占比 30.3%；在国内继续深造的学生 50 人，占比 5.57%；待业人数 76 人，占比 8.47%，另有 7 人没有被统计。数据显示自 2010 年至 2015 年，该校留学生人数逐年增加，

表 7　宁夏穆斯林国际语言学校 2010 年至 2015 年毕业生基本情况统计

单位：人

毕业年届	毕业人数	国外留学人数	国外就业人数	国内就业人数	国内上学人数	待业人数
2010 年	98	41	18	20	2	5
2011 年	86	35	12	30	2	7
2012 年	85	56	8	18	1	2
2013 年	219	77	—	88	21	34
2014 年	229	117	—	80	22	12
2015 年	180	128	—	36	2	16

注：2010 年留学生去向：沙特阿拉伯 3 人、苏丹 5 人、埃及 18 人、巴基斯坦 5 人、马来西亚 4 人、叙利亚 2 人、黎巴嫩 1 人、约旦 3 人；2011 年留学生去向：沙特阿拉伯 1 人、苏丹 2 人、埃及 16 人、巴基斯坦 3 人、马来西亚 2 人、叙利亚 8 人、泰国 1 人、约旦 2 人；2012 年留学生去向：沙特阿拉伯 2 人、苏丹 3 人、埃及 15 人、巴基斯坦 6 人、马来西亚 2 人、叙利亚 12 人、黎巴嫩 1 人、约旦 4 人、土耳其 2 人、泰国 8 人、阿联酋 1 人；2013 年留学生去向：沙特阿拉伯 2 人、苏丹 18 人、埃及 10 人、巴基斯坦 8 人、马来西亚 3 人、叙利亚 12 人、黎巴嫩 1 人、约旦 9 人、土耳其 3 人、泰国 5 人、科威特 1 人、阿联酋 2 人、印尼 15 人；2014 年留学生去向：沙特阿拉伯 3 人、苏丹 36 人、埃及 15 人、巴基斯坦 15 人、马来西亚 6 人、科威特 4 人、黎巴嫩 1 人、约旦 14 人、土耳其 4 人、泰国 8 人、阿联酋 1 人、印尼 6 人；2015 年留学生去向：沙特阿拉伯 95 人、苏丹 12 人、埃及 6 人、巴基斯坦 10 人、马来西亚 3 人、泰国 2 人。

资料来源：宁夏穆斯林国际语言学校提供。

其总数占全部毕业生人数的一半。国内外就业人数共计 310 人，占全部毕业生人数的 34.56%，其中大部分毕业生从事专职阿拉伯语翻译，包括在阿拉伯国家的经济组织及中方在阿拉伯国家的援建工程、贸易、生产企业和中介组织从事翻译、管理、服务等工作；在中国投资建设的阿拉伯企业从事管理、翻译、咨询和服务工作；为国内少数民族企业提供服务；为中阿论坛服务；借助自身民族优势和专业优势从事少数民族相关的创业活动；等等。毕业生中出国学生共计 492 人，占 54.85%，超过毕业生总人数的一半。由此可见，自 2010 年至 2015 年，向国外输出人才成为毕业生的主要流动渠道。无疑，畅通的人才输出渠道及良好的就业状况是宁夏穆斯林国际语言学校能够在全国范围内吸引大量生源的主要原因。

进一步的调查显示，与 2010 年之前相比，自 2010 年始，宁夏阿拉伯语学校相当一部分毕业生并没有进入国内传统的外贸行业担任阿拉伯语翻译，而是选择了出国留学再深造，或是非外贸领域的其他行业如建筑业、服务业、流通业等。这表明，近5年来阿拉伯语人才市场发生了较大的变化：学习阿拉伯语可以有更多样化的择业机会，同时也意味着将有更多向社会上层流动的机会。综观宁夏阿拉伯语培训产业的整体发展过程，在不同的发展阶段，阿拉伯语人才培训与人才市场之间总是在不断地相互调整，最终达到一定平衡。而新的平衡总是建立在旧的不平衡基础之上并不断地向上发展。因此，市场动荡总体上没有影响宁夏阿拉伯语培训产业内部的稳定性，究其主要原因就是新的人才输出渠道不断提高了阿拉伯语人才向上游流动的可能性。而阿拉伯语人才输出渠道的不断提升，不仅迎合了市场的内在变化与需求，更推动了宁夏阿拉伯语培训产业的发展，从而在产业与市场之间形成了良性循环。对宁夏穆斯林国际语言学校毕业生状况的调查从实证的角度证明了宁夏在"一带一路"建设格局中所占据的民族人文优势。

结 语

"一带一路"直接关涉经济，是一种区域经济合作的理念，以往研究多侧重经济基础和经济发展研究。但区域化经济是以区域历史文化为底蕴的，因此相关研究既不能割裂历史亦不能脱离文化。民族人文关涉宁夏的区域文化，宁夏阿拉伯语人才培训和人才输出涉及产业发展及其与市场的关系，是宁夏区位经济的重要组成部分。因此，客观地说，宁夏在"一带一路"布局中民族人文优势研究是以一种经济文化发展研究的视角，围绕着其核心内容——阿拉伯语人才培训和输出展开的实证研究。

宁夏的区域民族人文优势在"一带一路"被正式提出之前，已经以特定历史时期的一种特殊文化现象而存在了，即一段时期以来，在我国东南沿海从事跨国贸易的穆斯林群体都在以一种潜移默化的方式影响着中国内地穆斯林的生活方式。近5年来，尽管在宁夏阿拉伯语学校学习过的穆斯林青年来东南沿海从业的人数已大为减少，但宁夏穆斯林学习阿拉伯语的热度不仅没有因外贸行业的萎缩而降低，反而学习阿拉伯语成为当下的一种潮流。究其原因，一是东南沿海外贸行业的紧缩虽然对阿拉伯语翻译的需求量大大降低，但中阿贸易所创造的财富神话对内地穆斯林却产生了深远的影响。其结果是大量阿拉伯语学校的毕业生从急于就业转而急于出国深造，他们从东南沿海跨国贸易商人的精英群体身上看到了出国深造阿拉伯语及阿拉伯文化所带来的商业优势，因此出国深造成为大部分学习阿拉伯语的内地穆斯林青年向往成功的可行路径。二是近年来，国家层面的中阿经济文化往来与互动不断加深，将中阿间以人员交流和文化互动为主要形式的民间交往与国家整体发展导向结合起来，大大促进了中阿间多渠道、多领域的民间合作。"一带一路"倡议正式提出之后，肯定了中阿合作在"一带一路"建设中的重要地位。其不仅推动了宁夏与阿拉伯国家和穆斯林地区长期传统经济文化合作向现代化发展，且在极大程度上平衡了宁夏自身的发展优势与劣势。

专题报告十四　宗教和顺支撑宁夏"一带一路"建设[①]

近年来一些地方宗教管理问题层出不穷，敏感复杂，影响面广，处理难度加大，考验着各级民族和宗教管理工作干部的智慧和能力。如何促进宗教生活与社会发展和建设相适应，是各级政府宗教管理的难点和要点。宁夏回族自治区各级政府注重引导伊斯兰教人士及其组织共同参与社会治理，通过引导伊斯兰教当代解经（宣讲"新卧尔兹"）行动、举办宗教人士培训班、制定并完善宗教管理各项规章制度、"双五好"评比、坚持宗教自治自养独立办教、动员并引导宗教人士服务社会等，促进宗教人士和宗教生活与社会发展和稳定相适应，成为其丝绸之路支点战略的重要社会支撑。

---

① 撰稿人：孙嫱，中国社会科学院民族学与人类学研究所，博士，助理研究员。

一 宁夏促进宗教和顺的行动

(一) 保障平等权益,关心宗教人士生活

宗教人士是行教的支柱力量。回族伊斯兰教的宗教人士包括数量庞大的宗教领袖和阿訇,以及追求伊斯兰教知识的满拉(宗教学生)。他们是回族中一个特殊的群体,对于社会的发展和稳定起着重要的作用。无论历史上,还是现实中,无数事实证明,回族社会的稳定离不开宗教界的绝大多数人的积极作用,回族社会的某种不稳定则与其中个别人员的消极影响有关。人们观察到只要做好阿訇等宗教人士的工作,回族社会的稳定就有望得到保持和巩固,阿訇是宗教人士中最具影响力的阶层,他们的行为、态度对回族社会的和谐稳定有着关键性影响。对宗教界上层人士的统一战线工作是政府处理与宗教人士关系的重要制度安排和平台,平等的参政议政权利得到制度性保障,他们在各级政协获得政治协商的机会,发挥其特定界别参政议政的作用;有的被选为各级人大代表,可参与国家事务的管理。政府关心教职人员的经济生活,帮助其解决生活困难,如 2008 年 11 月,银川金凤区开始为伊斯兰教开学阿訇发放生活补贴,补贴标准为社区干部月工资的 70% 到 80%,每人每月补贴 400 元,并随着社区干部工资的增长而增长。经考核考评,金凤区有 58 名开学阿訇符合发放生活补贴条件,占开学阿訇总数的 92.1%。① 2011 年,这项政策进一步扩大到兴庆、西夏等进行试点工作,开发伊斯兰教教职人员和后备教职人员大专班学历教育。同时,通过开办宗教培训班提升他们的政治和思想觉悟。我们在调研中发现,这是一个被当地干部认为很有效的方式。宁夏针对伊斯兰宗教人士的做法是,除认真组织人员参加中央和自治区社会主义学院、经学院的培训学习及参加有关部门组织的外地参观学习外,还经常性地开办市(地)县等不同级别的培训班,并形成了"三

---

① 《宁夏为开学阿訇发生活补贴》,《宁夏日报》2008 年 11 月 18 日。

定"(定时间、定地点、定人员)学习制度,使他们及时了解党和国家的相关政策和决定。

(二)依法加强宗教管理

宗教作为重要的社会现象,必须依法加强管理,这是我国宗教管理的重要理念,也是宗教管理的重要经验。因为,尽管宗教的基本面或根本面是教导人们向善的,但是,在复杂的国际国内环境条件下,人们的宗教生活可能会受宗教极端主义影响而偏离常态,或可能被别有用心的人利用影响人们的正常生活。宗教的正常存在和发展需要依法维护和规范。经过改革开放以来的努力,宪法、《宗教事务条例》,以及刑法、教育法、婚姻法等,对于依法保障公民的宗教信仰自由,依法对宗教加强管理提供了法律依据。宁夏的相关宗教立法还与部门的制度建设相辅而行。如,宁夏海原县伊斯兰教协会制定的"机关工作制度"、清真寺、拱北管理等一系列规章制度,具体包括:海原县清真寺(拱北)民主管理办法、海原县模范清真寺(拱北)、五好阿訇评比办法、海原县阿訇培训学习考核管理办法、海原县清真寺阿訇聘任管理办法、宗教信访制度、财务管理制度、宗教工作目标考核责任书,等等。宁夏海原县是一个回族人口大县,伊斯兰教派门宦情况复杂,宗教管理任务繁重,该县伊协的上述规章制度建设系统完善,保证了该县伊斯兰教依法管理方面的成功。县级单位在我国的宗教管理中可谓处于"前沿阵地"的位置,宗教立法工作如海原县能够贯彻到县这一行政层次,说明了我国宗教立法的深入程度。

(三)开展"双五好"评比

清真寺是其所在坊穆斯林集体进行宗教活动的合法场所,开学阿訇则在其中扮演着核心的角色,开展五好清真寺和五好阿訇("双五好")的评比活动,可以形成一种竞争激励机制,使一寺带动一坊,一名阿訇带动一坊穆斯林群众,出现一种力争上游的局面,这对构建和谐回族社会无疑是很有推动力的。尤其是五好清真寺的评比活动，需要清真寺民主管理委员会与开学阿訇的共同努力，也需要整个教坊穆斯林群众的积极参与，所以，这项活动的开展其辐射影响乃是全教坊性的，所获荣誉不仅仅关涉一寺一人。"双五好"评比还是一项在中国伊协的直接指导下进行的全国性活动，所以，其意义也是全国性的。清真寺的五好标准是：民主管理好、教职人员素质好、开展正常宗教活动好、兴办自养事业好、环境卫生好；五好阿訇的标准是：相互学习政策宣传好、相互尊重教派团结好、相互信任遵纪守法好、相互支持勤俭办教好、相互谅解民主作风好。从这些评比标准中可以看出，活动认真开展的结果，将会推动伊斯兰教向着民主行教、团结合作、遵纪守法、自养自办的方向发展，也自然会推动我国回族和谐社会的构建。

（四）自治自养有成效

我国的宗教属于中国公民个人信仰范畴，因此，必须走自治自养之路，这也是我国宗教管理的重要理念和原则。宗教自治要实现自我管理，自我办教，而不受任何外国势力干涉。《宗教事务条例》[①] 第一章第四条规定："各宗教坚持独立自主自办的原则，宗教团体、宗教活动场所和宗教事务不受外国势力的支配。"伊斯兰教与天主教等相比情况虽有所不同，但是，在全面向西开放的大背景下，同样需要坚决贯彻自治的原则，防范境外宗教势力渗透。宗教自养的目的则主要在于减轻信教群众负担，这其中包括反对某种宗教活动、场所修建规模等过分攀比、张扬之风。为此，我国的伊斯兰教五好清真寺的评比标准中提倡"兴办自养事业好"，并要求各清真寺利用各种条件兴办清真寺自养及公益事业，守法经营，坚持以寺养寺，减轻穆斯林群众的经济负担。海原县伊协制定的《海原县清真寺（拱北）民主管理办法》第四条第七款要求各清真寺："结合本清真寺实际，因地制宜举办生产生活服务和社会公益事业，逐步做到以寺养寺。"在减轻信教群众

[①] 此处所引条例内容为修订前的旧版内容。

的经济负担方面，我国的《宗教事务条例》第三章第二十条规定："宗教活动场所可以按照宗教习惯接受公民的捐献，但不得强迫或者摊派。"第五章第三十五条规定："宗教团体、宗教活动场所可以按照国家有关规定接受境内外组织和个人的捐赠，用于与该宗教团体、宗教活动场所宗旨相符的活动。"同时，第一章第四条规定：接受境外捐赠时"不得接受附加的宗教条件"。宁夏境内各寺很好坚持了自治自养，才有良好的发展局面，保障了群众的宗教信仰自由。

二 清真寺和宗教人士积极助力政府基层治理

社会存在，就其对于社会自身的价值而言，可分为两类，即有益的社会存在和有害的社会存在。作为社会存在物的宗教同样具有两面性，其对于社会既可以发挥有益的作用，也可以发挥有害的作用。趋利避害，从本质上讲，是所有宗教的主观追求，但是，由于各种复杂的原因，宗教存在的客观影响却并不都对社会起到有益的作用。许多事实告诉我们，当宗教被极端分子所左右，被别有用心的人所利用，其对于社会确实存在某种威胁或危害。具有中国特色的宗教治理，就是要创造良好的社会条件，使宗教坚决杜绝其有害的一面，而发挥其有益的作用。社会主义社会的宗教，要说在本质上与资本主义等非社会主义社会的宗教有什么区别的话，就是应当能够而且也必须发挥对社会有益的作用。我国回族伊斯兰教目前在有益社会的实践方面，已做了很好的尝试，取得了明显的进展，宁夏各地探索的推动宗教和顺的措施产生了良好的社会效果。

宁夏吴忠市是一个回族人口大市（地级市），回族人口占全市人口近50%，伊斯兰教派门宦关系复杂，并有哲赫忍耶门宦的板桥和鸿乐府两个道堂。在最近一次行政区域划分之前，虎夫耶的洪岗子道堂也曾在该市辖区范围之内。红寺堡作为新的移民开发区，教派门宦更是杂居一地。该市所属某县还有部分回民参与贩毒，由吸食毒品进而导致艾滋病传播，形成严重影响社会生活的一系列问题。面对如此复杂情况，吴忠充分调动宗教人士参与社会治理,取得了较为显著的成就,很有典型意义。

助力政府禁毒工作。改革开放后,吸食毒品成为危害一些民族地区城乡社会稳定的重大问题,这些问题在宁夏一些农村也不同程度的存在,影响着社会稳定和人们的正常生活,面对这种情况,各级地方政府采取措施,动员各种社会力量展开有效的治理工作,地方宗教人士也积极响应政府号召和地方社会需求,利用宗教开展正面引导,在清真寺里、在教众中,借助解经等形式,通过宣讲"新卧尔兹",讲解毒品的危害性,向教众宣讲做一个洁身自爱、敬主爱主的穆斯林,以排除其负面影响。

助力政府艾滋病防治工作。贩毒吸毒是导致艾滋病传播的重要原因之一。一个吸毒的人,由于无法抵抗毒瘾的折磨,他(她)的人格尊严几乎完全无存,若由吸毒再染上艾滋病(这是非常容易的),他(她)的宝贵生命则受到了双重威胁。对于任何一个人而言,在其人格尊严和宝贵生命面临双重丧失的情况下,这种对于人生的无望无助简直是无法承受的。他(她)们是作孽者,也是无辜受害者。贩毒吸毒与艾滋病传播本质上毕竟是一种社会现象,而不是个人问题。所以,关爱吸毒人员和艾滋病患者,乃是人道主义的最深切的呼唤。伊斯兰教珍视人的生命、尊严和价值,所以,宗教人士参与艾滋病防治工作,完全符合伊斯兰教的经典和教义精神。吴忠等地伊斯兰宗教人士的具体做法除利用清真寺讲坛,撰写以防治艾滋病为主题的"新卧尔兹"并出版专集、制作宣传板报和图片宣传相关防治知识外,还成立了"新月"爱心社,深入患者家中送关爱。由于艾滋病的另一重要传播途径是性,尤其在已有艾滋病传播的地方更要阻断这一传播途径,所以,关心穆斯林生殖健康也成了防治艾滋病工作的主题。吴忠市伊斯兰宗教人士积极宣传如何防止艾滋病通过性传播方面的知识,这一防治工作很有成效。吴忠市的伊斯兰教人士参与禁毒、艾滋病防治和穆斯林生殖健康工作,已引起联合国等有关国际组织及一些国家(如孟加拉国)的重视,他们前来考察,共同探讨经验,充分肯定防治工作的积极意义。吴忠市的伊斯兰宗教人士除参与上述特殊的社会治理工作外，还同其他回族地区一样，参与下述社会管理工作，成绩也是显著的。

助力政府司法调解工作。与计划生育工作相比，伊斯兰宗教人士参与司法调解工作，几乎没有宗教方面的障碍，也有利于发挥他们的知识和威信优势。伊斯兰宗教人士在回族穆斯林社会中是一个"道德形象大使"群体，他们的一言一行，既受到群众的监督，也为维护社会的优序良俗起着模范作用。这些人士还掌握有专门的教义、教法知识，他们的传统职责中本来就包含着社会调解内容，而回族社会的所谓"习惯法"又主要来源于伊斯兰教。所以，在当前穆斯林社会司法实践中，将伊斯兰宗教人士的传统职责与政府的司法工作结合起来，在目标和效果上是可以的，也是可行的。这方面的基本做法，一是利用清真寺讲坛开展法律宣传，开学阿訇由于熟悉坊上当前的问题，可以进行有针对性且有效的法律知识宣传；二是由有关司法部门（如乡镇司法所）聘请宗教人士（以开学阿訇为主）为义务司法调解员。以灵武市为例，2007年该市就聘请了561名阿訇充当义务司法调解员。灵武市在落实这方面工作时，还邀请市有关部门（如交警大队）和各乡镇司法所所长，利用"三定"学习机会，首先向阿訇等宗教人士普及有关法律知识及司法调解技能。灵武市认真开展该项工作的效果是"涌现出了不少阿訇调解能手，不但及时化解（了）邻里之间矛盾纠纷，还成功调解处理了几起棘手的交通事故，赢得了社会各界的好评"。灵武市还有阿訇获得了"全国模范人民调解员"称号。

助力政府民族教育工作。伊斯兰教重视教育，鼓励学习知识。然而，在我国西北回族地区却有这样一种现象，就是有的家长重视传统宗教教育，却轻视现代文化教育；重视男孩教育，却轻视女孩教育；还有的回民家庭干脆轻视所有的文化教育，让孩子很早就学习做买卖，打工干活，甚至在家放养牲畜，尤其在山区农村这种情况更为严重。针对这样一种回族教育长期相对落后的状况，宗教人士所做的工作主要有：利用清真寺讲坛反复宣讲教育的必要性、重要性，教育对国家和民族的重要意义；配合有关教育部门做家长的思想工作，劝导穆斯林群众支持国家教育事业，送孩子上学读书；捐资助学，做在校生的思想工作，坚定他们为远大志向而学习的决心和信心；利用宗教场所开办补习学校，在教授宗教知识的同时，也为在校生补习科学文化知识；开办专门的穆斯林女学，为她们提供更多的学习机会。在我国的一些民族地区，也包括回族地区，存在着宗教教育与国民教育争夺18周岁以下青少年的现象，这不符合我国法律只允许18岁以上成年人自愿进入宗教学校学习的规定。为了遵守这一法律规定，有的阿訇不仅不招收18岁以下的青少年，还劝诫已入寺学习者回到学校中去学习。如，海原县蒿川乡浪水清真寺开学阿訇、县伊协委员田玉玺，主持教务不久，就有几位家长把在学校念书的孩子叫回到寺里念经，他就反复做工作，最终使这几家的孩子又回到了学校。

结　语

从宁夏回族社会生活实际观察，伊斯兰教绝不是仅仅停留于教义教规的单纯宗教，它更是回族人生活实践的重要组成部分，各级政府在管理和协调宗教与社会生活的实践中，充分体现了宗教人士和宗教组织助力社会治理的特征。宁夏之所以能够在促进宗教和顺方面取得成就，主要基于两个基本的社会条件。第一，宁夏作为回族自治区，在地方文化和社会内部秩序规律方面具有较强的特殊性。各级政府能够充分认识本区域的特殊性，将地方社会自身运行的规律与政府的社会治理相结合，充分发挥宗教人士、民间宗教组织影响力，使之助力地方社会治理，与社会治理中多元主体共同参与的理念不谋而合。第二，在具体的社会治理工作中，民族区域自治制度为当地政府施政提供了较大的制度空间，使各级地方政府能够制定符合当地实际的社会治理方案，同时，也能根据当地实际情况制定相应的法规、制度等，从而与国家的相关法律相配合，形成了一套具体有效的法律体系，保证基层社会治理有法可依，这也充分体现了社会治理中依法治理的核心内涵。

因此，从根本上讲，社会治理必须要在相应的法律基础之上才能得到保障。而这一法律基础最重要的内容就是要保证社会中多样化主体公正地参与社会治理的权力。本区域社会有效治理，将成为宁夏"丝绸之路经济带"战略支点建设最为重要的社会支撑，也为其他地区做好宗教管理工作提供了一定的借鉴。

附　录

一　课题调研问卷

问卷编号：_____

"丝绸之路经济带中的宁夏发展战略研究"课题调查问卷

您好！此问卷为中国社会科学院与宁夏社会科学院合作的国情调研项目而设计，问卷主要围绕丝绸之路经济带建设中宁夏战略选择展开，问卷不记名，调查结果仅供课题研究使用并严格保密。敬请依据您的真实想法和实际情况回答。感谢您对本项研究的支持！

"丝绸之路经济带中的宁夏发展战略研究"课题组

2014 年　　　月　　　日

受访者基本信息

性别	民族	年龄	受教育程度	职务
女/男			大学以上/高中/初中/其他	厅/处/科

填涂答案提示：

1. 请在您认同的答案上画对钩或在横线上填出。2. 如果没有符合您想法的选项，请您自行注明。除注明"可多选"外，均为单选题。

1. 您关注丝绸之路经济带建设的信息吗?

   (1) 关注　　(2) 不关注

2. 人们认为丝绸之路经济带建设给宁夏发展带来战略机遇,您同意吗?

   (1) 同意　　(2) 不完全同意　　(3) 不同意　　(4) 说不清楚

3. 您认为宁夏参与丝绸之路经济带建设是否具有经济优势?

   (1) 有　　(2) 没有　　(3) 说不清楚

4. 说到宁夏"向西开放"时,您最关注下列哪些国家(可多选)?

   (1) 哈萨克斯坦、乌兹别克斯坦、吉尔吉斯斯坦、土库曼斯坦和塔吉克斯坦

   (2) 土耳其、伊朗和阿富汗

   (3) 埃及、沙特阿拉伯、卡塔尔、阿联酋、科威特、约旦、巴勒斯坦

   (4) 其他(请写出)＿＿＿＿＿＿＿＿＿＿＿＿＿＿＿＿＿＿＿＿

5. 您认为下列诸项哪个在参与丝绸之路经济带中应先行突破(可多选)?

   (1) 服务于向西开放的体制机制改革

   (2) 金融和投资合作

   (3) 宁夏对外开放大通道建设

   (4) 清真食品、清真用品加工

   (5) 伊斯兰金融人才培养

   (6) 旅游业

   (7) 其他(请写出)＿＿＿＿＿＿＿＿＿＿＿＿＿＿＿＿＿＿＿＿

6. 您了解宁夏内陆开放型经济试验区建设的主要内容吗?

   (1) 了解　　(2) 了解一些　　(3) 不了解

7. 您了解宁夏内陆开放型经济试验区组织架构吗?

   (1) 了解　　(2) 了解一些　　(3) 不了解

8. 您知道宁夏内陆开放型经济试验区建设开展了哪些先行先试措施?

9. 您认为宁夏内陆开放型经济试验区的战略定位是否符合宁夏实际:

   国家向西开放的战略高地　（1）符合　（2）不太符合

   国家重要的能源化工和能源储备基地　（1）符合　（2）不太符合

   清真食品和穆斯林用品产业集聚区　（1）符合　（2）不太符合

   国际旅游目的地　（1）符合　（2）不太符合

   承接产业转移的示范区　（1）符合　（2）不太符合

10. 宁夏参与新丝绸之路经济带建设急需哪些类型的专业人才: A. 行政管理　B. 专业技术　C. 经营管理（请排序）?

    （1）ABC　（2）ACB　（3）BCA　（4）BAC　（5）CAB

    （6）CBA

11. 民族区域自治制度是否对宁夏参与丝绸之路经济带建设提供了更多的政策支持和发展空间?

    （1）更多　（2）不太多　（3）没有　（4）不了解

12. 您认为民族区域自治立法与宁夏地方立法，哪种形式更有利于加强宁夏丝绸之路经济带建设?

    （1）民族区域自治立法　（2）宁夏地方立法　（3）不清楚

13. 您了解丝绸之路经济带相关国家的政策、法律情况吗?

    （1）了解较多　（2）了解有限　（3）不了解

14. 您了解中央及国务院（包括各部委）有关丝绸之路经济带建设的相关政策、信息吗?

    （1）了解较多　（2）了解一些　（3）不了解

15. 您是否担心以伊斯兰文化为纽带加强与中亚西亚北非等地区的经贸文化交流往来，会给宁夏带来不稳定因素?

    （1）非常担心　（2）有些担心　（3）不担心

16. 人们认为在丝绸之路经济带建设中宁夏具有人文优势，您同意吗?

    （1）同意　（2）不完全同意　（3）不同意　（4）说不清楚

17. 宁夏在参与丝绸之路经济带建设中有哪些可以利用的人文优势? ___

18. 请列举出宁夏发挥自身人文优势的对外开放活动有哪些？_____

_____

19. 您认为活动开展的效果好还是不好？

　　(1) 很好　　(2) 比较好　　(3) 一般　　(4) 不太好

二　会议综述

充分发挥优势，打造丝绸之路经济带强有力支点[①]
——"建设丝绸之路经济带战略支点研讨会"综述

2014年9月20日，由中国社会科学院民族学与人类学研究所和宁夏社会科学院联合主办的"建设丝绸之路经济带战略支点研讨会"在银川举行，来自中国社会科学院以及陕西、甘肃、青海、新疆等省区社会科学院，西北师范大学，宁夏回族自治区党委宣传部、博览局、发改委、旅游局、政研室等相关厅局办，宁夏社会科学院领导和专家共60余人参加研讨会。研讨会由宁夏社会科学院张进海院长和张少明副院长分阶段主持，宁夏院党组书记刘日巨到会致辞。

研讨会重点围绕丝绸之路经济带建设战略与宁夏战略选择和发展态势进行了深入研讨。中国社会科学院民族学与人类学研究所方勇副书记、周少青副研究员，宁夏社会科学院段庆林、李保平研究员，宁夏博览局张伟利副局长，陕西社会科学院、甘肃社会科学院、青海社会科学院、西北师范大学等单位学者在研讨会上作主旨报告。

报告主要涉及如下几个问题。

第一，充分利用优势资源，精心打造"丝绸之路经济带"战略支点。报告人在分析宁夏地理区位、经济总量等方面局限的基础上，指出宁夏在"丝绸之路经济带"建设中充分发挥作用的理想目标，即在陆上丝绸之路战

---

① 撰稿人：周竞红，中国社会科学院民族学与人类学研究所，研究员。

略建设过程中,宁夏要成为中国对阿拉伯国家交往、欧亚大陆桥建设的有力支撑和不可替代支点。宁夏在民族人口构成、区域文化特色、能源及生态优势方面,为其打造丝绸之路支点提供了重要基础条件。报告人认为可从两方面突破取得实效。(1)充分利用宁夏生态优势和民营企业中回族企业家的智慧和能力,根据宁夏农业基本产业结构特征、中东各国农产品市场广阔和需求,引导生态农业发展和农产品外向型企业发展。(2)充分利用宁夏阿拉伯文人才队伍,推动中阿深入务实合作。

第二,以内陆开放为视角,利用世界银行提出的密度、距离、分割三大经济地理特征分析框架,从"内陆"入手来寻找克服开放劣势的途径,分析宁夏开放战略选择,认为宁夏需将全方位开放、内陆开放和向西开放有机地结合起来,强调内陆视角,从解决制约内陆地区的主要因素入手,以问题导向来建设开放的宁夏。提出宁夏应该打造四个丝绸之路,即以货物贸易为主,积极探索陆路丝绸之路,开辟新兴市场;充分利用海上丝绸之路,维护传统贸易关系;以服务贸易为主,积极打造空中丝绸之路和网上丝绸之路,规避内陆开放劣势,培育竞争新优势。宁夏破解内陆地区密度、距离、分割三大经济地理劣势路径在于实施"1+3+2"的任务框架,即"1"是打造一个外向型产业体系,"3"是构建内陆开放型经济核心区、努力缩短经济距离、切实破解市场分割等三大破解之道,"2"是做好建设综合保税区和开放式扶贫两大干预措施。

第三,宁夏博览局关于中阿博览会取得的成绩及未来推动中国与阿拉伯和伊斯兰国家关系的工作设想。目前,全国共六家国家博览会,是国家公共外交的重要平台。中阿博览会办会也由虚到实,影响由小到大,影响到的国家地区和企业主体范围不断扩大,形成政府、企业、民间交往互动的良好局面。未来工作方向为:(1)打造中阿政府合作平台,推动政府间政策沟通,共办共赢,共同参与,通关便利化、贸易自由化等,探寻各种合作和风险,提升阿拉伯国家与各省份合作的广度和深度;(2)打造中阿博览会商品贸易平台,促成贸易畅通、能源合作、商品认证、技术合作等,即中阿合作升级版;(3)打造中阿投资金融平台,努力推动"丝绸之路经济带"沿线国家的货币畅通,提高合作效率。通过平台打造,努力探索和建设中阿金融合作的供应链,支持阿拉伯国家及其他国家的金融机构来宁夏设立法人机构、分支机构和代表处,开展金融服务和参股宁夏地方金融机构等;(4)打造中阿博览会文教旅游平台,推进丝绸之路沿线国家民心相通,加强沿线国家政治经济文化研究,推进多边双边交流及伊斯兰国家与宁夏和其他省份交流等。

第四,宁夏建设共有文化的讨论。报告人认为回族文化是宁夏重要的主体性文化,与西夏文化、黄河文化一道构成完整意义上的宁夏区域文化,在宁夏这个地理单元,回族文化实际上已在融合其他民族文化基础上,成为宁夏各族人民的共有文化。如何挖掘、利用和展现这一共有文化,使其服务于宁夏"丝绸之路经济带"战略支点建设、区域旅游业的发展和进一步促进回汉各民族的交往交流交融和共同繁荣,是宁夏决策者面临的重要任务。共有文化建设有利于在"丝绸之路经济带"建设中实现"民心相通",吸引中东、中亚、北非的伊斯兰国家来宁投资、贸易或其他合作;共有文化建设有利于进一步提升宁夏旅游业发展;共有文化建设有利于进一步推动回汉各民族交往交流交融,并在此基础上形成真正的地区利益(命运)共同体。因此,如何在现有基础上,自觉、主动地推动整合了回族文化的宁夏共有文化的建设是宁夏回汉等各民族面临的共同任务。

第五,关于"丝绸之路经济带"战略支点建设要重视观念变革。报告者提出丝绸之路经济带建设面临五大观念更新。(1)"丝绸之路经济带"建设应突破特定区域局限性,不受古代丝绸之路客观上表现为特定的线路进而与特定的区域相连的局限,特别是西部各省区要从国家战略的高度,找准在丝绸之路建设中的定位,通过积极努力、搭建平台、参与竞争加入"丝绸之路经济带"建设。(2)"丝绸之路经济带"建设要由政府推动向政府和市场双轮驱动转变,更加注重市场主体作用,充分发挥市场在资源配置中的决定作用。(3)突出经济发展向经济、文化发展并重的理念转变。(4)"丝绸之路经济带"建设要实现由以我为主的单向型思维方式向树立互利互惠、合作共赢的市场理念转变。(5)从中国经验向尊重所在国民情习俗转变。

第六，"丝绸之路经济带"建设中西北五省与中亚清真食品开发。报告人对西北五省区清真食品发展现状有详细的调查和研究，认为发展清真产业体系基本构架已形成，有良好的基础，而且清真食品因其绿色品质及文化内涵迎合着现代人的生活需求，将成为西北各省区经济发展新的增长点和特色产业。五省区应充分合作发挥各自优势，加强清真饮食文化交流，联合起来，面对中亚文化和贸易壁垒，完善清真食品标准认定工作，形成跨省联合的产业集群。

此外，还有报告人就西北各省区旅游业合作、文化资源挖掘、人才培养等相关主题进行了深入研讨。

图书在版编目(CIP)数据

"一带一路"建设中的宁夏发展战略研究/方勇主编.--北京：社会科学文献出版社，2017.10
（中国社会科学院国情调研丛书）
ISBN 978-7-5201-1081-5

Ⅰ.①一… Ⅱ.①方… Ⅲ.①区域经济发展-经济发展战略-研究-宁夏 Ⅳ.①F127.43

中国版本图书馆 CIP 数据核字（2017）第 163895 号

·中国社会科学院国情调研丛书·
"一带一路"建设中的宁夏发展战略研究

主　　编／方　勇

出 版 人／谢寿光
项目统筹／周志静
责任编辑／周志静　孙以年

出　　版／社会科学文献出版社·人文分社（010）59367215
　　　　　地址：北京市北三环中路甲29号院华龙大厦　邮编：100029
　　　　　网址：www.ssap.com.cn
发　　行／市场营销中心（010）59367081　59367018
印　　装／三河市尚艺印装有限公司
规　　格／开　本：787mm×1092mm　1/16
　　　　　印　张：17　字　数：251千字
版　　次／2017年10月第1版　2017年10月第1次印刷
书　　号／ISBN 978-7-5201-1081-5
定　　价／98.00元

本书如有印装质量问题，请与读者服务中心（010-59367028）联系

▲ 版权所有 翻印必究